Ernst Christian Trapp

Auszüge aus den französischen Classikern

zur allgemeinen Schulenencyclopädie gehörig

Ernst Christian Trapp

Auszüge aus den französischen Classikern
zur allgemeinen Schulenencyclopädie gehörig

ISBN/EAN: 9783743322714

Hergestellt in Europa, USA, Kanada, Australien, Japan

Cover: Foto ©ninafisch / pixelio.de

Manufactured and distributed by brebook publishing software (www.brebook.com)

Ernst Christian Trapp

Auszüge aus den französischen Classikern

Vorrede.

Bei gegenwärtigem Auszuge aus la Fontaine und Boileau habe ich mich folgender Ausgaben von den Werken dieser beiden Dichter bedient:

Fables choisies, mises en vers par M. de la F. avec un nouveau Commentaire par M. Coste. à Paris chés les libraires associés. 1767. 8.

F. ch. m. en v. par M. de la F. à Paris chés Jean François Bastien, libraire. 1773. 8.

Oeuvres de Nicolas Boileau Despréaux avec des éclaircissemens historiques, donnés par lui-même, et la vie de l' auteur par Mr. des Maizeaux, à Dresde 1767. chés Walther. 8.

Oeuvres de M. Boileau Despréaux. à Londres 1780. 12.

Wenn man das, was ich ausgewählt habe, seinem Zwecke gemäs findet, so brauche ich mich wegen dessen, was weggeblieben ist, nicht zu rechtfertigen. Manches ließ ich weg nicht weil es unzweckmäßig, sondern weil es zu viel war. Es mußte Raum für andere Dichter bleiben, und die Dichter überhaupt müssen den Prosaisten Raum, und zwar den größern, lassen. Für einen Deutschen hat, nach meinem Gefühl, die französische Poesie einen viel geringern

Werth

Werth, als die französische Prose. Die letztere kann uns sehr oft zum Muster dienen, die erstere sehr selten. Wir sind in der Poesie verwöhnt durch uns selbst, durch Griechen, Engländer, Römer. Nur in den Dichtungsarten, die sich der Prose mehr nähern, die ursprünglich der Prose gehören, Fabel, Erzählung, Brief, und was dem ähnlich ist, nur darin kann uns der Franzose, wenn es ein la Fontaine und Boileau ist, befriedigen, denn da legt ihm seine unpoetische Sprache nicht so viel Hindernisse in den Weg.

In Hinsicht der *Anmerkungen* fürchte ich, Einigen zu viel, Andern zu wenig gethan zu haben. Den erstern antworte ich, daſs ich auch auf solche Leser Rücksicht nahm, die kein Latein, keine Mytholothologie und was damit zufammenhängt, gelernt oder auch es wieder vergeffen haben, denen alfo *Horaz, Homer, Ulysses, Thetis* u. d. gl. fo fremd find als *Ilidfchuzai, Oktai, Koblai* u. f. w. Den andern: dafs ich, um die Anmerkungen nicht zu fehr anzufchwellen, nichts erklärt habe, was man in dem Dictionnaire françois-allemand des Herrn de la Veaux hinlänglich erklärt findet. Ein Handlexicon wenigftens mufs jedermann haben, der französisch für fich lefen oder Andere lehren will, und das angeführte hat vor feines gleichen fo viele Vorzüge, dafs es wahrfcheinlich bald die übrigen verdrängen wird, wenn diefe nicht in neuern Ausgaben auch brauchbarer gemacht werden.

Indes-

Indeffen finde ich bei abermaligem Durchfehen, daſs ich befonders der erſten dieſer beiden Regeln nicht immer ganz treu geblieben bin, daſs ich manchmal vergeſſen habe zu erklären, was *mir* fehr bekannt oder verſtändlich war, und wobei freilich auch ein Zögling der Gelehrſamkeit, er möchte denn noch ganz Anfänger fein, nicht leicht anſtoſsen wird. Ferner fehe ich, wenn dis anders Tadel verdient, daſs ich einiges zweimal erläutert habe, einmal im la Fontaine und das andere mal im Boileau, z. B. wer Attila gewefen. Diefe Fehler, wie auch einige Ungleichheiten in der Orthographie und Interpunction, und was ſich etwa fonſt noch für Mängel finden möchten, ſollen künftig gehoben werden — wenn anders für dieſe Sammlung ein

Künftig statt findet — hingegen werde ich ihr alle Vollkommenheiten zu geben suchen, die mich ein unverwandter Blick auf ihre Bestimmung und der Rath sachverständiger Männer, um den ich bitte, nur immer erkennen laßen wird.

Den folgenden Band werden Racine und Corneille füllen.

Wolfenbüttel, im April 1789.

Trapp.

La Fontaine's Leben.

La Fontaine gehört unter die Günstlinge der Natur; von dem, was wir in seinen Schriften bewundern, hatte er ihr weit mehr, als der Kunst, als einer sorgfältigen Bildung in frühern Jahren zu verdanken. Zu *Château-Thierry*, wo er geboren ward und seine Jugend zubrachte, fand er in der Schule nur dürftigen Unterricht, lernte da blofs ein bischen Latein. Sein Vater, ein Unterforstmeister, war ein grosser Liebhaber, aber nichts weniger als ein Kenner, von Versen. „Lies Verse, mein Sohn, und übe dich im Versemachen," rief er unaufhörlich dem jungen la Fontaine zu; aber lange vergebens. Bis in sein zwei und zwanzigstes Jahr fand dieser an nichts weniger Geschmack als an Poesie, schien zu nichts weniger als zum Dichter geboren zu sein. Dann aber weckte ein Zufall sein Talent. Ein Officier von der Besatzung in Château-Thierry las in seiner Gegenwart eine Ode aus *Malherbe*, und las sie so schön, fchön, dafs la Fontaine den Augenblick vom Geifte der Poefie angehaucht ward, dafs er von der Zeit an nichts als Malherbe las, ihn auswendig lernte, ihn mit fich ins Holz nahm und den Bäumen die Gedichte vordeclamirte, die ihn fo entzückten. Noch mehr: er fing auch an, M. nachzuahmen. Aber das hätte ihn, wie er felbft gefteht, beinahe verdorben; wie jeden, fetzt er hinzu, der fich nach diefem Dichter bildet. Theils war er für die Ode nicht gefchaffen, theils find Malherbe's Oden kein fehlerfreies Mufter; mitunter ift ihr Wohlklang gefucht, ihr Ausdruck fchwülftig, ihr Schmuck entbehrlich, ihr Feuer zu wenig von Vernunft geleitet. So urtheilt felbft ein Franzofe darüber.

Wer fich über den neuen Dichter freute, das war, wie man wohl denken kann, fein Vater. Der gute Mann weinte vor Freuden, dafs der liebfte feiner Wünfche erfüllt war, dafs fein Sohn Gefchmack an Verfen fand und felbft Verfe machen konnte, ja von nun an nichts lieber that als Verfe machen. Die wenigften Väter möchten wohl fo denken; und das gereicht ihnen keinesweges zum Vorwurf. Man foll zwar an feinem Kinde kein Talent, das ihm die Natur gegeben hat, unterdrücken; aber man foll auch, feiner eigenen Liebhaberei zu Gefallen, es zu nichts bereden. Wenn fich die Natur nicht mit la Fontaine's Vater endlich einver-

einverstand: so zog dieser aus seinem Sohn, wenn der am Ende seinen Bitten nachgab, einen elenden Reimer. Und was ist damit der Welt gedient?

Von seinem Vater konnte la F. blofs Beifall und Aufmunterung erhalten, nicht Belehrung und Rath, die jedem jungen Dichter so nöthig sind, und ohne welche Lob für ihn zu Gift wird. Er fand einen verständigen Rathgeber an einem seiner Verwandten, *Pintrel*, einem königlichen Landgerichts-Procurator zu Ch. Th. Dieser gab ihm Horaz, Virgil, Terenz, Quintilian zu lesen. Nicht ohne Nutzen. „Horaz öffnete mir die Augen," sagt la F. selbst. Dafs er es bei dieser Lectüre nicht habe bewenden lassen, wird man wohl vermuthen. Auch finden sich Spuren genug in seinen Schriften, dafs ihm das vorzüglichste Alte und Neue nicht unbekannt geblieben sei.

Was noch besonders zu seiner Ausbildung beitrug, war sein Aufenthalt in *Paris*, wo er den vertrautesten Umgang mit Boileau, Racine, Moliere und vielen gelehrten, witzigen und geschmackvollen Personen beiderlei Geschlechts aus allen Ständen hatte. Ein Zufall brachte ihn dahin, sonst würde er vielleicht diesen Ort, den Sammelplatz der schönen Geister, mit denen das goldene Zeitalter der französischen Litteratur unter Ludwig XIV begann, nie gesehen

hen haben. Eine vornehme Dame, die Herzoginn von Bouillon, Nichte des Cardinals Mazarin, hielt sich, aus Paris verbannt, eine Zeitlang zu Château-Thierry auf, lernte la F. da kennen und schätzen, und nahm ihn, als sie wieder zurück durfte, mit nach Paris. Hier gefiel es ihm nun so gut, dafs er Amt *) und Frau und Kinder und alles vergafs und versäumte, um nur recht oft nach Paris reisen und recht lange da bleiben zu können. Zuletzt kehrte er gar nicht mehr nach seiner Vaterstadt zurück, sondern blieb bis an seinen Tod in Paris.

  Hier lebte er, so zu sagen, von milden Gaben. Sein erster Wohlthäter war der Minister *Fouquet*, der ihm eine Pension gab. Diese hörte auf, als Fouquet 1661 in Ungnade fiel. Dann erhielt la Fontaine, ob er gleich von bürgerlichem Herkommen war, einen Ehrenposten bei dem Hofstat einer Prinzessinn. Dieses Glanzes und der damit verknüpften guten Aussicht genofs er nicht lange, denn die Prinzessinn starb bald nachher. Darauf nahm ihn Madame de la Sabliere, eine Frau von seltenen Verdiensten, zu sich und sorgte mütterlich für ihn. Er musste in der That wie ein Kind gehalten werden, denn er lebte sorglos in den Tag hinein, bekümmerte sich nicht darum, wo er etwas her-

---

*) Er hatte seines Vaters Stelle, noch bei dessen Leben, bekommen.

hernehmen sollte, verschleuderte was er hatte, war äusserst nachlässig und unordentlich in seinem ganzen Aeussern. Nur wann es darauf ankam, Andern mit Rath und That zu dienen, war er Mann. Sonst aber mischte er sich in nichts, machte auf nichts Anspruch, hatte aus nichts arg, liefs alles mit sich machen, war gewöhnlich zerstreut und in Gedanken. Wer ihn nicht näher kannte und nichts von seinen Schriften wusste, sah ihn daher für dumm und fühllos an. Seine Freunde belustigten sich manchmal auf seine Kosten, ohne dafs ers übel nahm. Auch nannten sie ihn nicht anders als das Schaaf, ob sie gleich seine Talente keinesweges verkannten.

Als einst Madame de la Sablière all ihr Gesinde hatte gehen lassen, sagte sie: Ich habe nichts behalten, als meine drei Thiere, den Hund, die Katze, und la Fontaine.

Einst stellten Racine und Boileau ihm vor, es sei unanständig, dafs er von seiner Frau getrennt lebe; er solle nach Château-Thierry reisen, sich mit ihr aussöhnen, und dann bei ihr bleiben, oder sie mitbringen. La Fontaine folgte ohne weitere Ueberlegung ihrem Rath, reiste augenblicklich ab und ging gerades Weges nach seinem Hause. Hier hörte er, seine Frau sei in der Kirche. Ohne ihre Rückkehr zu erwarten, ging er zu einem guten Freunde,

der ihn zum Abendeſſen behielt. Darüber vergaſs er den Zweck ſeiner Reiſe, ſetzte ſich des
andern Morgens auf die Poſt und fuhr wieder
nach Paris, ohne ſeine Frau geſehn zu haben.
„Nun, wie iſts gegangen?" fragten ſeine
Freunde. Ich habe meine Frau nicht ſprechen
können, antwortete er, ſie war in der Abend-
andacht.

Seinen Sohn nahm ein Herr von Harley
zu ſich; und nun bekümmerte la Fontaine ſich
weiter nicht um dieſen Sohn, ſah ihn in meh-
rern Jahren nicht. Einſt brachte man Vater
und Sohn an einem dritten Orte zuſammen,
um zu ſehen, wie la Font. ſich dabei nehmen
würde. Er lieſs ſich gar nicht träumen, daſs
das ſein Sohn wäre. „Der junge Menſch ſpricht
gut, ſagte er, hat trefliche Anlagen." Und dieſer junge Menſch iſt Ihr Sohn, rief man ihm zu.
„So! antwortete er ganz kaltblütig; nun das
iſt mir recht lieb."

Madame de Bouillon traf ihn einſt auf dem
Wege nach Verſailles des Morgens ganz vertieft
unter einem Baum liegen. Als ſie des Abends
zurück kam, fand ſie ihn noch an eben dem
Orte und in derſelben Stellung, ungeachtet es
ſehr kalt war und den ganzen Tag geregnet
hatte.

Oft trieben Boileau und Racine den Scherz
mit ihm und über ihn ſo weit, daſs es die An-
weſenden dauerte, ohne daſs er ſelbſt im min-
deſten

deſten böſe geworden wäre. Moliere ward einſt bei einer ſolchen Gelegenheit in la Fontaine's Seele empfindlich über das unaufhörliche Aufziehen des wehrloſen Mannes, und ſagte ſeinem Nachbar ins Ohr: „Unſere ſchönen Geiſter mögen ſich noch ſo viel tummeln, ſie werden den ehrlichen Schlag nicht verdunkeln."

Gewöhnlich wuſste er nicht, was man um ihn herum ſprach, nicht einmal, was er ſelbſt dazu ſagte, was er fragte, oder auf Fragen, die man an ihn that, antwortete; und ſah dabey ganz trübſelig aus. Aber manchmal doch, im traulichen Zirkel ſeiner Bekannten, und wann die Rede auf Materien fiel, die nach ſeinem Geſchmack waren, heiterte ſich ſein Geſicht auf, löſete ſich ſeine Zunge; er ſprach viel, und was er ſprach, entzückte. Er wuſste aber ſelbſt nichts davon, daſs er nun anders war, als ſonſt. In der Hoffnung, ihn ſo angenehm, ſo unterhaltend zu finden, luden ihn Viele ein, baten Gäſte auf ihn, ſetzten ihm das Beſte vor, was zu haben war, machten ſich an ihn mit Ernſt und Scherz, brachten bald dis, bald das auf die Bahn. Nichts! Er aſs und trank für drei, und ſagte kein Wort. Einſt wollte er aus einer ſolchen Geſellſchaft früher weggehn, als man es gern ſah; man hoffte immer noch, ihn zum Sprechen zu bringen. „Ich muſs fort, ſagte er. „Wohin denn?" „In die Akademie."

„Da

„Da haben fie nur einen kurzen Weg von hieraus." „Ich werde den längften nehmen." Er hatte nichts arges daraus, wann er dergleichen fagte.

Einft wurden in der Academie — deren Mitglied er endlich, nicht ohne Mühe, (die einzige, die er fich in feinem ganzen Leben um fo etwas gab) geworden war — Stimmen gefammelt, ob ein gewiffes Mitglied ausgefchloffen werden follte. Aus gutem Herzen wollte la F. feine Stimme *wider* die Ausfchlieffung geben; aus Zerftreuung gab er fie dafür. Er verwechfelte die Kugeln und gab die fchwarze ftatt der weiffen.

Von diefer feiner Zerftreuung weifs man nicht genug zu erzählen. Einft hatte er fchon zwei Tage ein neues Kleid getragen, ohne es zu wiffen. Man hatte es ihm an die Stelle des alten hingehängt, und er zog es an, ohne den Unterfchied wahrzunehmen. Ein andermal beredte er einige gute Freunde mit ihm zum Effen zu gehen zu einem Manne, den er einige Tage vorher zu Grabe begleitet hatte. Der Thürhüter fagte ihm, dafs fein Herr fchon feit acht Tagen todt fei. „Ift das fchon fo lange her?" erwiederte la F.

Nach dem Tode feiner grofsmüthigen Wohlthäterinn, Madame de la Sabliere, kam der gute la F. in drückende Verlegenheit. Er
war

war wie eine arme Wäife, die fich nicht zu
rathen noch zu helfen weifs. Das Alter rückte
heran und liefs ihn feine Befchwerden fühlen.
Sein König, der gegen alle übrige fchöne Gei-
fter feiner Zeit fo freigebig war, gab ihm nichts,
ihm, der wegen feiner Gaben und wegen feiner
Dürftigkeit doppelten Anfpruch auf ein Gnadengehalt hatte. Diefe feine traurige Lage erfuhr man in England, wo er eben fo berühmt
war, als in Frankreich; und feine dortigen
Freunde wollten zufammen fchiefsen, um ihm
fein reichliches Auskommen zu verfchaffen,
wenn er fich bei ihnen niederlaffen wollte.
St. Evremond, der fchon wie naturalifirt in
England war, betrieb die Sache ernftlich, und
fchrieb mehrmals deswegen an la Fontaine.
Diefer wolte fein Vaterland ungern verlaffen,
und als er endlich beinahe dazu entfchloffen
war, ward er gefährlich krank; wodurch die
Sache ins Stecken gerieth.

Nach diefer Krankheit führte ihm fein gutes Glück in der Parlementsräthinn, Madame
d'Hervard, eine zweite la Sabliere zu. Sie
nahm ihn, wie diefe, ins Haus und vertrat Mut-
terftelle bei ihm; denn la Fontaine blieb Kind
bis an feinen Tod. Er ftarb ungefehr zwei Jahr,
nachdem er die obgedachte fchwere Krankheit
überftanden hatte, den 13. März 1695, in einem Alter von beinahe 74 Jahren, und ward

auf

auf dem St. Joſephs Kirchhof an eben der Stelle begraben, wo ſein Freund Moliere zwanzig Jahre vorher eingeſenkt worden war.

Was für einen Werth ſeine Fabeln haben, weiſs Jedermann. Er allein wuſste es nicht. Er ſetzte ſich tief unter Phædrus. „Aber, ſagte der witzige *Fontenelle*, daran kehrte man ſich nicht, und la Fontaine that das nur aus Dummheit."

Boileau's Leben.

Boileau, die Geiſſel aller ſchlechten Dichter und Romanſchreiber ſeiner Zeit, las in ſeiner Jugend alles, was er nur von Gedichten und Romanen auftreiben konnte, gutes und ſchlechtes durcheinander, und las es mit einem Eifer, den er ſelbſt Wut zu nennen pflegte. Tauſenden verderbt eine ſolche Lectüre Geiſt und Herz; bei ihm war beides von der Natur zu gut verwahrt, als daſs ſeine Leſerei hätte ſchädlichen Einfluſs darauf haben ſollen. Indeſs hinderte ihn doch ſeine Neigung zu den ſchönen Wiſſenſchaften, ſich einem Berufe zu widmen. Er ſtudirte zwar die Rechte und ward jung

Advocat; aber er blieb es nicht lange. Darauf verfuchte ers mit der Theologie. ,,Aber, fagte er, hier fand ich die Chicane wieder, nur in einem andern Kleide;" und fo verliefs er auch diefe, und trieb von nun an nichts, als feine Lieblingsbefchäftigungen.

In feinem dreifligften Jahre (1666) gab er die erfte Sammlung feiner Satiren heraus. Es waren ihrer fieben, auffer dem Difcours au Roi, der auch damals mit erfchien. Die meiften davon waren in der Handfchrift fchon häufig gelefen, und auch fchon einmal, zu groffem Verdruffe des Verfaffers, fehr entftellt gedruckt worden. Dis, und *nur* dis, wie er in der Vorrede fagt, bewog ihn, fie felbft herauszugeben.

Nun verdoppelte fich die Wut feiner Feinde, d. i. Aller, über die er mit Nennung ihres Namens gefpottet hatte, und Aller, die befürchteten, künftig auf eben die Art von ihm verlacht zu werden. Sich zu rechtfertigen, fchrieb er die Satire an feinen Geift. Wem diefe Rechtfertigung nicht Gnüge thut, der mufs nicht in Boileau's Fufsftapfen treten, mufs keine perfönliche Satiren fchreiben. Es ift nicht zu leugnen, dafs es, von Einer Seite betrachtet, hart und beleidigend ift, über jemand zu fpotten, befonders öffentlich. Auf der andern Seite hingegen kann es auch nicht unerlaubt fein, den, der feine fchriftftellerifchen

Thor-

Thorheiten und Sünden — denn nur von diesen
ist die Rede, nicht von dem Privatleben des
Autors — öffentlich zur Schau ausstellt, die
verdiente Strafe fühlen zu lassen. Aber freilich
ist niemand *verbunden*, dieses Strafamt zu
übernehmen. Wer zu gewissenhaft, oder zu
weichherzig, oder zu ruheliebend dazu ist, der
befasse sich nicht damit. Nur halte er nicht
geradezu die, welche sich persönliche Satire
erlauben, für unmoralische, gewissenlose und
hartherzige Menschen.

Wir haben ein Beispiel des Gegentheils an
unserm Boileau. Er war nichts weniger, als
ein harter, menschenfeindlicher Mann, vielmehr
war er von Jugend auf sanft und ohne
Arg. „Der da, pflegte sein Vater von ihm in
Vergleichung mit seinen Brüdern zu sagen,
der da, ist ein guter Junge, der soll niemanden
was böses nachsagen." Das ist nun freilich in
Absicht auf die schlechten Schriftsteller bei ihm
nicht eingetroffen; aber dafür liefs er sich von
diesen auch wieder viel Böses nachsagen, ohne
böse zu werden. „Da ich muthwillig manche
berühmte Schriftsteller angetastet habe, sagt er
in einer Vorrede zu einer neuen Ausgabe der
art poëtique, so würde ich sehr unrecht thun,
wenn ich es übel nehmen wollte, dafs man
mich wieder antastet."

Doch

Doch einmal vergaſs er ſich und nahm es ſehr übel, daſs man anderer Meinung war, als er. *Charles Perrault* gab den Neuern den Vorzug vor den Alten*), und was Boileau'n noch mehr verdroſs, er nahm einige von ihm getadelte Schriftſteller, als Chapelain, Cotin, Quinaut, in Schutz. Zwar lobte Perrault ihn anfänglich auch; aber er wollte kein Lob, das er mit den von ihm verworfenen Schriftſtellern theilen ſollte. Auſſer einigen beiſſenden Epigrammen auf Perrault, ſchrieb er ſeine Reflexions ſur Longin, worin er ihn und ſeine Partei nicht immer mit Mäſsigung behandelte. Indeſſen verſöhnten ſich dieſe beiden Männer einige Jahre nachher mit einander, doch ohne daſs einer zu des andern Glauben in Anſehung der Alten und Neuern übergetreten wäre. Die Verſchiedenheit ihrer Meinungen ſollte ſie nie perſönlich entzweiet haben. „Der Verdruſs, mich in Ihren Geſprächen beurtheilt zu ſehn, ſchrieb B. an P. nachdem ſie Friede gemacht hatten, verleitete mich, Dinge zu ſagen, die ich beſſer nicht geſagt hätte." Das heiſst aufrichtig und edel verfahren! Und P. gab Boileau'n in dieſem Stücke nichts nach.

*) Zuerſt in einem Gedichte, das er in der Academie vorlas und das den Titel führt: Le Siècle de Louis le Grand; nachher in einem proſaiſchen Werke von drei Bänden, welches er Parallèle des Anciens et des Modernes nannte, und dem er die Geſprächsform gab.

Von dem guten Herzen unsers Dichters
finden sich auch noch andere Spuren in seinem
Leben. Er leistete oft denen, über deren
Schriftstellerei er spottete, persönliche Dienste.
So lieh er z. B. dem Versemacher *Liniere*
manchmal Geld, ungeachtet er wuste, daſs
dieser oft damit von ihm geradesweges ins
Weinhaus ging, sich einen Rausch dafür trank,
und dann Spottlieder auf seinen Gläubiger
machte.

In seinem Testamente vermachte er den
kleinen Kirchspielen der Altstadt von Paris
funfzig tausend Livres, seinem Kammerdiener
zehn tausend und einer alten Aufwärterinn
fünf tausend.

Aber nicht bloſs nach seinem Tode war
er freigebig mit einem Vermögen, das dann
nicht mehr sein war; auch bei seinem Leben
that er viel Gutes. Besonders nahm er sich
Männer von Verdienst, wann sie in Noth ge-
riethen, thätig an. Davon sind zwei merk-
würdige Beispiele bekannt.

Patru, Parlements-Advocat zu Paris, einer der vorzüglichsten schönen Geister seiner
Zeit, das Orakel Aller, die sich der Vollkom-
menheit des Stils beflissen, dessen gerichtliche
Reden noch itzt Muster sind, dabei ein Mann
von der festesten und zugleich gefälligsten Tugend, dieser Patru, von seiner Liebe zum Schönen

nen hingeriſſen, verſäumte das Nützliche, las Dichter und Redner ſtatt Acten, und ſaſs in ſeiner Studirſtube wann er hätte im Gerichtsſaal ſein und ſeiner Parteien Gerechtſame wahrnehmen ſollen. Darüber wollte ihn bald niemand mehr zum Advocaten haben, und ſo verfiel er endlich in Armuth. Es kam ſoweit mit ihm, daſs er auch ſeine Bibliothek, das Liebſte was er hatte, verkaufen muſste. Er war im Begriff ſie für einen ſehr geringen Preis hin zu geben, als Boileau ſeine traurige Lage erfuhr. Dieſer ging eilend zu ihm, überbot den andern Käufer, zahlte den Kaufpreis gleich hin, und bedung ſich nur aus, daſs Patru die Bibliothek, ſo lange er lebte, behalten möchte.

Ein andermal hörte er, daſs der König das Gnadengehalt, das er dem groſſen Corneille gab, einziehen wollte. Er lief zu der Frau von Monteſpan, der Nebenfrau des Königs, und ſtellte ihr vor, daſs der König nicht ohne anſcheinende Ungerechtigkeit ihm, Boileau'n, der erſt den Parnaſs zu erklimmen anfinge, eine Penſion geben, und ſie einem andern, der den Gipfel des Muſenbergs längſt erſtiegen hätte, nehmen könnte; er wolle lieber die ſeinige verlieren. Er verlor ſie nicht und Corneille behielt die ſeinige. So ſchön Boileau's Gedichte ſind, ſetzt der Erzähler mit Recht hinzu, ſo werden ſie doch von dieſen beiden edelmüthigen Handlungen weit übertroffen.

Auch

Auch erwarben ihm seine Großmuth und Rechtschaffenheit nicht minder als seine Schriften die Liebe und Achtung aller edeln und aufgeklärten Menschen aus allen Ständen; selbst manche unter seinen Feinden ließen früh oder spät seinem Kopf und seinem Herzen Gerechtigkeit wiederfahren.

Seine Werke wurden überall, auch ausserhalb seinem Vaterlande, begierig und unermüdet gelesen. Seine Gedichte sind zwar, wie er selbst gesteht, mehr die Frucht kalter Vernunft und mühsamen Fleisses, als poetischer Begeisterung, aber dessen ungeachtet doch immer schätzbar und lehrreich.

Er brachte sein Leben auf 74 Jahre und einige Monate, und starb den 13. März 1711.

Manches, was ihn, seine Familie und seine Freunde betrift, findet sich in den Anmerkungen zu den hier gelieferten Gedichten von ihm, und konnte daher hier übergangen werden.

FABLES

CHOISIES,

MISES EN VERS

PAR

M. DE LA FONTAINE.

Encyclop. franç. Tom. I.

FABLES TIRÉES
DU
PREMIER LIVRE.

I.

La Cigale et la Fourmi.

La Cigale ayant chanté
    Tout l'Eté,
Se trouva fort dépourvue
Quand la bise *) fut venue.
Pas un seul petit morceau
De mouche ou de vermisseau.
Elle alla crier famine
Chés la Fourmi sa voisine,
La priant de lui prêter
Quelque grain pour subsister

*) Eigentlich der Nordostwind; hier die kalte Jahrszeit.

Jusqu' à la saison nouvelle.
Je vous pairai, lui dit-elle,
Avant l'Oût *), foi d'animal,
Intérêt & principal.
La Fourmi n'est pas prêteuse:
C'est-là son moindre défaut.
Que faisiés-vous au temps chaud?
Dit-elle à cette emprunteuse.
Nuit et jour, à tout venant
Je chantais, ne vous déplaise.
Vous chantiés? J'en suis fort aise;
Hé bien, dansés maintenant.

2.
Le Corbeau et le Renard.

Maître Corbeau sur un arbre perché,
Tenoit en son bec un fromage:
Maître Renard, par l'odeur alléché,
Lui tint à peu-près ce langage.
Hé bon jour, Monsieur du Corbeau!
Que vous êtes joli! Que vous me semblés beau!
Sans mentir, si votre ramage
Se rapporte à votre plumage,

*) Oût anstatt Août. Man spricht weder das a noch das t aus.

Vous êtes le Phœnix des hôtes de ces bois.
A ces mots le Corbeau ne se sent pas de joie;
 Et, pour montrer sa belle voix,
Il ouvre un large bec, laisse tomber sa proie.
Le Renard s'en saisit, et dit: mon bon Monsieur,
 Apprenés que tout flatteur
Vit aux dépens de celui qui l'écoute:
Cette leçon vaut bien un fromage sans doute.
 Le Corbeau honteux et confus
Jura, mais un peu tard, qu'on ne l'y prendroit
    plus. *)

3.
La Grenouille qui se veut faire aussi grosse que le Bœuf.

Une Grenouille vit un Bœuf
 Qui lui sembla de belle taille.
Elle qui n'étoit pas grosse en tout comme un œuf,
Envieuse s'étend, et s'enfle, et se travaille,
 Pour égaler l'animal en grosseur,
  Disant: Regardés bien, ma sœur,

*) Daſs man ihn nicht mehr ſo fangen, oder anführen ſollte.

Est-ce aſſés? Dites-moi, n'y ſuis-je point
encore?
Nenni. M'y voici donc? Point du tout. M'y
voilà?
Vous n'en approchés point. La chétive pécore
S'enfla ſi bien, qu'elle creva.

Le Monde eſt plein de gens qui ne ſont pas plus
ſages:
Tout Bourgeois veut bâtir comme les grands
Seigneurs:
Tout petit Prince a des Ambaſſadeurs:
Tout Marquis veut avoir des Pages.

4.

Le Loup et le Chien.

Un Loup n'avait que les os et la peau,
Tant les chiens faiſaient bonne garde:
Ce Loup rencontre un Dogue auſſi puiſſant que
beau,
Gras, poli, qui s'était fourvoyé par mégarde.
L'attaquer, le mettre en quartiers,
Sire Loup l'eût fait volontiers,
Mais il fallait livrer bataille;
Et le Mâtin était de taille
A ſe défendre hardiment.

Le Loup donc l'aborde humblement,
Entre en propos, et lui fait compliment
　　Sur son embonpoint qu'il admire.
　　Il ne tiendra qu'à vous, beau Sire,
D'être aussi gras que moi, lui repartit le Chien.
　　Quittés les bois, vous ferés bien :
　　Vos pareils y sont misérables,
　　Cancres, hères et pauvres diables,
Dont la condition est de mourir de faim.
Car quoi ? Rien d'assuré : point de franche lipée :
　　Tout à la pointe de l'épée.
Suivés-moi, vous aurés un bien meilleur destin.
　　Le Loup reprit : Que me faudra-t-il faire ?
Presque rien, dit le Chien, donner la chasse aux gens
　　Portans bâtons, et mendians ;
Flatter ceux du logis, à son maître complaire :
　　Moyennant quoi votre salaire
Sera force reliefs de toutes les façons,
　　Os de poulets, os de pigeons,
　　Sans parler de mainte caresse.
Le Loup déjà se forge une félicité,
　　Qui le fait pleurer de tendresse.
Chemin faisant, il vit le col du Chien pelé :
Qu'est-cela ? lui dit-il. Rien. Quoi rien ?
　　　　　　　　　Peu de chose.
Mais encor ? Le Colier dont je suis attaché,
De ce que vous voyés est peut-être la cause.

A 4

Attaché! dit le Loup: Vous ne courés donc pas
 Où vous voulés? Pas toujours, mais qu'im-
porte?
Il importe fi bien, que de tous vos repas
 Je ne veux en aucune forte;
Et ne voudrais pas même à ce prix un tréfor.
Cela dit, maître Loup s'enfuit, et court encor.

5.
La Beface.

Jupiter dit un jour: Que tout ce qui refpire
S'en vienne comparaître aux pieds de ma
 grandeur,
Si dans fon compofé quelqu'un trouve à redire,*)
 Il peut le déclarer fans peur:
 Je mettrai remède à la chofe.
Venés, Singe, parlés le premier; et pour caufe;
Voyés ces animaux: faites comparaifon
 De leurs beautés avec les vôtres.
Etes-vous fatisfait? Moi, dit-il, pourquoi non?
N'ai-je pas quatre pieds auffi bien que les autres?

*) Wenn jemand an feiner Zufammenfetzung, d. i. an
 dem Bau feines Körpers etwas auszufetzen findet.

Mon portrait, jusq'ici ne m'a rien reproché;
Mais pour mon frère l'Ours on ne l'a qu'ébauché:
Jamais, s'il me veut croire, il ne se fera peindre.
L'Ours venant là-dessus, on crut qu'il s'allait plaindre.
Tant s'en faut; de sa forme il se loua très-fort,
Glosa sur l'Eléphant, dit qu'on pourroit encor
Ajoûter à sa queue, ôter à ses oreilles,
Que c'étoit une masse informe et sans beauté.
　　L'éléphant étant écouté,
Tout sage qu'il étoit, dit des choses pareilles.
　　Il jugea qu'à son appetit, *)
　　　　Dame Baleine étoit trop grosse.
Dame Fourmi trouva le Ciron trop petit,
　　Se croyant pour elle un colosse.
Jupin les renvoya s'étant censurés tous:
Du reste contens d'eux. Mais parmi les plus fous
Notre espèce excella; car tout ce que nous sommes, **)
Lynx envers nos pareils, et Taupes envers nous,
Nous nous pardonnons tout, et rien aux autres hommes.
On se voit d'un autre œil qu'on ne voit son prochain.
　　Le Fabricateur souverain

---

*) Nach seinem, des Elephanten, Geschmack zu urtheilen.

**) Soviel unser sind.

Nous créa Besaciers tous de même manière,
Tant ceux du tems passé que du tems d'aujourd'hui.
Il fit pour nos défauts la poche de derrière,
Et celle de devant pour les défauts d'autrui.

6.
Le Rat de ville et le Rat des champs.

Autrefois le Rat de ville
Invita le Rat des champs
D'une façon fort civile,
A des Reliefs d'Ortolans.

Sur un tapis de Turquie
Le couvert se trouva mis.
Je laisse à penser la vie *)
Que firent ces deux amis.

Le régal fut fort honnête,
Rien ne manquait au festin :
Mais quelqu'un troubla la fête
Pendant qu'ils étaient en train.

A la porte de la sale
Ils entendirent du bruit.
Le Rat de ville détale,
Son camarade le suit.

*) Man denke sich das Leben.

Le bruit cesse, on se retire:
Rats en campagne aussi-tôt: *)
Et le Citadin de dire,
Achevons tout notre rôt.

C'est assés, dit le Rustique:
Demain vous viendrés chés moi.
Ce n'est pas que je me pique **)
De tous vos festins de Roi;

Mais rien ne vient m'interrompre;
Je mange tout à loisir.
A dieu donc; fi du plaisir
Que la crainte peut corrompre!

7.
Le Loup et l'Agneau.

La raison du plus fort est toujours la meilleure,
Nous l'allons montrer tout à l'heure.
Un Agneau se désaltérait
Dans le courant d'une onde pure,
Un Loup survient à jeun, qui cherchait avanture,
Et que la faim en ces lieux attirait.

*) Gleich sind unsere Ratzen wieder da.
**) Ich kann mich zwar eurer königlichen Gastmäler nicht rühmen.

Qui te rend ſi hardi de troubler mon breuvage ?
 Dit cet animal plein de rage,
Tu feras châtié de ta témérité.
Sire, répond l'Agneau, que votre Majeſté
 Ne ſe mette pas en colère.
 Mais plutôt qu'elle conſidère
 Que je me vas défaltérant
  Dans le courant,
 Plus de vingt pas au-deſſous d'elle ;
Et que, par conféquent, en aucune façon,
 Je ne puis troubler ſa boiſſon.
Tu la troubles, reprit cette bête cruelle :
Et je ſai que de moi tu médis l'an paſſé.
Comment l'aurais-je fait ſi je n'étais pas né ?
 Reprit l'Agneau, je tète encor ma mère.
 Si ce n'eſt toi c'eſt donc ton frère.
Je n'en ai point. C'eſt donc quelqu'un des
  tiens ;
 Car vous ne m'épargnés guère,
 Vous, vos Bergers et vos Chiens.
On me l'a dit : il faut que je me venge.
 Là-deſſus, au fond des forêts
 Le Loup l'emporte, et puis le mange
 Sans autre forme de procès,

8.
Le Dragon à plusieurs têtes, et le Dragon à plusieurs queues.

Un Envoyé du Grand-Seigneur
Préférait, dit l'Histoire, un jour chés l'Empereur,
Les forces de son Maître à celles de l'Empire.
　　Un Allemand se mit à dire:
　　Notre Prince a des dépendans
　　　Qui, de leur chef *), sont si puissans,
Que chacun d'eux pourrait soudoyer une armée.
　　Le Chiaoux, homme de sens,
　　　Lui dit: Je sais par renommée
Ce que chaque Electeur peut de monde fournir;
　　　Et cela me fait souvenir
D'une avanture étrange, et qui pourtant est vraie.
J'étais en un lieu sûr, lorsque je vis passer
Les cent têtes d'une Hydre au travers d'une haie.
　　Mon sang commence à se glacer;
　　　Et je crois qu'à moins on s'effraie.
Je n'en eus toutefois que la peur sans le mal.
　　Jamais le corps de l'animal
Ne put venir vers moi, ni trouver d'ouverture.
　　Je rêvais à cette avanture;

*) Für sich, ohne fremde Hülfe.

Quand un autre Dragon qui n'avoit qu'un seul chef,
Et bien plus d'une queue, à passer se présente.
   Me voilà saisi derechef
    D'étonnement et d'épouvante.
Ce chef passe, et le corps, et chaque queue aussi.
Rien ne les empêcha, l'un fit chemin à l'autre.
   Je soutiens qu'il en est ainsi
   De votre Empereur et du nôtre.

9.
Les Voleurs et l'Ane.

Pour un Ane enlevé deux voleurs se battaient:
L'un voulait le garder, l'autre le voulait vendre.
   Tandis que coups de poings trotaient,
Et que nos champions songaient à se défendre,
   Arrive un troisième larron,
   Qui saisit maître Aliboron.
L'Ane, c'est quelquefois une pauvre Province.
   Les voleurs sont tel et tel Prince,
Comme le Transilvain, le Turc et le Hongrois:
   Au lieu de deux j'en ai rencontré trois.
   Il est assés de cette marchandise.
De nul d'eux n'est souvent la Province conquise.
Un quart*) voleur survient, qui les accorde net,
   En se saisissant du Baudet.

*) Un quatrieme.

10.
La Mort et le Bûcheron.

Un pauvre Bûcheron tout couvert de ramée,
Sous le faix du fagot auſſi bien que des ans,
Gemiſſant et courbé, marchait à pas peſans,
Et tâchoit de gagner ſa chaumine enfumée.
Enfin, n'en pouvant plus d'effort et de douleur,
Il met bas ſon fagot, il ſonge à ſon malheur.
Quel plaiſir a-t-il eu depuis qu'il eſt au monde?
En eſt-il un plus pauvre en la machine ronde?
Point de pain quelquefois, et jamais de repos.
Sa femme, ſes enfans, les ſoldats, les impôts,
  Le créancier et la corvée,
Lui font d'un malheureux la peinture achevée.
Il appelle la Mort, elle vient ſans tarder:
  Lui demande ce qu'il faut faire.
  C'eſt, dit il, afin de m'aider
A recharger ce bois, tu ne tarderas guère.

  Le trépas vient tout guérir,
  Mais ne bougeons d'où nous ſommes. *)
  Plûtôt ſouffrir que mourir,
  C'eſt la deviſe des hommes.

---

*) Aber laſst uns ja uns nicht rühren, nämlich um
 den Tod herbei zu holen; es würde uns gereuen,
 denn plûtôt u. ſ. w.

II.
Le Renard et la Cicogne.

Compère le Renard se mit un jour en frais,
Et retint à diner commère la Cicogne.
Le régal fut petit, et sans beaucoup d'apprêts.
    Le galant, pour toute besogne,
Avait un brouet clair, (il vivoit chichement)
Ce brouet fut par lui servi sur une assiette.
La Cicogne au long bec n'en put attraper miette;
Et le drôle eut lapé le tout en un moment.
   Pour se venger de cette tromperie,
A quelque temps de-là la Cicogne le prie.
Volontiers, lui dit-il, car avec mes amis
    Je ne fais point cérémonie.
   A l'heure dite il courut au logis
    De la Cicogne son hôtesse,
    Loua très-fort sa politesse,
   Trouva le dîner cuit à point.
Bon appétit sur tout, Renards n'en manquent
                    point:
Il se rejouissait à l'odeur de la viande
Mise en menus morceaux, et qu'il croyait friande.
   On servit, pour l'embarrasser,
En un vase à long col, et d'étraite embouchure.
Le bec de la Cicogne y pouvait bien passer,
Mais le museau du Sire était d'autre mesure,

Il lui fallut à jeûn retourner au logis,
Honteux comme un Renard qu'une Poule aurait
pris,
Serrant la queue, et portant bas l'oreille.
Trompeurs, c'est pour vous que j'écris,
Attendés-vous à la pareille.

12.
Le Chêne et le Roseau.

Le Chêne un jour dit au Roseau :
Vous avés bien sujet d'accuser la nature.
Un Roitelet pour vous est un pesant fardeau.
Le moindre vent qui d'avanture
Fait rider la face de l'eau,
Vous oblige à baisser la tête :
Cependant que mon front, au Caucase pareil,
Non content d'arrêter les rayons du Soleil,
Brave l'effort de la tempête.
Tout vous est Aquilon, tout me semble Zéphir.
Encor si vous naissiés à l'abri du feuillage
Dont je couvre le voisinage,
Vous n'auriés pas tant à souffrir,
Je vous défendrais de l'orage.
Mais vous naissés le plus souvent
Sur les humides bords des Royaumes du vent.

La Nature envers vous me semble bien injuste.
Votre compassion, lui répondit l'Arbuste,
Part d'un bon naturel, mais quittés ce souci :
　　Les vents me sont moins qu'à vous redoutables.
Je plie, et ne romps pas.　Vous avés jusqu'ici
　　　　Contre leurs coups épouvantables
　　　　Résisté sans courber le dos :
Mais attendons la fin.　Comme il disoit ces mots :
Du bout de l'horison accourt avec furie
　　　　Le plus terrible des enfans
Que le nord eût porté jusque-là dans ses flancs.
　　　L'Arbre tient bon, le Roseau plie :
　　　　Le vent redouble ses efforts,
　　　　Et fait si bien qu'il déracine
Celui de qui la tête était au ciel voisine,
Et dont les pieds touchaient à l'empire des morts.

FABLES TIRÉES
DU
SECOND LIVRE.

I.
Conseil tenu par les Rats.

Un Chat nommé Rodilardus,
  Faifait de Rats telle déconfiture,
  Que l'on n'en voyait presque plus,
Tant il en avait mis dedans la fépulture.
Le peu qu'il en reftait n'ofant quitter fon trou,
Ne trouvait à manger que le quart de fon fou; *)
Et Rodilard paffait, chés la gent miférable,
  Non pour un Chat, mais pour un diable.
  Or un jour qu'au haut et au loin
  Le galant alla chercher femme,
Pendant tout le fabbat qu'il fit avec fa Dame,
Le demeurant des Rats tint Chapitre en un coin
  Sur la neceffité préfente.

*) Wird fonft foûl gefchrieben, und bedeutet: foviel
als zum Sattwerden gehört.

Dès l'abord, leur Doyen, personne très-prudente,
Opina qu'il fallait, et plûtôt que plus tard,
Attacher un grelot au cou de Rodilard;
  Qu'ainsi, quand il irait en guerre,
De sa marche avertis ils s'enfuiraient sous terre:
  Qu'il n'y savait que ce moyen.
Chacun fut de l'avis de Monsieur le Doyen.
Chose ne leur parut à tous plus salutaire.
La difficulté fut d'attacher le grelot.
L'un dit: Je n'y vas*) point, je ne suis pas si sot:
L'autre: Je ne saurais. Si bien que sans rien faire
  On se quitta. — J'ai mains Chapitres vû,
  Qui pour neant se sont ainsi tenus:
Chapitres, non de Rats, mais Chapitres de Moines;
  Voire, **) Chapitres de Chanoines.

  Ne faut-il que délibérer?
  La Cour en Conseillers foisonne.
  Est-il besoin d'exécuter?
  L'on ne rencontre plus personne.

---

*) Heutiges Tages schreibt und spricht man: vais.

**) Voire, ja wohl!. (ist veralret.)

2.
La Lice et sa Compagne.

Une Lice étant sur son terme,
Et ne sachant où mettre un fardeau si pesant,
Fait si bien qu'à la fin sa compagne consent
De lui prêter sa hute, où la Lice s'enferme.
Au bout de quelque tems sa compagne revient.
La Lice lui demande encore une quinzaine.
Ses petits ne marchaient, disait-elle, qu'à peine.
  Pour faire court: elle l'obtient.
Ce second terme échu, l'autre lui redemande
  Sa maison, sa chambre, son lit.
La Lice cette fois montre les dents, et dit:
Je suis prête à sortir avec toute ma bande,
  Si vous pouvés nous mettre hors.
  Ses enfans étaient déjà forts.

Ce qu'on donne aux méchans, toujours on le
       regrette.
  Pour tirer d'eux ce qu'on leur prête,
  Il faut que l'on en vienne aux coups,
  Il faut plaider, il faut combattre.
  Laissés-leur prendre un pied chés vous,
  Ils en auront bientôt pris quatre.

3.
Le Lion et le Moucheron.

Va-t-en, chétif insecte, excrément de la terre.
   C'est en ces mots que le Lion
   Parlait un jour au Moucheron.
   L'autre lui déclara la guerre.
Penses-tu, lui dit-il, que ton titre de Roi
   Me fasse peur, ni me soucie?
   Un bœuf est plus puissant que toi,
   Je le mène à ma fantaisie.
   A peine il achevait ces mots,
   Que lui-même il sonna la charge,
   Fut le Trompette et le Héros.
   Dans l'abord *) il se met au large,
   Puis prend son tems, fond sur le cou
   Du Lion qu'il rend presque fou.
Le quadrupède écume, et son œil étincelle:
Il rugit: on se cache, on tremble à l'environ;
   Et cette alarme universelle
   Est l'ouvrage d'un Moucheron,
Un avorton de Mouche en cent lieux le harcelle,
Tantôt pique l'échine, et tantôt le museau,
   Tantôt entre au fond du nazeau.

*) Anstatt d'abord, anfänglich. Dis zeigt der Gegensatz: puis.

La rage alors se trouve à son faîte montée.
L'invisible ennemi triomphe, et rit de voir
Qu'il n'est griffe ni dent en la bête irritée,
Qui de la mettre en sang ne fasse son devoir.
Le malheureux Lion se déchire lui-même,
Fait résonner sa queue à l'entour de ses flancs,
Bat l'air qui n'en peut mais ; et sa fureur extrême
Le fatigue, l'abat : le voilà sur les dents.
L'Insecte du combat se retire avec gloire :
Comme il sonna la charge, il sonna la victoire,
Va par tout l'annoncer, et rencontre en chemin
    L'embuscade d'une Araignée :
    Il y rencontre aussi sa fin.

Quelle chose par-là nous peut être enseignée ?
J'en vois deux, dont l'une est qu'entre nos en=
                             nemis
Les plus à craindre sont souvent les plus petits :
L'autre, qu'aux grands périls tel a pû se soustraire,
    Qui perit pour la moindre affaire.

4.
Le Lion et le Rat.

Entre les pattes d'un Lion,
Un Rat sortit de terre assés à l'étourdie.
Le Roi des animaux, en cette occasion,
Montra ce qu'il étoit, et lui donna la vie.

Ce bienfait ne fut pas perdu.
Quelqu'un auroit-il jamais cru,
Qu'un Lion d'un Rat eût affaire ?
Cependant il avint qu'au sortir des forêts,
Ce Lion fut pris dans des rets,
Dont ses rugissemens ne le purent défaire.
Sire Rat accourut, et fit tant par ses dents,
Qu'une maille rongée emporta tout l'ouvrage.

5.
Le Coq et le Renard.

Sur la branche d'un arbre étoit en sentinelle
Un vieux Coq adroit et matois.
Frère, dit un Renard adoucissant sa voix,
Nous ne sommes plus en querelle ;
Paix générale cette fois.
Je viens te l'annoncer, descends que je t'embrasse.
Ne me retarde point, de grace :
Je dois faire aujourd'hui vingt postes sans manquer.
Les tiens et toi, pouvés vaquer,
Sans nulle crainte, à vos affaires :
Nous vous y servirons en frères.
Faites-en les feux dès ce soir ;
Et cependant viens recevoir
Le baiser d'amour fraternelle.

Ami, reprit le Coq, je ne pouvais jamais
Apprendre une plus douce et meilleure nouvelle,
Que celle
De cette paix.
Et ce m'eſt une double joie
De la tenir de toi. Je vois deux Lévriers
Qui, je m'aſſure, ſont Couriers,
Que pour ce ſujet on envoie.
Ils vont vîte, et ſeront dans un moment à nous.
Je deſcends ; nous pourrons nous entrebaiſer tous.
Adieu, dit le Renard, ma traite eſt longue à faire;
Nous nous réjouirons du ſuccès de l'affaire
Une autre fois. Le galant auſſi-tôt
Tire ſes grégues, gagne au haut,
Mal-content de ſon ſtratagême;
Et notre vieux Coq, en ſoi-même,
Se mit à rire de ſa peur :
Car c'eſt double plaiſir de tromper le trompeur.

6.
Le Corbeau voulant imiter l'Aigle.

L'Oiſeau de Jupiter enlevant un Mouton,
Un Corbeau témoin de l'affaire,
Et plus faible de reins, et non pas moins glouton,
En voulut ſur l'heure autant faire.

Il tourne à l'entour du troupeau,
Marque entre cent Moutons le plus gras, le
plus beau,
Un vrai Mouton de sacrifice.
On l'avait réservé pour la bouche des Dieux.
Gaillard Corbeau disait, en le couvrant des yeux,
Je ne sai qui fut ta nourrice,
Mais ton corps me parait en merveilleux état:
Tu me serviras de pâture.
Sur l'animal bêlant à ces mots il s'abat.
La Moutonnière créature
Pesait plus qu'un fromage, outre que sa toison
Etait d'une épaisseur extrême,
Et mêlée, à peu-près de la même façon
Que la barbe de Polyphême.
Elle empêtra si bien les serres du Corbeau,
Que le pauvre animal ne put faire retraite:
Le Berger vient, le prend, l'encage bien et beau.
Le donne à ses enfans pour servir d'amusette.
Il faut se mesurer, la conséquence est nette.
Mal prend aux volereaux de faire les voleurs.
L'exemple est un dangereux leure.
Tous les mangeurs de gens ne sont pas grands
Seigneurs:
Où la Guêpe a passé, le Moucheron demeure.

*) Einer von den ungeheuern Riesen, Cyclopen genannt, die Homer in der Odyssée beschreibt.

FABLES TIRÉES
DU
TROISIEME LIVRE.

I.
Les Membres et l'Eſtomac.

Je devais par la Royauté
 Avoir commencé mon ouvrage,
 A la voir d'un certain côté,
 Meſſer Gaſter *) en eſt l'image.
S'il a quelque beſoin, tout le corps s'en reſſent
De travailler pour lui les membres ſe laſſant,
Chacun d'eux reſolut de vivre en Gentilhomme,
Sans rien faire, alléguant l'exemple de Gaſter.
Il faudrait, diſaient-ils, ſans nous qu'il vécut
 d'air.
Nous ſuons, nous peinons comme bêtes de
 ſomme:

---

*) Iſt, auſſer im Scherz, nicht gewöhnlich. Rabelais, ein alter franzöſiſcher Schriftſteller, hat es aus dem Griechiſchen entlehnt.

Et pour qui? pour lui feul: nous n'en profitons
pas,
Notre foin n'aboutit qu'à fournir fes repas.
Chommons; c'eſt un metier qu'il veut nous
faire apprendre.
Ainſi dit, ainſi fait. Les mains ceſſent de
prendre,
Les bras d'agir, les jambes de marcher.
Tous dirent à Gaſter qu'il en allât chercher.
Ce leur fut une erreur dont ils fe repentirent.
Bien-tôt les pauvres gens tombèrent en langueur:
Il ne fe forma plus de nouveau fang au cœur:
Chaque membre en fouffrit, les forces fe per-
dirent.
Par ce moyen les mutins virent
Que celui qu'ils croyaient oiſif et pareſſeux,
A l'intérêt commun contribuait plus qu'eux.
Ceci peut s'appliquer à la grandeur Royale.
Elle reçoit et donne; et la choſe eſt égale.
Tout travaille pour elle, et réciproquement
Tout tire d'elle l'aliment.
Elle fait fubſiſter l'artiſan de fes peines,
Enrichit le Marchand, gage le Magiſtrat,
Maintient le laboureur, donne paye au foldat,
Diſtribue en cent lieux fes graces fouveraines,
Entretient feule tout l'Etat.
Menenius *) le fut bien dire.
La Commune s'allait féparer du Sénat.
Les mécontens difaient qu'il avait tout l'Empire,

---

*) Ein römiſcher Senator.

Le pouvoir, les tréfors, l'honneur, la dignité :
Au lieu que tout le mal était de leur côté,
Les tributs, les impôts, les fatigues de guerre.
Le peuple hors des murs était déjà pofté,
La plûpart s'en allaient chercher une autre terre,
    Quand Menenius leur fit voir
    Qu'ils étaient aux membres femblables ;
Et par cet Apologue infigne entre les Fables,
    Les ramena dans leur devoir.

2.

Les Grenouilles qui demandent un Roi.

Les Grenouilles fe laffant
  De l'état Démocratique,
  Par leurs clameurs firent tant
Que Jupin les foumit au pouvoir Monarchique.
Il leur tomba du Ciel un Roi tout pacifique.
Ce Roi fit toutefois un tel bruit en tombant,
    Que la gent marécageufe,
    Gent fort fotte et fort peureufe,
    S'alla cacher fous les eaux,
    Dans les joncs, dans les rofeaux,
    Dans les trous du marécage,
Sans ofer de long-tems regarder au vifage

Celui qu'elles croyaient être un géant nouveau.
  Or c'était un foliveau,
De qui la gravité fit peur à la première,
  Qui de le voir s'avanturant,
  Ofa bien quitter fa tanière.
  Elle approcha, mais en tremblant.
Une autre la fuivit, une autre en fit autant,
  Il en vint une fourmilière;
Et leur troupe à la fin fe rendit familière
  Jufqu'à fauter fur l'épaule du Roi.
Le bon Sire le fouffre, et fe tient toujours coi.
Jupin en a bien-tôt la cervelle rompue.
Donnés-nous, dit ce peuple, un Roi qui fe
       remue.
Le Monarque des Dieux leur envoye une Grue,
  Qui les croque, qui les tue,
  Qui les gobe à fon plaifir:
  Et Grenouilles de fe plaindre;
Et Jupin de leur dire: Et quoi votre defir
  A fes loix croit-il nous aftreindre?
  Vous avés dû premièrement
  Garder votre Gouvernement:
Mais ne l'ayant pas fait, il vous devait fuffire
Que votre premier Roi fût débonnaire et doux:
  De celui-ci contentés-vous,
  De peur d'en rencontrer un pire.

3.
L'Aigle, la Laye et la Chatte.

L'Aigle avait fes petits au haut d'un arbre creux,
La Laye au pied, la Chatte entre les deux,
Et fans s'incommoder, moyennant ce partage,
Mères et nourriffons faifaient leur tripotage.
La Chatte détruifit par fa fourbe l'accord.
Elle grimpa chés l'Aigle, et lui dit: Notre mort
(Au moins de nos enfans, car c'eft tout un aux mères)
  Ne tardera poffible guères.
Voyés-vous à nos pieds fouir inceffamment
Cette maudite Laye, et creufer une mine ?
C'eft pour déraciner le chêne affurément,
Et de nos nourriffons attirer la ruine.
 L'arbre tombant, ils feront dévorés ;
  Qu'ils s'en tiennent pour affurés.
S'il m'en reftait un feul, j'adoucirais ma plainte.
Au partir de ce lieu, qu'elle remplit de crainte,
 La perfide defcend tout droit
  A l'endroit
 Où la Laye étoit en géfine.
 Ma bonne amie et ma voifine,
Lui dit-elle tout bas, je vous donne un avis.
L'Aigle, fi vous fortés, fondra fur vos petits :

Obligés-moi de n'en rien dire:
Son courroux tomberait fur moi.
Dans cette autre famille ayant femé l'effroi,
La Chatte en fon trou fe retire.
L'Aigle n'ofe fortir, ni pourvoir aux befoins
De fes petits : la Laye encore moins:
Sottes de ne pas voir que le plus grand des foins
Ce doit être celui d'éviter la famine.
A demeurer chés foi l'une et l'autre s'obftine,
Pour fecourir les fiens dedans l'occafion,
L'Oifeau royal, en cas de mine,
La Laye, en cas d'irruption.
La faim détruifit tout: il ne refta perfonne
De la gent Marcaffine, et de la gent Aiglonne,
Qui n'allât de vie à trépas:
Grand renfort pour Meffieurs les Chats.

Que ne fait point ourdir une langue traîtreffe
Par fa pernicieufe adreffe ?
Des malheurs qui font fortis
De la boëte de Pandore,
Celui qu'à meilleur droit tout l'Univers abhorre,
C'eft la fourbe, à mon avis.

4.
Le Loup et la Cicogne.

Les Loups mangent gloutonnement,
Un Loup donc étant de frairie,
Se preſſa, dit-on, tellement,
Qu'il en penſa perdre la vie.
Un os lui démeura bien avant au goſier.
De bonheur pour ce Loup, qui ne pouvait crier,
Près de là paſſe une Cicogne.
Il lui fait ſigne, elle accourt.
Voilà l'opératrice auſſi-tôt en beſogne.
Elle en retira l'os: puis, pour un ſi bon tour,
Elle demanda ſon ſalaire.
Votre ſalaire? dit le Loup,
Vous riez *), ma bonne commère.
Quoi! ce n'eſt pas encor beaucoup
D'avoir de mon goſier retiré votre cou?
Allés, vous êtes une ingrate,
Ne tombés jamais ſous ma patte.

*) Du ſcherzeſt.

5.
Le Lion abattu par l'Homme.

On exposait une peinture,
Où l'artisan avait tracé
Un Lion d'immense stature
Par un seul homme terrassé.
Les regardans en tiraient gloire.
Un Lion en passant rabattit leur caquet.
Je vois bien, dit-il, qu'en effet
On vous donne ici la victoire,
Mais l'ouvrier vous a déçus.
Il avait liberté de feindre.
Avec plus de raison nous aurions le dessus,
Si mes confrères savaient peindre.

6.
Le Renard et les Raisins.

Certain Renard Gascon *), d'autres disent
Normand **),
Mourant presque de faim, vit au haut d'une treille

---

*) Fanfaron, effronté, toujours prêt à justifier ses fautes par quelque trait de plaisanterie, bonne ou mauvaise.
**) Plein de dissimulation, porté comme par instinct, à répondre indirectement et obscurement à ceux qui lui

Des raisins mûrs apparemment,
Et couverts d'une peau vermeille.
Le galant en eût fait volontiers un repas.
Mais comme il n'y pouvait atteindre,
Ils sont trop verds, dit-il, et bons pour des goujats.
Fit-il pas mieux que de se plaindre?

7.
Les Loups et les Brebis.

Après mille ans et plus de guerre déclarée,
Les Loups firent la paix avecque les Brebis.
C'était apparemment le bien des deux partis:
Car si les Loups mangeaient mainte bête égarée,
Les Bergers de leur peau se faisaient maints habits.
Jamais de liberté, ni pour les pâturages,
Ni d'autre part pour les carnages.
Ils ne pouvaient jouir qu'en tremblant de leurs biens.
La paix se conclut donc; on donne des ôtages,
Les Loups leurs Louveteaux, et les Brebis leurs Chiens.

lui parlent; et lorsqu'il le trouve bon, à leur dire nettement tout le contraire de ce qu'il pense. --- So wird der Character der Einwohner von Gascogne und der Normandie angegeben.

L'échange en étant fait aux formes ordinaires,
Et reglé par des Commiffaires,
Au bout de quelque tems que Meffieurs les Louvats
Se virent Loups parfaits, et friands de tuerie,*)
Ils vous prennent le tems que dans la Bergerie
Meffieurs les Bergers n'étaient pas,
Etranglent la moitié des Agneaux les plus gras,
Les emportent aux dents, dans les bois fe retirent.
Ils avaient averti leur gens fecrettement.
Les Chiens, qui fur leur foi, repofaient fûrement,
Furent étranglés en dormant.
Cela fut fi-tôt fait qu'à peine ils le fentirent.
Tout fut mis en morceaux, un feul n'en échapa.
Nous pouvons conclure de là
Qu'il faut faire aux méchans guerre continuelle.
La paix eft fort bonne de foi,
J'en conviens: mais de quoi fert-elle
Avec des ennemis fans foi?

8.

Le Lion devenu vieux.

Le Lion, terreur des forêts,
Chargé d'ans, et pleurant fon antique proueffe,
Fut enfin attaqué par fes propres Sujets,
Devenus forts par fa faibleffe.

*) Sprich aus: türie.

Le Cheval s'approchant lui donne un coup de pied,
Le Loup un coup de dent, le Bœuf un coup de corne.
Le malheureux Lion languissant, triste et morne,
Peut à peine rugir, par l'âge estropié.
Il attend son destin sans faire aucunes plaintes,
Quand voyant l'Ane même à son antre courir,
Ah! C'est trop, lui dit-il, je voulais bien mourir
Mais c'est mourir deux fois que souffrir tes atteintes.

4.
Le Chat et un vieux Rat.

J'ai lû, chés un conteur de Fables,
Qu'un second Rodilard, l'Alexandre des Chats,
  L'Attila *), le fléau des Rats,
  Rendait ces derniers misérables.
  J'ai lû, dis-je, en certain Auteur,
  Que ce Chat exterminateur,
Vrai Cerbère, était craint une lieue à la ronde:
Il voulait de Souris dépeupler tout le monde.
Les planches qu'on suspend sur un léger appui,
  La mort aux Rats, les Souricières,
  N'étaient que jeux au prix de lui.

*) Ein berühmter König der Hunnen, ein grosser Erdverwüster im fünften Jahrhundert nach C. G.

Comme il voit que dans leurs tanières
　　Les Souris étaient prisonnières,
Qu' elles n' osaient sortir, qu' il avait beau
　　　　　　　　chercher,
Le galant fait le mort; et du haut d'un plancher
Se pend la tête en bas. La bête scélérate
A de certains cordons se tenait par la patte.
Le peuple des Souris croit que c'est châtiment,
Qu' il a fait un larcin de rôt ou de fromage,
Egratigné quelqu'un, causé quelque dommage;
Enfin qu' on a pendu le mauvais garnement.
　　Toutes, dis-je, unanimement
Se promettent de rire à son enterrement,
Mettent le nez à l'air, montrent un peu la tête,
　　Puis rentrent dans leurs nids à Rats,
　　Puis ressortant font quatre pas,
　　Puis enfin se mettent en quête.
　　Mais voici bien une autre fête.
Le pendu ressuscite; et sur ses pieds tombant,
　　Attrape les plus paresseuses.
Nous en savons plus d'un *), dit-il en les gobant:
C' est tour de vieille guerre, et vos cavernes
　　　　　　　　creuses
Ne vous sauveront pas, je vous en avertis:
　　Vous viendrés toutes au logis. **)
Il prophétisait vrai, notre maître Mitis,

　　*) Mehr als eine List.

　　**) Ihr sollt alle heimgeleuchtet werden.

Pour la seconde fois les trompe et les affine,
    Blanchit sa robe et s'enfarine;
    Et de la sorte déguisé,
Se niche et se blotit dans une huche ouverte:
    Ce fut à lui bien avisé. *)
La gent trotte-menu s'en vient chercher sa perte.
Un Rat, sans plus, s'abstient d'aller flairer autour.
C'était un vieux routier, il savait plus d'un tour:
Même il avait perdu sa queue à la bataille.
Ce bloc enfariné ne me dit rien qui vaille, **)
S'écria-t-il de loin au Général des Chats,
Je soupçonne dessous encor quelque machine.
    Rien ne te sert d'être farine,
Car quand tu serais sac, je n'approcherais pas.
C'était bien dit à lui: j'approuve sa prudence:
    Il était expérimenté,
    Et savait que la méfiance
    Est mère de la sûreté.

*) Das war ein guter Einfall von ihm.
**) Nichts gutes.

———————

FABLES TIRÉES
DU
QUATRIEME LIVRE.

I.
La Mouche et la Fourmi.

La Mouche et la Fourmi contestaient de leur
         prix.
 O Jupiter, dit la première,
Faut-il que l'amour-propre aveugle les esprits
 D'une si terrible manière,
 Qu'un vil et rampant animal
A la fille de l'Air *) ose se dire égal?
Je hante les Palais, je m'assieds à ta table:
Si l'on t'immole un Bœuf, j'en goûte devant **)
         toi,
Pendant que celle-ci, chétive et misérable,
Vit trois jours d'un fétu qu'elle a traîné chés soi.

 *) In Prosa: einem Geschöpfe, das Flügel hat.
 **) Wegen des unten folgenden Verses: et quant à goûter la première, muſs man devant hier für avant nehmen, und es also nicht überſetzen: vor deinen Augen, sondern früher als du.

Mais, ma mignone, dites-moi,
Vous campés-vous jamais sur la tête d'un Roi,
D'un Empereur, ou d'une Belle?
Je le fais; et je baise un beau sein quand je veux;
Je me joue entre des cheveux;
Je rehausse d'un teint la blancheur naturelle;
Et la dernière main que met à sa beauté
Une femme allant en conquête,
C'est un ajustement des Mouches emprunté.
Puis, allés-moi rompre la tête*)
De vos greniers. Avés-vous dit?
Lui répliqua la ménagère.
Vous hantés les Palais: mais on vous y maudit.
Et quant à goûter la première
De ce qu'on sert devant les Dieux,
Croyés-vous qu'il en vaille mieux?
Si vous entrés par-tout, aussi font les profanes.
Sur la tête des Rois et sur celle des Anes
Vous allés vous planter, je n'en disconviens pas;
Et je sais que d'un prompt trépas
Cet importunité bien souvent est punie.
Certain ajustement, dites-vous, rend jolie.
J'en conviens, il est noir ainsi que vous et moi.
Je veux **) qu'il ait nom Mouche; est-ce un
sujet pourquoi

*) Nun schwatzt mir noch lange vor.

**) Ich gebe zu.

Vous fassiés sonner vos mérites?
Nomme-t-on pas aussi Mouches les Parasites?
Cessés donc de tenir un langage si vain:
N'ayés plus ces hautes pensées.
Les Mouches de Cour sont chassées,
Les Mouchards sont pendus, et vous mourrés
de faim,
De froid, de langueur, de misère,
Quand Phœbus règnera sur un autre hémisphère.
Alors je jouirai du fruit de mes travaux.
Je n'irai par monts ni par vaux
M'exposer au vent, à la pluie:
Je vivrai sans melancolie:
Le foin que j'aurai pris, de soins m'exemptera.
Je vous enseignerai par là
Ce que c'est qu'une fausse ou veritable gloire.
Adieu: je perds le tems: laissés-moi travailler.
Ni mon grenier, ni mon armoire
Ne se remplit à babiller.

2.

L'Ane et le petit Chien.

Ne forçons point notre talent:
Nous ne ferions rien avec grace.
Jamais un lourdaut, quoi qu'il fasse,
Ne saurait passer pour galant.

Peu de gens que le Ciel chérit et gratifie,
Ont le dont d'agréer infus avec la vie. *)
    C'eſt un point qu'il leur faut laiſſer;
Et ne pas reſſembler à l'Ane de la Fable,
    Qui pour ſe rendre plus aimable
Et plus cher à ſon Maître, alla le careſſer.
    Comment, diſait-il en ſon ame,
    Ce Chien, parce qu'il eſt mignon,
    Vivra de pair à compagnon
    Avec Monſieur, avec Madame;
    Et j'aurai des coups de bâton?
    Que fait-il? Il donne la patte?
    Puis auſſi-tôt il eſt baiſé:
S'il en faut faire autant afin que l'on me flatte,
    Cela n'eſt pas bien mal-aiſé.
    Dans cette admirable penſée,
Voyant ſon Maître en joie **), il s'en vient lourdement,
    Lève une corne toute uſée,
La lui porte au menton fort amoureuſement,
Non ſans accompagner, pour plus grand ornement,
De ſon chant gracieux cette action hardie.
Oh! oh! quelle careſſe, et quelle mélodie!
Dit le Maître auſſi-tôt. Holà, Martin-bâton!
Martin-bâton accourt, l'Ane changea de ton.
    Ainſi finit la comédie.

---

*) Nur Günſtlingen des Himmels, deren es wenige gibt, iſt die Gabe zu gefallen angeboren.
**) Bei guter Laune.

3.
Le combat des Rats et des Belettes.

La nation des Belettes,
Non plus que celle des Chats,
Ne veut aucun bien aux Rats:
Et fans les portes étroites
De leurs habitations,
L'animal à longue échine
En ferait, je m'imagine,
De grandes deftructions.
Or une certaine année
Qu'il en était à foifon,
Leur Roi, nommé Ratapon,
Mit en campagne une armée.
Les Belettes, de leur part,
Déployèrent l'étendart.
Si l'on croit la Renommée:
La victoire balança.
Plus d'un guéret s'engraiffa
Du fang de plus d'une bande.
Mais la perte la plus grande
Tomba prefque en tous endroits
Sur le peuple Souriquois.
Sa déroute fut entière:
Quoi que pût faire Artarpax,
Pficarpax, Méridarpax,
Qui, tout couverts de pouffière,
Soutinrent affés long-temps
Les efforts des combattans,

DU LIVRE IV.

Leur réſiſtance fut vaine ;
Il fallut céder au fort.
Chacun s'enfuit au plus fort,
Tant foldat, que capitaine.
Les Princes périrent tous.
La racaille dans des trous
Trouvant ſa retraite prête,
Se ſauva ſans grand travail.
Mais les Seigneurs ſur leur tête
Ayant chacun un plumail,
Des cornes ou des aigrettes,
Soit comme marques d'honneur,
Soit afin que les Belettes
En conçuſſent plus de peur,
Cela cauſa leur malheur.
Trou, ni fente, ni crevaſſe,
Ne fut large aſſés pour eux :
Au lieu que la populace
Entrait dans les moindres creux.
La principale jonchée
Fut donc des principaux Rats.
Une tête empanachée
N'eſt pas petit embarras.
Le trop ſuperbe équipage
Peut ſouvent en un paſſage
Cauſer du retardement.
Les petits en toute affaire
Eſquivent fort aiſément :
Les grands ne le peuvent faire.

4.
L'Homme et l'Idole de bois.

Certain Payen chés lui gardait un Dieu de bois,
De ces Dieux qui font fourds, bien qu'ayant
 des oreilles.
Le Payen cependant s'en promettait merveilles.
 Il lui coûtait autant que trois.
 Ce n'était que vœux et qu'offrandes,
Sacrifices de Bœufs couronnés de guirlandes.
 Jamais Idole, quel qu'il fût,
 N'avait eu cuifine fi graffe,
Sans que pour tout ce culte à fon hôte il échût
Succeffion, tréfor, gain au jeu, nulle grace.
Bien plus, fi pour un fol d'orage *) en quelque
 endroit
 S'amaffait d'une ou d'autre forte,
L'homme en avait fa part, et fa bourfe en
 fouffrait.
La pitance du Dieu n'en était pas moins forte.
A la fin fe fâchant de n'en obtenir rien,
Il vous prend un lévier, met en pièce l'Idole,
Le trouve rempli d'or. Quand je t'ai fait du bien,
M'as-tu valu, dit-il, feulement une obole?

*) Soviel Hagelwetter als man für einen Sou haben
kann, d. i. ein noch fo unbedeutendes H. W.
oder wie wir fagen: eine Mütze voll Sturm.

Va, fors de mon logis, cherche d'autres autels.
  Tu reſſembles aux naturels
Malheureux, groſſiers et ſtupides:
On n'en peut rien tirer qu'avecque le bâton.
Plus je te rempliſſais, plus mes mains étaient
                              vuides:
  J'ai bien fait de changer de ton.

5.
Le Geai paré des plumes du Paon.

Un Paon muoit; un Geai prit ſon plumage;
  Puis après ſe l'accommoda;
Puis parmi d'autres Paons tout fier ſe panada,
  Croyant être un beau perſonnage.
Quelqu'un le reconnut; il ſe vit bafoué,
  Berné, ſifflé, moqué, joué,
Et par Meſſieurs les Paons plumé d'étrange ſorte.
Même vers ſes pareils s'étant réfugié,
  Il fut par eux mis à la porte.
Il eſt aſſés de Geais à deux pieds comme lui,
Qui ſe parent ſouvent des dépouilles d'autrui,
  Et que l'on nomme Plagiaires.
Je m'en tais, et ne veux leur cauſer nul ennui:
  Ce ne ſont pas-là mes affaires.

---

*) Paon und Geai werden einſyllbig ausgeſprochen, als ſtände Pan und Jè.

6.
Le Chameau et les Bâtons flottans.

Le premier qui vit un Chameau,
S'enfuit à cet objet nouveau.
Le second s'approcha: le troisième osa faire
Un licou pour le Dromadaire.
L'accoutumance ainsi nous rend tout familier.
Ce qui nous paraissait terrible et singulier,
S'apprivoise avec notre vue,
Quand ce vient à la continue.
Et, puisque nous voici tombés sur ce sujet,
On avait mis des gens au guet,
Qui voyant sur les eaux de loin certain objet,
Ne purent s'empêcher de dire,
Que c'était un puissant navire.
Quelques momens après l'objet devint brûlot,
Et puis nacelle, et puis balot,
Enfin bâtons flottans sur l'onde.

J'en fais beaucoup de par le monde,
A qui ceci conviendrait bien: *)
De loin c'est quelque chose, et de près ce n'est
rien.

———

*) Es sei hier ein für allemal bemerkt, dass man ie in conviendrait, bien, rien, vieille u. s. w. gemeiniglich als Eine Sylbe aussprechen muss.

7.
La Grenouille et le Rat.

Tel, comme dit Merlin *), cuide engigner autrui,
   Qui souvent s' engigne foi - même.
J'ai regret que ce mot soit trop vieux aujourd'hui :
Il m' a toujours semblé d' une énergie extrême.
Mais afin d' en venir au dessein que j'ai pris :
Un Rat plein d'embonpoint, gras et des mieux
                    nourris,
Et qui ne connaissait l'Avent ni le Carême, **)
Sur le bord d'un marais égayait ses esprits.
Une Grenouille approche, et lui dit en sa langue:
Venés me voir chés moi, je vous ferai festin.
   Messire Rat promit soudain:
Il n'était pas besoin de plus longue harangue.
Elle allégua pourtant les délices du bain,
   La curiosité, le plaisir du voyage,
Cent raretés à voir le long du marécage:
Un jour il conterait à ses petits enfans
Les beautés de ces lieux, les moeurs des habitans,
Et le gouvernement de la chose publique
        Aquatique.

  *) Ein Zauberer im rasenden Roland, einem berühmten italienischen Heldengedichte von Ariost.
  **) Weder die Fasten vor Weihnacht noch die vor Ostern, d. i. die nie fastete.

Encyclop. franç. Tom. I.   C

Un point fans plus tenait le galant empêché.
Il nageait quelque peu, mais il fallait de l'aide.
La Grenouille à cela trouve un très-bon remède.
Le Rat fut à fon pied par la patte attaché.
  Un brin de jonc en fit l'affaire.
Dans le marais entrés, notre bonne commère
S'efforce, de tirer fon hôte au fond de l'eau,
Contre le droit des gens, contre la foi jurée,
Prétend qu'elle en fera gorge chaude et curée:
(C'était, à fon avis, un excellent morceau)
Déja dans fon efprit la galante le croque.
Il attefte les Dieux: la perfide s'en moque.
Il refifte: elle tire. En ce combat nouveau,
Un Milan qui dans l'air planait, faifait la ronde,
Voit d'enhaut le pauvret *) fe débattant fur
        l'onde.
Il fond deffus, l'enlève, et par même moyen
  La Grenouille et le lien.
  Tout en fut **), tant et fi bien
  Que de cette double proie
  L'oifeau fe donne au cœur joie,
  Ayant, de cette façon,
  A fouper chair et poiffon.
  La rufe la mieux ourdie
  Peut nuire à fon inventeur;
  Et fouvent la perfidie
  Retourne fur fon auteur.

---

*) Das arme Thier, die Ratze.
**) Alles ging mit.

8.
Le Cheval s'étant voulu venger du Cerf.

De tout temps les Chevaux ne sont nés pour les hommes;
Lorsque le genre humain de gland se contentait,
Ane, Cheval et Mule aux forêts habitait:
Et l'on ne voyait point, comme au siècle où nous sommes,
 Tant de selles et tant de bats,
 Tant de harnois pour les combats,
 Tant de chaises, tant de carrosses,
 Comme aussi ne voyait-on pas
 Tant de festins et tant de nôces.
Or un Cheval eut alors différent
 Avec un Cerf plein de vîtesse,
Et ne pouvant l'attraper en courant,
Il eut recours à l'Homme, implora son adresse.
L'Homme lui mit un frein, lui sauta sur le dos,
 Ne lui donna point de repos
Que le Cerf ne fût pris, et n'y laissât la vie.
 Et cela fait, le Cheval remercie
L'Homme son bienfaiteur, disant: Je suis à vous. *)
Adieu. Je m'en retourne à mon sejour sauvage.

---

*) Ich bin Ihnen verbunden.

Non pas cela, dit l'Homme, il fait meilleur
  chés nous:
 Je vois trop quel est votre usage. *)
Demeurés donc, vous serés bien traité,
 Et jusqu' au ventre en litière.
 Hélas! Que sert la bonne chère,
 Quand on n'a pas la liberté?
Le Cheval s'apperçut qu'il avait fait folie:
Mais il n'était plus tems: déjà son écurie
 Etait prête et toute bâtie.
Il y mourut en trainant son lien,
Sage s'il eût remis une légère offense.

Quel que soit le plaisir que cause la vengeance,
C'est l'acheter trop cher, que l'acheter d'un bien
 Sans qui les autres ne font rien.

─────────────────────────

9.
Le Renard et le Buste.

Les Grands, pour la plupart, sont masques de
  théâtre;
Leur apparence impose au vulgaire idolâtre.
L'Ane n'en sait juger que par ce qu'il en voit.
Le Renard au contraire à fond les examine,
Les tourne de tous sens; et quand il s'apperçoit
 Que leur fait n'est que bonne mine,

*) Ich sehe gar zu gut, wozu du zu brauchen bist.

Il leur applique un mot qu'un Buste de Héros
  Lui fit dire fort à propos.
C'était un Buste creux et plus grand que nature.
Le Renard en louant l'effort de la Sculpture,
Belle tête, dit-il, *mais de cervelle point.*

Combien de grands Seigneurs font Bustes en ce
  point.

10.

Le Loup, la Chèvre et le Chévreau.

La Bique allant remplir sa trainante mamelle,
  Et paître l'herbe nouvelle,
  Ferma sa porte au loquet,
  Non sans dire à son Biquet:
  Gardés-vous sur votre vie,
  D'ouvrir que l'on ne vous die *)
  Pour enseigne et mot du guet:
  Foin du Loup et de sa race.
  Comme elle disait ces mots,
  Le Loup de fortune passe:
  Il les recueille à propos,
  Et les garde en sa mémoire.
  La Bique, comme on peut croire,

*) Anstatt: dise.

N'avait pas vû le glouton.
Dès qu'il la voit partie, il contrefait son ton,
   Et d'une voix papelarde
Il demande qu'on ouvre, en difant: foin du Loup,
   Et croyant entrer tout d'un coup.
Le Biquet foupçonneux, par la fente regarde.
Montrès-moi patte blanche, ou je n'ouvrirai point,
S'écria t-il d'abord. (Patte blanche est un point
Chés les Loups, comme on fait, rarement en ufage.)
Celui-ci fort furpris d'entendre ce langage,
Comme il était venu s'en retourna chés foi.
Où ferait le Biquet s'il eût ajouté foi
   Au mot du guet que de fortune
   Notre Loup avait entendu?

   Deux fûretés valent mieux qu'une;
Et le trop en cela ne fut jamais perdu.

II.

Parole de Socrate.

Socrate un jour faifant bâtir,
  Chacun cenfuroit fon ouvrage.
L'un trouvait les dedans, pour ne lui point mentir, *)
  Indignes d'un tel perfonnage.

*) Wenn er ihm die Wahrheit fagen follte.

L'autre blâmait la face; et tous étaient d'avis
Que les appartemens en étaient trop petits.
Quelle maison pour lui! L'on y tournait à peine *).
  Plût au Ciel que de vrais amis,
Telle qu'elle est, dit-il, elle pût être pleine.
  Le bon Socrate avait raison
De trouver pour ceux-là trop grande sa maison.
Chacun se dit ami, mais fou qui s'y repose.
  Rien n'est plus commun que ce nom;
  Rien n'est plus rare que la chose.

12.

Le Vieillard et ses Enfans.

Toute puissance est faible à moins que d'être
  unie.
Ecoutés là-dessus l'Esclave de Phrygie **).
Si j'ajoûte du mien à son invention,
C'est pour peindre nos mœurs, et non point par
  envie:
Je suis trop au-dessous de cette ambition.
Phèdre ***) enchérit souvent par un motif de
  gloire:
Pour moi, de tels pensers me seraient mal-séans.
Mais venons à la Fable, ou plûtôt à l'Histoire
De celui qui tâcha d'unir tous ses enfans.

C 4

*) Man könnte sich kaum darin umdrehen.
**) Den Aesop.
***) Ein lateinischer Fabeldichter.

Un Vieillard prêt d'aller où la mort l'appellait,
Mes chers enfans, dit-il (à ses fils il parlait)
Voyés si vous romprés ces dards liés ensemble:
Je vous expliquerai le nœud qui les assemble.
L'ainé les ayant pris et fait tous ses efforts,
Les rendit en disant: Je le donne aux plus forts.*)
Un second lui succède et se met en posture,
Mais en vain. Un cadet tente aussi l'avanture.
Tous perdirent leur temps, le faisceau résista:
De ces dards joints ensemble un seul ne s'éclata.
Faibles gens! dit le père, il faut que je vous montre
Ce que ma force peut en semblable rencontre.
On crut qu'il se moquait, on sourit, mais à tort.
Il sépare les dards, et les rompt sans effort.
Vous voyés, reprit-il, l'effet de la concorde:
Soyés joints, mes enfans, que l'amour vous accorde.
Tant que dura son mal, il n'eut autre discours.
Enfin se sentant près de terminer ses jours:
Mes chers enfans, dit-il, je vais où sont nos pères:
Adieu, promettés-moi de vivre comme frères;
Que j'obtienne de vous cette grace en mourant.
Chacun de ses trois fils l'en assure en pleurant.
Il prend à tous les mains: il meurt; et les trois frères
Trouvent un bien fort grand, mais fort mêlé d'affaires *).

*) Die stärksten werden es vergebens versuchen.
**) Sehr verstrickt in Rechtshändeln.

Un créancier saisit *), un voisin fait procés:
D'abord notre Trio s'en tire avec succès.
Leur amitié fut courte autant qu'elle était rare.
Le sang les avait joints, l'intérêt les sépare.
L'ambition, l'envie avec les consultans,
Dans la succession entrent en même-temps.
On en vient au partage, on conteste, on chicane:
Le Juge sur cent points tour à tour les condamne.
Créanciers et voisins reviennent aussi-tôt,
Ceux-là sur une erreur, ceux-ci sur un défaut.
Les frères désunis sont tous d'avis contraire :
L'un veut s'accommoder, l'autre n'en veut rien
faire.
Tous perdirent leur bien; et voulurent trop tard
Profiter de ces dards unis, et pris à part.

13.
L'Avare qui a perdu son trésor.

L'usage seulement fait la possession.
Je demande à ces gens, de qui la passion
Est d'entasser toujours, mettre somme sur somme,
Quel avantage ils ont que n'ait pas un autre
homme.

*) Greift zu.

Diogène là-bas *) est aussi riche qu'eux;
Et l'Avare ici-haut, comme lui vit en gueux.
L'homme au trésor caché qu'Esope nous propose,
 Servira d'exemple à la chose.

  Ce malheureux attendait
Pour jouir de son bien une seconde vie,
Ne possédait pas l'or, mais l'or le possédait.
Il avait dans la terre une somme enfouie,
 Son cœur avec, n'ayant autre déduit,
  Que d'y ruminer jour et nuit,
Et rendre sa chevance à lui-même sacrée. **)
Qu'il allât ou qu'il vint, qu'il bût ou qu'il
         mangeât,
On l'eût pris de bien court ***), à moins qu'il
         ne songeât
A l'endroit où gisait cette somme enterrée.
Il y fit tant de tours qu'un Fossoyeur le vit,
Se douta du dépôt, l'enleva sans rien dire.

*) Diogenes in der Unterwelt, wo er nicht einmal, wie hier auf Erden, eine Tonne zur Wohnung und einen zerlumpten Mantel zur Kleidung hat.

**) Zu einem Heiligthum, woran man sich nicht vergreifen darf.

***) Hätte man ihm nicht Zeit genug gelassen, wenn er nicht hätte an den Ort denken können, wo &c. Mit andern Worten: Wo er ging und stand, wann er aß und trank, glaubte er soviel wje nichts zu thun, wenn er nicht zugleich an seinen vergrabenen Schatz dachte.

Notre Avare un beau jour *) ne trouva que
le nid.
Voilà mon homme aux pleurs: il gémit, il soupire,
Il se tourmente, il se déchire.
Un passant lui demande à quel sujet ses cris.
C'est mon trésor que l'on m'a pris.
Votre trésor? Où pris? Tout joignant cette
pierre.
Et! Sommes-nous en temps de guerre
Pour l'apporter si loin? N'eussiés-vous pas
mieux fait
De le laisser chés vous en votre cabinet,
Que de le changer de demeure?
Vous auriés pû sans peine y puiser à toute heure.
A toute heure, bons Dieux! Ne tient-il qu'à
cela! **)
L'argent vient-il comme il s'en va?
Je n'y touchais jamais. Dites-moi donc, de
grace,
Reprit l'autre, pourquoi vous vous affligés tant,
Puisque vous ne touchiés jamais à cet argent?
Mettés une pierre à la place,
Elle vous vaudra tout autant.

---

*) Als er einst darnach sah. Un beau jour sagt, in dieser Verbindung, nichts weiter, als un jour.

**) Hat man nicht mehr zu thun? Nämlich, als von dem Gelde auszugeben. Muſs man es nicht zu Rathe halten, nicht vermehren?

14.
L'œil du Maitre.

Un Cerf s'étant fauvé dans une étable à Bœufs,
  Fut d'abord averti par eux,
  Qu'il cherchât un meilleur afyle.
Mes frères, leur dit-il, ne me décelés pas:
Je vous enfeignerai les pâtis les plus gras:
Ce fervice vous peut quelque jour être utile:
  Et vous n'en aurés pas regret.
Les Bœufs, à toutes fins *), promirent le fecret.
Il fe cache en un coin, refpire et prend courage.
Sur le foir on apporte herbe fraîche et fourages,
  Comme l'on faifait tous les jours.
 L'on va, l'on vient, les valets font cent tours
 L'Intendant même; et pas un d'avanture
  N'apperçut ni cor, ni ramure,
 Ni Cerf enfin. L'habitant des forêts
Rend déjà grace aux Bœufs, attend dans cette
        étable
Que chacun retournant au travail de Cérès,
Il trouve pour fortir un moment favorable.
L'un des Bœufs ruminant, lui dit: Cela va bien:
Mais quoi? L'homme aux cent yeux n'a pas
      fait fa revue:
  Je crains fort pour toi fa venue.
Jufque-là, pauvre Cerf, ne te vante de rien.

 *) Es möchte ablaufen, wie es wollte.

Là-dessus le Maître entre, et vient faire sa ronde.
    Qu'est-ceci? dit-il à son monde,
Je trouve bien peu d'herbe en tous ces râteliers,
Cette litière est vieille, allés vîte aux greniers.
Je veux voir désormais vos bêtes mieux soignées.
Que coûte-t-il d'ôter toutes ces Araignées?
Ne sauroit-on ranger ces jougs et ces colliers?
En regardant à tout, il voit une autre tête
Que celles qu'il voyait d'ordinaire en ce lieu.
Le Cerf est reconnu: chacun prend un épieu:
    Chacun donne un coup à la bête.
Ses larmes ne sauraient la sauver du trepas.
On l'emporte, on la sale, on en fait maint repas,
    Dont maint voisin s'éjouit d'être.

Phèdre sur ce sujet dit fort élégamment:
    Il n'est pour voir que l'œil du Maître. *)
Quant à moi, j'y mettrais encor l'œil de l'Amant,

---

  *) Nur das Auge des Herrn sieht.

FABLES TIRÉES
DU CINQUIEME LIVRE.

I.
Le petit Poisson et le Pêcheur.

Petit Poisson deviendra grand
Pourvu que Dieu lui prête pie.
Mais le lâcher en attendant,
Je tiens pour moi que c'est folie:
Car de le rattraper il n'est pas trop certain

Un Carpeau qui n'était encore que fretin,
Fut pris par un Pêcheur au bord d'une rivière,
Tout fait nombre, dit l'homme en voyant son butin,
Voilà commencement de chère et de festin:
Mettons-le en notre gibecière.
Le pauvre Carpillon lui dit en sa manière,
Que ferés-vous de moi? Je ne saurais fournir
Au plus *) qu'une demi-bouchée.
Laissés-moi Carpe devenir;
Je serai par vous repêchée.

*) Sonst tout au plus, aufs höchste.

Quelque gros Partifan m'achetera bien cher:
    Au lieu qu'il vous en faut chercher
    Peut-être encor cent de ma taille
Pour faire un plat. Quel plat ? Croyés-moi,
              rien qui vaille.
Rien qui vaille ? Et bien foit, repartit le Pêcheur,
Poiffon, mon bel ami, qui faites le prêcheur,
Vous irés dans la poële; et vous avés beau dire,
    Dès ce foir on vous fera frire.

Un *tiens* vaut, ce dit-on, mieux que deux *tu*
              l'auras.
    L'un eft fûr, l'autre ne l'eft pas.

2.

Les Oreilles du Lièvre.

Un animal cornu bleffa de quelques coups
    Le Lion, qui plein de courroux,
    Pour ne plus tomber en la peine,
    Bannit des lieux de fon domaine
Toute bête portant des cornes à fon front.
Chèvres, Beliers, Taureaux auffi-tôt délogèrent,
    Daims et Cerfs de climat changèrent:
    Chacun à s'en aller fut prompt.

Un Lièvre appercevant l'ombre de ses oreilles,
  Craignit que quelque Inquisiteur
N'allât interprèter à cornes leur longueur,
Ne les soutint en tout à des cornes pareilles.
Adieu, voisin Grillon, dit-il, je pars d'ici:
Mes oreilles enfin seraient cornes aussi:
Et quand je les aurais plus courtes qu'une Au-
                                         truche,
Je craindrais même encor. Le Grillon repartit:
  Cornes cela! Vous me prenés pour cruche?
     Ce sont oreilles que Dieu fit.
    On les fera passer pour cornes,
Dit l'animal craintif, et cornes de Licornes.
J'aurai beau protester: mon dire et mes raisons
    Iront aux petites Maisons.

3.
Le Renard qui a la queue coupée.

Un vieux Renard, mais des plus fins,
Grand croqueur de Poulets, grand preneur de
                                         Lapins,
    Sentant son Renard *) d'une lieue,
    Fut enfin au piége attrapé.
  Par grand hazard en étant échappé,
Non pas franc, car pour gage il y laissa sa queue.

*) Der seinen Fuchsgeruch weit verbreitete, also ein
   ächter Fuchs war.

S'étant, dis-je, sauvé, sans queue et tout honteux,
Pour avoir des pareils, (comme il était habile)
Un jour que les Renards tenaient conseil entr'eux,
Que faisons-nous, dit-il, de ce poids inutile,
Et qui va balayant tous les sentiers fangeux?
Que nous sert cette queue? Il faut qu'on se la
     coupe.
 Si l'on me croit, chacun s'y résoudra.
Votre avis est fort bon, dit quelqu'un de la
     troupe,
Mais tournés-vous, de grace, et l'on vous ré-
     pondra.
A ces mots il se fit une telle huée,
Que le pauvre écourté ne put être entendu.
Prétendre ôter la queue eût été tems perdu:
 La mode en fut continuée.

4.

La Vieille et les deux Servantes.

Il était une Vieille ayant deux Chambrières,
Elles filaient si bien, que les sœurs filandières
Ne faisaient que brouiller *) au prix de celles-ci.
La Vieille n'avait point de plus pressant souci
Que de distribuer aux Servantes leur tâche:
Dès que Thetis chassait Phœbus aux crins
     dorés, **)

*) Schlecht machen.
**) Sobald Thetis (die Göttinn des Meers) den gold-
haarigen Phœbus (die Sonne) fortgehen hiefs, d. i.
sobald der Tag anbrach.

Tourets entraient en jeu, fuseaux étaient tirés;
 Deçà, delà, vous en aurés: *)
  Point de cesse, point de relâche;
Dès que l'Aurore, dis-je, en son char remontait,
Un misérable Coq à point nommé chantait:
Aussi-tot notre Vieille, encor plus misérable,
S'affublait d'un jupon crasseux et détestable,
Allumait une lampe, et courait droit au lit,
Où, de tout leur pouvoir, de tout leur appétit,
  Dormaient les deux pauvres Servantes,
L'une entr'ouvrait un œil, l'autre étendait un bras,
  Et toutes deux très-malcontentes,
Disaient entre leurs dents: Maudit Coq, tu
      mourras.
Comme elles l'avaient-dit, la bête fut gripée.
Le Réveille-matin eut la gorge coupée.
Ce meurtre n'amenda nullement leur marche.
Notre couple, au contraire, à peine était couché,
Que la Vieille craignant de laisser passer l'heure,
Courait comme un lutin par toute sa demeure.

  C'est ainsi que le plus souvent,
Quand on pense sortir d'une mauvaise affaire,
  On s'enfonce encor plus avant:
  Témoin ce couple et son salaire.
La Vieille, au lieu du Coq, les fit tomber par-là
  De Charybde en Scylla.

---

*) Dis sind Worte der Alten: Du hier! Du da!
 Wo ihr nicht spinnt!

5.

Le Laboureur et ses Enfans.

Travaillés, prenés de la peine :
C'est le fonds qui manque le moins.
Un riche Laboureur sentant sa mort prochaine,
Fit venir ses enfans, leur parla sans temoins.
Gardés-vous, leur dit-il, de vendre l'héritage
   Que nous ont laissé nos parens :
   Un trésor est caché dedans,
Je ne sais pas l'endroit, mais un peu de courage
Vous le fera trouver, vous en viendrés à bout.
Remués votre champ dès qu'on aura fait l'Oût,
Creusés, fouillés, bêchés, ne laissés nulle place
   Où la main ne passe et repasse.
Le père mort, les fils vous retournent le champ,
Deçà, delà, par-tout : si bien qu'au bout de l'an
   Il en rapporta davantage.
D'argent, point de caché. Mais le père fut sage
   De leur montrer avant sa mort,
   Que le travail est un trésor.

6.
La Poule aux Oeufs d'or.

L'avarice perd tout en voulant tout gagner,
  Je ne veux pour le témoigner
Que celui dont la Poule, à ce que dit la Fable,
  Pondait tous les jours un œuf d'or.
Il crut que dans son corps elle avait un trésor.
Il la tua, l'ouvrit, et la trouva semblable
A celles dont les œufs ne lui rapportaient rien.
S'étant lui-même ôté le plus beau de son bien.

  Belle leçon pour les gens chiches!
Pendant ces derniers temps, combien en a-t-on vus,
Qui du soir au matin sont pauvres devenus,
  Pour vouloir trop-tôt être riches!

7.
L'Ane portant des Reliques.

Un Baudet chargé de Reliques,
  S'imagina qu'on l'adorait.
  Dans ce penser il se quarrait,
Recevant comme siens l'encens et les cantiques.
  Quelqu'un vit l'erreur, et lui dit;
Maître Baudet, ôtés vous de l'esprit

Une vanité si folle.
Ce n'est pas vous, c'est l'idole
A qui cet honneur se rend,
Et que la gloire en est due.
D'un Magistrat ignorant,
C'est la robe qu'on salue.

8.
Le Cerf et la Vigne.

Un Cerf, à la faveur d'une Vigne fort haute
Et telle qu'on en voit en de certains climats,
S'étant mis à couvert et sauvé du trépas,
Les Veneurs pour ce coup croyaient leurs chiens en faute.
Ils les rappellent donc. Le Cerf, hors de danger,
Broute sa bienfaitrice : ingratitude extrême !
On l'entend, on retourne, on le fait déloger :
Il vient mourir en ce lieu même.
J'ai mérité, dit-il, ce juste châtiment,
Profités-en, ingrats. Il tombe en ce moment.
La meute en fait curée, Il lui fut inutile
De pleurer aux Veneurs à sa mort arrivés.

Vraie image de ceux qui profanent l'asyle
Qui les a conservés.

9.
Le Serpent et la Lime.

On conte qu'un Serpent, voisin d'un Horloger,
(C'était pour l'Horloger un mauvais voisinage)
Entra dans sa boutique, et cherchant à manger,
    N'y rencontra pour tout potage
Qu'une Lime d'acier qu'il se mit à ronger.
Cette Lime lui dit, sans se mettre en colère,
  Pauvre ignorant! Et que prétens-tu faire?
    Tu te prens à plus dur que toi,
    Petit Serpent à tête folle:
    Plutôt que d'emporter de moi
    Seulement le quart d'une obole,
    Tu te romprais toutes les dents:
    Je ne crains que celles du Temps.

Ceci s'adresse à vous, Esprits du dernier ordre,
Qui n'étant bons a rien, cherchés sur tout à
                  mordre:
  Vous vous tourmentés vainement.
Croyés-vous que vos dents impriment leurs
                 outrages
    Sur tant de beaux ouvrages?
Ils sont pour vous d'airain, d'acier, de diamant.

10.

Le Lièvre et la Perdrix.

Il ne se faut jamais moquer des misérables :
Car qui peut s'assurer d'être toujours heureux ?
  Le sage Esope dans ses Fables
  Nous en donne un exemple ou deux.
  Celui qu'en ces vers je propose,
  Et les siens, ce sont même chose.

Le Lièvre et la Perdrix, concitoyens d'un champ,
Vivaient dans un état, ce semble, assés tranquille :
  Quand une Meute s'approchant,
Oblige le premier à chercher un asyle.
Il s'enfuit dans son fort, met les chiens en défaut,
  Sans même en excepter Brifaut.
  Enfin il se trahit lui-même
Par les esprits sortans de son corps échauffé,
Miraut, sur leur odeur ayant philosophé,
Conclut que c'est son Lièvre ; et d'une ardeur
                                        extrême
Il le pousse ; et Rustaut, qui n'a jamais menti,
  Dit que le Lièvre est reparti.
Le pauvre malheureux vint mourir à son gîte.
  La Perdrix le raille, et lui dit :
  Tu te vantais d'être si vîte :
Qu'as-tu fait de tes pieds ? Au moment qu'elle
                                        rit,

Son tour vient, on la trouve. Elle croit que
 ses ailes
La fauront garantir à toute extrémité:
 Mais la pauvrette avait compté
 Sans *) l'Autour aux ferres cruelles.

II.
Le Lion s'en allant en Guerre.

Le Lion dans fa tête avait une entreprife.
Il tint confeil de guerre, envoya fes Prévôts,
 Fit avertir les Animaux:
Tous furent du deffein, chacun felon fa guife.
 L'Eléphant devait fur fon dos
 Porter l'attirail néceffaire,
 Et combattre à fon ordinaire:
 L'Ours s'apprêter pour les affauts,
Le Renard ménager de certaines pratiques;
Et le Singe amufer l'ennemi par fes tours.
Renvoyés, dit quelqu'un, les Anes qui font lourds;
Et les Lièvres fujets à des terreurs paniques.
Point du tout, dit le Roi, je les veux employer.
Notre troupe, fans eux, ne ferait pas complette.
L'Ane effraira les gens, nous fervant de trom-
 pette,
Et le Lièvre pourra nous fervir de courier.

*) Hatte nicht gedacht an &c.

Le Monarque prudent et sage,
De ses moindres sujets fait tirer quelque usage,
Et connaît les divers talens.
Il n'est rien d'inutile aux personnes de sens.

12.

L'Ours et les deux Compagnons.

Deux Compagnons pressés d'argent,
A leur voisin Fourreur vendirent
La peau d'un Ours encor vivant,
Mais qu'ils tueraient bien-tôt, du moins à ce
qu'ils dirent.
C'était le Roi des Ours, au compte de ces gens.
Le Marchand, à sa peau devait faire fortune.
Elle garantirait des froids les plus cuisans.
On en pourrait fourrer plutôt deux robes qu'une.
Dindenaut *) prisait moins ses Moutons qu'eux
leur Ours,
Leur, à leur compte, et non à celui de la bête.
S'offrant de la livrer au plus tard dans deux jours,
Ils conviennent du prix, et se mettent en quête,

*) Marchand de moutons, séverement puni pour avoir insulté Panurge et mis à trop haut pris sa marchandise, comme Rabelais le rapporte plaisamment en sa manière. V. Pantagruel, IX, 6-8.

Trouvent l'Ours qui s'avance, et vient vers eux
                                      au trot.
Voilà mes gens frappés comme d'un coup de
                                      foudre.
Le marché ne tint pas, il fallut le réfoudre:
D'intérêts contre l'Ours, on n'en dit pas un mot.
L'un des deux Compagnons grimpe au faite
                                      d'un arbre,
    L'autre, plus froid, que n'eſt un marbre,
Se couche fur le nez, fait le mort, tient fon vent,
    Ayant quelque part ouï dire,
    Que l'Ours s'acharne peu fouvent
Sur un corps qui ne vit, ne meut, ni ne refpire.
Seigneur Ours, comme un fot, donna dans ce
                                      panneau.
Il voit ce corps gifant, le croit privé de vie;
    Et de peur de fupercherie,
Le tourne, le retourne, approche fon mufeau,
    Flaire aux paffages de l'haleine.
C'eſt, dit-il, un cadavre: ôtons-nous, car il fent.
A ces mots, l'Ours s'en va dans la forêt pro-
                                      chaine.
L'un de nos deux Marchands de fon arbre defcend:
Court à fon compagnon, lui dit que c'eſt mer-
                                      veille,
Qu'il n'ait eu feulement que la peur pour tout
                                      mal.
Eh bien, ajouta-t-il, la peau de l'animal?
    Mais que t'a-t-il dit à l'oreille?

Car il t'approchait de bien près,
Te retournant avec sa serre?
Il m'a dit qu'il ne faut jamais
Vendre la peau de l'Ours qu'on ne l'ait mis
par terre.

13.
L'Ane vêtu de la peau du Lion.

De la peau du Lion l'Ane s'étant vêtu,
   Etait craint par tout à la ronde;
   Et bien qu'animal sans vertu,
   Il faisait trembler tout le monde.
Un petit bout d'oreille échappé par malheur,
   Découvrit la fourbe et l'erreur,
   Martin *) fit alors son office.
Ceux qui ne savaient pas la ruse et la malice,
   S'étonnaient de voir que Martin
   Chassât les Lions au Moulin.

   Force gens font du bruit en France,
Par qui cet Apologue est rendu familier.
   Un équipage cavalier
   Fait les trois quarts de leur vaillance.

*) Name eines Müllers oder Müllerknechts.

FABLES TIRÉES
DU
SIXIEME LIVRE.

I.

Le Cochet, le Chat et le Souriceau.

Un Souriceau tout jeune, et qui n'avait rien vu,
    Fut presque pris au dépourvu.
Voici comme il conta l'avanture à sa mère.

J'avais franchi les monts qui bornent cet Etat,
    Et trottais comme un jeune Rat
    Qui cherche à se donner carrière,
Lorsque deux animaux m'ont arrêté les yeux:
    L'un doux, bénin et gracieux;
Et l'autre turbulent et plein d'inquiétude.
    Il a la voix perçante et rude:
    Sur la tête un morceau de chair,
Une sorte de bras dont il s'élève en l'air,
    Comme pour prendre sa volée,
    La queue en panache étalée.
Or c'était un Cochet dont notre Souriceau
    Fit à sa mère le tableau,

Comme d'un animal venu de l'Amérique.
Il se battait, dit-il, les flancs avec ses bras,
  Faisant tel bruit et tel fracas,
Que moi, qui grace aux Dieux, de courage me pique,
  En ai pris la fuite de peur,
  Le maudissant de très-bon cœur.
  Sans lui j'aurais fait connaissance
Avec cet animal qui m'a semblé si doux.
  Il est velouté comme nous,
Marqueté, longue queue, une humble contenance,
Un modeste regard, et pourtant l'œil luisant.
  Je le crois fort sympatisant
Avec Messieurs les Rats: car il a des oreilles
  En figure aux nôtres pareilles.
Je l'allais aborder, quand d'un son plein d'éclat,
  L'autre m'a fait prendre la fuite.
Mon fils, dit la Souris, ce doucet est un Chat,
  Qui, sous son minois hypocrite,
  Contre toute ta parenté
  D'un malin vouloir est porté.
  L'autre animal tout au contraire,
  Bien éloigné de nous mal faire,
Servira quelque jour peut-être à nos repas.
Quand au Chat, c'est sur nous qu'il fonde sa cuisine.
  Garde-toi, tant que tu vivras,
  De juger des gens sur la mine.

2.

Le Renard, le Singe et les Animaux.

Les Animaux, au décès d'un Lion,
En son vivant Prince de la contrée,
Pour faire un Roi s'assemblèrent, dit-on.
De son étui la couronne est tirée.
Dans une chartre un Dragon la gardait.
Il se trouva que sur tous essayée,
A pas un d'eux elle ne convenait.
Plusieurs avaient la tête trop menue,
Aucuns trop grosse, aucuns même cornue.
Le Singe aussi fit l'épreuve en riant;
Et, par plaisir, la Thiare essayant,
Il fit autour force grimaceries,
Tours de souplesse, et mille singeries,
Passa dedans ainsi qu'en un cerceau.
Aux Animaux cela sembla si beau,
Qu'il fut élu : chacun lui fit hommage;
Le Renard seul regretta son suffrage,
Sans toutefois montrer son sentiment.
Quand il eut fait son petit compliment,
Il dit au Roi : Je sai, Sire, une cache ;
Et ne crois pas qu'autre que moi la sache.
Or tout trésor, par droit de Royauté,
Appartient, Sire, à votre Majesté.

Le nouveau Roi bâille après la finance:
Lui-même y court pour n'être pas trompé.
C'était un piége, il y fut attrapé.
Le Renard dit, au nom de l'affistance:
Prétendrais-tu nous gouverner encor,
Ne fachant pas te conduire toi-même?
Il fut demis, et l'on tomba d'accord,
Qu'à peu de gens convient le Diadême.

3.
Le Mulet fe vantant de fa Généalogie.

Le Mulet d'un Prélat fe piquait de nobleffe;
Et ne parlait inceffamment
Que de fa mère la Jument,
Dont il contait mainte prouëffe.
Elle avait fait ceci, puis avait été là.
Son fils prétendait pour cela,
Qu'on le dût mettre dans l'Hiftoire.
Il eût cru s'abaiffer fervant un Médecin.
Etant devenu vieux, on le mit au moulin.
Son père l'Ane alors lui revint en mémoire.

Quand le malheur ne ferait bon
Qu'à mettre un fot à la raifon:
Toujours ferait-ce à jufte caufe,
Qu'on le dit bon à quelque chofe.

4.
Le Vieillard et l'Ane.

Un Vieillard sur son Ane apperçut en passant
    Un pré plein d'herbe et fleurissant.
Il y lâche sa bête; et le Grison se rue
      Au travers de l'herbe menue,
    Se veautrant, grattant et frottant,
    Gambadant, chantant et broutant,
    Et faisant mainte place nette.
    L'ennemi vient sur l'entrefaite.
    Fuyons, dit alors le Vieillard.
    Pourquoi ? répondit le paillard,
Me fera-t-on porter double bât, double charge ?
Non pas, dit le Vieillard, qui prit d'abord le
                large.
Et que m'importe donc, dit l'Ane, à qui je sois.
    Sauvés-vous, et me laissés paître.
    Notre ennemi, c'est notre maître,
    Je vous le dis en bon François.

5.
Le Cerf se voyant dans l'eau.

Dans le cristal d'une fontaine,
Un Cerf se mirant autrefois,
Louait la beauté de son bois ;
Et ne pouvait qu'avecque peine
Souffrir ses jambes de fuseaux,
Dont il voyait l'objet se perdre dans les eaux.
Quelle proportion de mes pieds à ma tête !
Disait-il, en voyant leur ombre avec douleur ;
Des taillis les plus hauts mon front atteint le
faîte :
Mes pieds ne me font point d'honneur.
Tout en parlant de la sorte,
Un Limier le fait partir :
Il tâche à se garantir,
Dans les forêts il s'emporte.
Son bois, dommageable ornement,
L'arrêtant à chaque moment,
Nuit à l'office que lui rendent
Ses pieds, de qui ses jours dépendent.
Il se dédit alors, et maudit les présens
Que le Ciel lui fait tous les ans.
Nous faisons cas du beau, nous méprisons l'utile ;
Et le beau souvent nous détruit.
Ce Cerf blâme ses pieds qui le rendent agile :
Il estime un bois qui lui nuit.

6.
Le Lièvre et la Tortue.

Rien ne sert de courir: il faut partir à point.
Le Lièvre et la Tortue en sont un témoignage.

Gageons, dit celle-ci, que vous n'atteindrés point
Si-tôt, que moi ce but. Si-tôt ? Etes-vous
                              sage ?
    Repartit l'animal léger.
    Ma commère, il faut vous purger
    Avec quatre grains d'Ellébore.
    Sage ou non, je parie encore.
    Ainsi fut fait, et de tous deux
    On mit près du but les enjeux.
    Savoir quoi, ce n'est pas l'affaire;
    Ni de quel Juge l'on convint.
Notre Lièvre n'avait que quatre pas à faire,
J'entens de ceux qu'il fait, lorsque près d'être
                              atteint,
Il s'éloigne des Chiens, les renvoye aux Ca-
                              lendes,
    Et leur fait arpenter les Landes.
Ayant, dis-je, du temps de reste pour brouter,
    Pour dormir, et pour écouter,
  D'où vient le vent, il laisse la Tortue
    Aller son train de Sénateur.
    Elle part, elle s'évertue,
    Elle se hâte avec lenteur.

Lui cépendant méprise une telle victoire,
    Tient la gageure à peu de gloire,
    Croit qu'il y va de son honneur.*)
  De partir tard. Il broute, il se repose,
    Il s'amuse à toute autre chose
  Qu'à la gageure. A la fin, quand il vit
Que l'autre touchait presque au bout de la
                                    carrière;
Il partit comme un trait, mais les élans qu'il fit
Furent vains: la Tortue arriva la première.
He bien, lui cria-t-elle, avais-je pas raison?
    De quoi vous sert votre vîtesse?
    Moi l'emporter! Et-que serait-ce
    Si vous portiés une maison?

7.

L'Ane et ses Maîtres.

L'Ane d'un Jardinier se plaignait au Destin
De ce qu'on le faisait lever devant l'Aurore.
Les Coqs, lui disait-il, ont beau chanter matin,
    Je suis plus matineux encore.
Et pourquoi? Pour porter des herbes au marché.
Belle nécessité d'interrompre mon somme!

*) Dafs seine Ehre darauf beruhe.

Le Sort, de fa plainte touché,
Lui donne un autre Maître ; et l'animal de fomme
Paffe du Jardinier aux mains d'un Corroyeur.
La pefanteur des peaux, et leur mauvaife odeur
Eurent bien-tôt choqué l'impertinente bête.
J'ai regret, difait-il, à mon premier Seigneur :
 Encor quand il tournait la tête,
 J'attrapais, s'il m'en fouvient bien,
Quelque morceau de chou qui ne me coûtait rien :
Mais ici point d'aubaine, ou fi j'en ai quelqu'une,
C'eft de coups. Il obtint changement de fortune ;
 Et fur l'état d'un Charbonnier
 Il fut couché tout le dernier.
Autre plainte. Quoi donc, dit le Sort en colère,
 Ce Baudet-ci m'occupe autant
 Que cent Monarques pourraient faire.
Croit-il être le feul qui ne foit pas content ?
 N'ai-je en l'efprit que fon affaire ?

Le Sort avait raifon : tous gens font ainfi faits :
Notre condition jamais ne nous contente :
 La pire eft toujours la préfente,
Nous fatiguons le Ciel à force de placets.
Qu'à chacun Jupiter accorde fa requête,
 Nous lui romprons encor la tête.

8.

Le Soleil et les Grenouilles.

Aux nôces d'un Tyran tout le Peuple en liesse
  Noyait son souci dans les pots.
Esope seul trouvait que les gens étaient sots
  De témoigner tant d'allégresse.
Le Soleil, disait-il, eut dessein, autrefois
  De songer à l'Hyménée,
Aussi-tôt on ouït, d'une commune voix,
  Se plaindre de leur destinée
  Les Citoyennes des étangs.
  Que ferons-nous, s'il lui vient des enfans?
  Dirent-elles au Sort, un seul Soleil à peine
  Se peut souffrir: une demi-douzaine
Mettra la mer à sec, et tous ses habitans.
Adieu joncs et marais: notre race est détruite,
  Bien-tôt on la verra réduite
  A l'eau du Styx. Pour un pauvre animal,
Grenouilles, à mon sens, ne raisonnaient pas mal.

9.
Le Villageois et le Serpent.

Esope conte qu'un Manant
Charitable autant que peu sage,
Un jour d'hyver se promenant
A l'entour de son héritage,
Apperçut un Serpent sur la neige étendu,
Transi, gelé, perclus, immobile rendu,
N'ayant pas à vivre un quart d'heure.
Le Villageois le prend, l'emporte en sa demeure;
Et sans considérer quel sera le loyer
D'une action de ce mérite,
Il l'étend le long du foyer
Le réchauffe, le ressuscite.
L'animal engourdi sent à peine le chaud,
Que l'ame lui revient avecque la colère.
Il lève un peu la tête, et puis siffle aussi-tôt,
Puis fait un long repli, puis tâche à faire un saut
Contre son bienfaiteur, son sauveur et son père.
Ingrat, dit le manant, voilà donc mon salaire ?
Tu mourras. A ces mots, plein d'un juste
courroux,
Il vous prend sa cognée, il vous tranche la bête,
Il fait trois Serpens de deux coups,
Un tronçon, la queue, et la tête.
L'insecte, sautillant, cherche à se réunir,
Mais il ne put y parvenir.

Il est bon d'être charitable:
Mais envers qui? C'est-là le point.
Quant aux ingrats, il n'en est point
Qui ne meure enfin misérable.

10.

Le Lion malade et le Renard.

De par le Roi des Animaux,
Qui dans son antre était malade,
Fut fait savoir à ses vassaux
Que chaque espèce en Ambassade
Envoyât gens le visiter,
Sous promesse de bien traiter
Les Députés, eux et leur suite:
Foi de Lion, très-bien écrite.
Bon passeport contre la dent,
Contre la griffe tout autant.
L'Edit du Prince s'exécute.
De chaque espèce on lui députe.
Les Renards gardant la maison,
Un d'eux en dit cette raison:
Les pas empreints sur la poussière,
Par ceux qui s'en vont faire au malade leur cour,
Tous, sans exception, regardent sa tanière,
Pas un ne marque de retour.

Cela nous met en méfiance.
Que sa Majesté nous dispense.
Grand merci de son passeport.
Je le crois bon, mais dans cet antre,
Je vois fort bien comme l'on entre,
Et ne vois pas comme on en sort.

II.

L'Oiseleur, l'Autour et l'Alouette.

Les injustices des pervers
Servent souvent d'excuse aux nôtres.
Telle est la loi de l'Univers.
Si tu veux qu'on t'épargne, épargne aussi les autres.

Un Manant au miroir prenait des Oisillons.
Le fantôme brillant attire une Alouette.
Aussi-tôt un Autour planant sur les sillons,
    Descend des airs, fond et se jette
Sur celle qui chantait, quoique près du tombeau.
Elle avait évité la perfide machine,
Lorsque se rencontrant sous la main de l'oiseau,
    Elle sent son ongle maligne.
Pendant qu'à la plumer l'Autour est occupé,
Lui-même sous les rets demeure enveloppé.

Oiseleur, laisse-moi, dit-il en son langage:
  Je ne t'ai jamais fait de mal.
L'Oiseleur repartit: Ce petit animal
  T'en avait-il fait davantage?

12.
Le Cheval et l'Ane.

En ce monde il se faut l'un l'autre secourir.
  Si ton voisin vient à mourir,
  C'est sur toi que le fardeau tombe.
Un Ane accompagnait un Cheval peu courtois,
Celui-ci ne portant que son simple harnois,
Et le pauvre Baudet si chargé qu'il succombe.
Il pria le Cheval de l'aider quelque peu:
Autrement il mourrait devant qu'être à la ville.
La prière, dit-il, n'en est pas incivile:
Moitié de ce fardeau ne vous sera que jeu.
Le Cheval refusa, fit une pétarade;
Tant qu'il vit sous le faix mourir son camarade;
  Et reconnut qu'il avait tort.
  Du Baudet, en cette avanture,
  On lui fit porter la voiture,
  Et la peau par-dessus encor.

13.
Le Chien qui lâche sa proie pour l'ombre.

Chacun se trompe ici bas :
On voit courir après l'ombre
Tant de fous qu'on n'en sait pas
La plûpart du tems le nombre.
Au Chien dont parle Esope, il faut les renvoyer.
Ce Chien voyant sa proie en l'eau représentée,
La quitta pour l'image, et pensa se noyer :
La rivière devint tout d'un coup agitée,
A toute peine il regagna les bords ;
Et n'eut ni l'ombre, ni le corps.

14.
Le Chartier embourbé.

Le Phaëton d'une voiture à foin
Vit son char embourbé. Le pauvre homme était loin
De tout humain secours. C'était à la campagne,
Près d'un certain canton de la basse - Bretagne,
Appellé Quimpercorentin.
On sait assés que le Destin
Adresse là les gens quand il veut qu'on enrage :
Dieu nous préserve du voyage.

Pour venir au Chartier embourbé dans ces lieux,
Le voilà qui déteste et jure de son mieux,
 Pestant en sa fureur extrême,
Tantôt contre les trous, puis contre ses Chevaux,
 Contre son char, contre lui-même.
Il invoque à la fin le Dieu, dont les travaux
 Sont si célèbres dans le monde.
Hercule, lui dit-il, aide-moi: si ton dos
 A porté la machine ronde,
 Ton bras peut me tirer d'ici.
Sa prière étant faite, il entend dans la nue
 Une voix qui lui parle ainsi:
 Hercule veut qu'on se remue,
 Puis il aide les gens. Regarde d'où provient
 L'achopement qui te retient:
 Ote d'autour de chaque roue
Ce malheureux mortier, cette maudite boue,
 Qui jusqu'à l'essieu les enduit,
Prens ton pic et me romps ce caillou qui te nuit.
Comble-moi cette ornière. As tu fait? Oui,
     dit l'homme.
Or bien je vais t'aider, dit la voix: prend ton
     fouet.
Je l'ai pris. Qu'est ceci? mon char marche à
     souhait,
Hercule en soit loué. Lors la voix: Tu vois
     comme
Tes Chevaux aisément se sont tirés de-là.
 Aide-toi, le Ciel t'aidera.

15.
La Discorde.

La Déesse Discorde ayant brouillé les Dieux,
Et fait un grand procès la-haut pour une pomme,
    On la fit déloger des Cieux.
    Chés l'animal qu'on appelle Homme
    On la reçut à bras ouverts.
    Elle, et *Que-si-que-non* son frère *)
    Avecque *Tien-et-mien*, son père,
Elle nous fit l'honneur en ce bas Univers
    De préférer notre Hémisphère
A celui des mortels qui nous sont opposés,
    Gens grossiers, peu civilisés;
Et qui se mariant sans Prêtre et sans Notaire,
    De la Discorde n'ont que faire.
Pour la faire trouver aux lieux où le besoin
    Demandait qu'elle fût présente,
    La Renommée avait le soin
De l'avertir; et l'autre diligente,
Courait vîte aux débats, et prévenait la Paix:
Faisait, d'une étincelle, un feu long à s'éteindre.
La Renommée enfin commença de se plaindre
    Que l'on ne lui trouvait jamais

---

*) Termes que repetent incessamment ceux qui sont en dispute, l'un pour affirmer ce que l'autre nie.

De demeure fixe et certaine.
Bien souvent l'on perdait, à la chercher, sa peine.
Il fallait donc qu' elle eût un séjour affecté,
Un séjour d'où l'on pût, en toutes les familles,
　　L'envoyer à jour arrêté.
Comme il n'était alors aucun Couvent de Filles,
　　On y trouva difficulté.
　　L'Auberge enfin de l'Hyménée
　　Lui fut pour maison assignée.

FABLES TIRÉES
DU
SEPTIEME LIVRE.

I.
Les Animaux malades de la peste.

Un mal qui répand la terreur,
 Mal que le Ciel en sa fureur
Inventa pour punir les crimes de la terre,
La Peste (puisqu'il faut l'appeller par son nom)
Capable d'enrichir en un jour l'Acheron, *)
 Faisait aux Animaux la guerre.
Ils ne mouraient pas tous, mais tous étaient frappés,
 On n'en voyait point d'occupés
A chercher le soutien d'une mourante vie:
 Nul mets n'excitait leur envie.
 Ni Loups, ni Renards n'épiaient
 La douce et l'innocente proie.
 Les Tourterelles se fuyaient:
 Plus d'amour, partant **) plus de joie.

*) Die Unterwelt, das Reich der Todten.
**) Folglich. Ist nur im gerichtlichen Stil gebräuchlich.

Le Lion tint conseil, et dit: Mes chers amis,
    Je crois que le Ciel a permis
    Pour nos péchés cette infortune:
    Que le plus coupable de nous
Se sacrifie aux traits du céleste courroux:
Peut-être il obtiendra la guérison commune.
L'Histoire nous apprend qu'en de tels accidens
    On fait de pareils dévoûmens.
Ne nous flattons donc point, voyons sans in-
                                dulgence
    L'état de notre conscience.
Pour moi, satisfaisant mes appétits gloutons,
    J'ai dévoré force Moutons.
    Que m'avaient-ils fait? Nulle offense:
Même il m'est arrivé quelquefois de manger
        Le Berger.
Je me devoûrai donc, s'il le faut: mais je pense
Qu'il est bon que chacun s'accuse ainsi que moi,
Car on doit souhaiter, selon toute justice,
    Que le plus coupable périsse.
Sire, dit le Renard, vous êtes trop bon Roi:
Vos scrupules font voir trop de délicatesse;
Eh bien, manger Moutons, canaille, sotte espèce,
Est-ce un péché? Non, non: vous leur fîtes,
                        Seigneur,
    En les croquant beaucoup d'honneur.
    Et quant au Berger l'on peut dire
    Qu'il était digne de tous maux,
Etant de ces gens-là qui, sur les Animaux,
    Se font un chimérique empire.

Ainsi dit le Renard; et flatteurs d'applaudir.
    On n'osa trop approfondir
Du Tigre, ni de l'Ours, ni des autres Puissances
    Les moins pardonnables offenses.
Tous les gens querelleurs, jusqu'aux simples
                             Mâtins,
Au dire de chacun, étaient de petits Saints.
L'Ane vint à son tour, et dit: J'ai souvenance
    Qu'en un pré de Moines passant,
La faim, l'occasion, l'herbe tendre, et je pense,
    Quelque diable aussi me poussant,
Je tondis de ce pré la largeur de ma langue. *)
Je n'en avais nul droit, puisqu'il faut parler net.
A ces mots on cria haro **) sur le Baudet.
Un Loup quelque peu Clerc ***), prouva par sa
                          harangue,
Qu'il fallait devouer ce maudit animal,
Ce pelé, ce galeux, d'où venait tout le mal.
Sa peccadille fut jugée un cas pendable.
Manger l'herbe d'autrui! Quel crime abomi-
                          nable!
    Rien que la mort n'était capable
D'expier son forfait: on le lui fit bien voir.
Selon que vous serés puissant ou misérable,
Les Jugemens de Cour vous rendront blanc ou
                          noir.

---

   *) Soviel als meine Zunge breit ist, d. i. einen klei-
nen Fleck.
  **) Cri pour arrêter un criminel.
 ***) Savant dans les loix.

2.
Le Rat qui s'est retiré du monde.

Les Levantins en leur Légende
Disent qu'un certain Rat loin *) des soins d'ici-
bas,
Dans un fromage de Hollande
Se retira loin du tracas.
La solitude était profonde,
S'étendant par-tout à la ronde.
Notre Hermite nouveau subsistait là dedans.
Il fit tant des pieds et des dents,
Qu'en peu de jours il eut au fond de l'hermitage
Le vivre et le couvert: que faut-il davantage?
Il devint gros et gras: Dieu prodigue ses biens
A ceux qui font vœu d'être siens.
Un jour, au dévot personnage,
Les députés du peuple Rat
S'en vinrent demander quelque aumone légère:
Ils allaient en terre étrangère
Chercher quelque secours contre le peuple Chat:
Ratopolis était bloquée:
On les avait contraints de partir sans argent,
Attendu l'état indigent
De la République attaquée.

*) In einer andern Ausgabe steht: las.

Ils demandaient fort peu, certains que le secours
    Serait prêt dans quatre ou cinq jours.
    Mes amis, dit le Solitaire,
    Les choses d'ici-bas ne me regardent plus:
    En quoi peut un pauvre Reclus
    Vous satisfaire *)? Que peut-il faire,
Que de prier le Ciel qu'il vous aide en ceci?
J'espère qu'il aura de vous quelque souci.
    Ayant parlé de cette sorte,
    Le nouveau Saint ferma sa porte.

    Qui désignai-je, à votre avis,
    Par ce Rat si peu secourable?
    Un Moine? Non, mais un Dervis.
Je suppose qu'un Moine est toujours charitable.

3.
Le Héron.

Un jour sur ses longs pieds allait, je ne sais où,
Le Héron au long bec emmanché d'un long cou.
    Il côtoyait une rivière.
    L'onde étant transparente ainsi qu'aux plus
        beaux jours;
Ma commère la Carpe y faisait mille tours
    Avec le Brochet son compère.

*) In einer andern Ausgabe steht: assister.

Le Héron en eût fait aifément fon profit.
Tous approchaient du bord, l'oifeau n'avait
qu'à prendre:
Mais il crut mieux faire d'attendre
Qu'il eût un peu plus d'appétit.
Il vivait de régime; et mangeait à fes heures.
Après quelques momens l'appétit vint: l'oifeau
S'approchant du bord, vit fur l'eau
Des Tanches qui fortaient du fond de ces de-
meures.
Le mets ne lui plut pas; il s'attendait à mieux;
Et montrait un goût dédaigneux
Comme le Rat du bon Horace. *)
Moi des Tanches? dit-il, moi Héron que je faffe
Une fi pauvre chère? Et pour qui me prend-on?
La Tanche rebutée, il trouva du Goujon.
Du Goujon **)! C'eft bien là le diner d'un Héron!
J'ouvrirais pour fi peu le bec! Aux Dieux ne plaife.
Il l'ouvrit pour bien moins: tout alla de façon
Qu'il ne vit plus aucun poiffon.
La faim le prit: il fut tout heureux et tout aife
De rencontrer un Limaçon.

Ne foyons pas fi difficiles:
Les plus accommodans, ce font les plus habiles.

---

*) Wovon Horaz, ein lateinifcher Dichter, erzählt.
**) Gründling.

On hazarde de perdre en voulant trop gagner,
    Gardés-vous de rien dédaigner,
Sur tout quand vous avés à peu près votre compte.
Bien des gens y font pris: ce n'eft pas aux Hérons
Que je parle, écoutés, Humains, un autre conte.*)
Vous verrés que chés vous j'ai puifé ces leçons.

4.

La Fille.

Certaine fille un peu trop fière,
    Prétendait trouver un mari
Jeune, bien fait, et beau, d'agréable manière,
Point froid et point jaloux: notés ces deux points-ci.
    Cette fille voulait auffi
    Qu'il eût du bien, de la naiffance,
De l'efprit, enfin tout: mais qui peut tout avoir?
Le Deftin fe montra foigneux de la pourvoir:
    Il vint des partis d'importance.
La Belle les trouva trop chétifs de moitié.
Quoi moi? Quoi ces gens-là? L'on radote, je penfe,
A moi les propofer? Hélas, ils font pitié.

*) Dis ift die folgende Erzählung.

Voyés un peu la belle espèce!
L'un n'avait en l'esprit nulle délicatesse,
L'autre avait le nez fait de cette façon-là:
 C'était ceci, c'était cela,
 C'était tout, car les précieuses
 Font dessus tout les dédaigneuses.
Après les bons partis, les médiocres gens
 Vinrent se mettre sur les rangs.
Elle de se moquer. Ah vraiment je suis bonne
De leur ouvrir la porte: ils pensent que je suis
 Fort en peine de ma personne.
 Grace à Dieu, je passe les nuits
 Sans chagrin, quoiqu'en solitude.
La Belle se sut gré de tous ces sentimens.
L'âge la fit déchoir: adieu tous les amans.
Un an se passe et deux avec inquiétude.
Le chagrin vient ensuite: il se vient un jour
Déloger quelques Ris, quelques Jeux, puis l'Amour:
Puis ses traits choquer et déplaire:
Puis cent sortes de fards. Ses soins ne purent faire
Qu'elle échappât au Tems, cet insigne larron.
 Les ruines d'une maison
Se peuvent réparer: que n'est cet avantage
 Pour les ruines du visage!
Sa préciosité changea lors de langage.
Son miroir lui disait, prenés vîte un mari:
Je ne sais quel désir le lui disait aussi:

Le Defir peut loger chés une précieufe:
Celle-ci fit un choix qu'on n'aurait jamais cru,
Se trouvant à la fin toute aife et toute heureufe
    De rencontrer un malôtru. *)

5.
Le Coche et la Mouche.

Dans un chemin montant, fabloneux, mal-aifé,
Et de tous les côtés au Soleil expofé,
    Six forts Chevaux tiraient un Coche.
Femmes, Moines, Vieillards, tout était defcendu.
L'attelage fuait, foufflait, était rendu. **)
Une Mouche furvient, et des Chevaux s'approche,
Prétend les animer par fon bourdonnement,
Pique l'un, pique l'autre, et penfe à tout moment
    Qu'elle fait aller la machine,
S'affied fur le timon, fur le nez du Cocher.
    Auffi-tôt que le Char chemine,
    Et qu'elle voit les gens marcher,
Elle s'en attribue uniquement la gloire:
Va, vient, fait l'empreffée: il femble que ce foit
Un Sergent de bataille allant en chaque endroit
Faire avancer fes gens, et hâter la victoire.

*) Un mari mal fait de corps et d'efprit.
**) Müde und matt.

La Mouche, en ce commun befoin,
Se plaint qu'elle agit feule, et qu'elle a tout le foin,
Qu'aucun n'aide aux Chevaux à fe tirer d'affaire.
    Le Moine difait fon Bréviaire:
Il prenait bien fon tems! Une femme chantait:
C'était bien de chanfons qu'alors il s'agiffait!
Dame Mouche s'en va chanter à leurs oreilles,
    Et fait cent fottifes pareilles.
Après bien du travail, le Coche arrive au haut.
Refpirons maintenant, dit la Mouche auffi-tôt:
J'ai tant fait que nos gens font enfin dans la plaine.
Ça, Meffieurs les Chevaux, payés-moi de ma peine.

Ainfi certaines gens, faifant les empreffés,
    S'introduifent dans les affaires,
    Ils font par-tout les néceffaires,
Et par-tout importuns, devraient être chaffés.

6.
La Laitière et le Pot au lait.

Perrette fur fa tête ayant un Pot au lait,
    Bien pofé fur un couffinet,
Prétendait arriver fans encombre à la ville.
Légère et court vêtue, elle allait à grands pas,
Ayant mis ce jour-là, pour être plus agile,
    Cottillon fimple et fouliers plats.

  Notre Laitière ainsi troussée,
  Comptait déjà dans sa pensée
Tout le prix de son lait, en employait l'argent,
Achetait un cent d'œufs, faisait triple couvée:
La chose allait à bien par son soin diligent.
  Il m'est, disait-elle, facile
D'élever des Poulets autour de ma maison:
  Le Renard sera bien habile,
S'il ne m'en laisse assés pour avoir un Cochon.
Le Porc à s'engraisser coûtera peu de son:
Il était quand je l'eus de grosseur raisonnable.
J'aurai, le revendant, de l'argent bel et bon,
Et qui m'empêchera de mettre en notre étable,
Vû le prix dont il est, une Vache et son Veau,
Que je verrai sauter au milieu du Troupeau?
Perrette là-dessus, saute aussi, transportée.
Le lait tombe: adieu veau, vache, cochon, couvée.
La Dame de ces biens quittant d'un œil marri
  Sa fortune ainsi repandue,
  Va s'excuser à son mari,
  En grand danger d'être battue.
  Le récit en farce en fut fait:
  On l'appella *le Pot-au-lait.*

  Quel esprit ne bat la campagne?
  Qui ne fait châteaux en espagne?
Pichrocole *), Pyrrhus, la Laitière, enfin tous,
  Autant les sages que les fous!

---

*) Ein zornmüthiger, ehrgeiziger und grillenhafter Fürst, den Rabelais in seinem Gargantua aufführt.

Chacun songe en veillant; il n'est rien de plus
doux:
Une flatteuse erreur emporte alors nos ames;
Tout le bien du monde est à nous,
Tous les honneurs, toutes les femmes.
Quand je suis seul, je fais au plus brave un défi:
Je m'écarte, je vais détrôner le Sophy: *)
On m'élit Roi, mon peuple m'aime:
Les Diadêmes vont sur ma tête pleuvant.
Quelque accident fait-il que je rentre en moi-
même,
Je suis Gros-Jean **) comme devant.

7.
L'ingratitude et l'injustice des Hommes envers la Fortune.

Un trafiquant sur mer, par bonheur s'enrichit,
Il triompha des vents pendant plus d'un voyage.
Gouffre, banc ni rocher, n'exigea de péage
D'aucun de ses ballots: le Sort l'en affranchit.
Sur tous ses compagnons Atropos et Neptune
Recueillirent leur droit, tandis que la Fortune

*) Den Beherrscher Persiens.
**) Hans Schwarzbrodt, d. i. ein gemeiner und dürfti-
ger Mensch.

Prenait soin d'amener son Marchand à bon port.
Facteurs, Associés, chacun lui fut fidèle.
Il vendit son Tabac, son Sucre, sa Canelle
   Ce qu'il voulut, sa Porcelaine encor.
Le Luxe et la folie enflèrent son trésor:
    Bref il plut dans son escarcelle.
On ne parlait chés lui que par doubles ducats;
Et mon homme d'avoir chiens, chevaux et car-
                      rosses:
  Ses jours de jeûne étaient des nôces.
Un sien ami, voyant ces somptueux repas,
Lui dit: Et d'où vient donc un si bon ordinaire?
Et d'où me viendrait-il que de mon savoir-faire?
Je n'en dois rien qu'à moi, qu'à mes soins,
                    qu'au talent
De risquer à propos, et bien placer l'argent.
Le profit lui semblant une fort douce chose,
Il risqua de nouveau le gain qu'il avait fait:
Mais rien, pour cette fois, ne lui vint à souhait.
    Son imprudence en fut la cause.
Un vaisseau, mal freté, périt au premier vent.
Un autre, mal pourvû des armes nécessaires,
    Fut enlevé par les Corsaires.
    Un troisième, au port arrivant,
Rien n'eut cours ni débit. Le luxe et la folie
    N'étaient plus tels qu'auparavant.
    Enfin, ses Facteurs le trompant,
Et lui-même ayant fait grand fracas, chère lie,

Mis beaucoup en plaisirs, en bâtimens beaucoup,
    Il devint pauvre tout d'un coup.
Son ami le voyant en mauvais équipage,
Lui dit: D'où vient cela? De la Fortune, hélas!
Confolés-vous, dit l'autre; et s'il ne lui plait pas
Que vous foyés heureux, tout au moins foyés
                                       sage.
    Je ne fais s'il crut ce confeil:
Mais je fais que chacun impute, en cas pareil,
    Son bonheur à fon induftrie;
Et fi de quelque échec notre faute eft fuivie,
    Nous difons injures au Sort.
    Chofe n'eft ici plus commune,
Le bien, nous le faifons: le mal, c'eft la Fortune.
On a toujours raifon, le Deftin toujours tort.

8.

Le Chat, la Belette et le petit Lapin.

Du palais d'un jeune Lapin
    Dame Belette, un beau matin,
    S'empara: c'eft une rufée.
Le Maître étant abfent, ce lui fut chofe aifée.
Elle porta chés lui fes Penates un jour
Qu'il était allé faire à l'Aurore fa cour,

Parmi le thim et la rosée.
Après qu'il eut brouté, troté, fait tous ses tours,
Janot *) Lapin retourne aux soûterrains séjours.
La Belette avait mis le nez à la fenêtre.
O Dieux hospitaliers, que vois-je ici paraître?
Dit l'animal chassé du paternel logis:
 Holà, Madame la Belette,
 Que l'on déloge sans trompette,
Ou je vais avertir tous les Rats du païs.
La Dame au nez pointu répondit que la terre
 Etait au premier occupant.
 C'était un beau sujet de guerre
Qu'un logis où lui-même il n'entrait qu'en
   rampant:
 Et quand ce serait un Royaume,
Je voudrais bien savoir, dit-elle, quelle loi
 En a pour toujours fait l'octroi
A Jean fils ou neveu de Pierre ou de Guillaume,
 Plûtôt qu'à Paul, plûtôt qu'à moi.
Jean Lapin allégua la coutume et l'usage.
Ce sont, dit-il, leurs loix qui m'ont de ce logis
Rendu maître et Seigneur; et qui de père en fils
L'ont de Pierre à Simon, puis à moi Jean
   transmis.
Le premier occupant est-ce une loi plus sage?
 Or bien sans crier davantage,
Rapportons-nous, dit-elle, à Raminagrobis.

*) Anstatt Jeannot, Hänschen.

C'était un Chat vivant comme un dévot hermite,
Un Chat faisant la chatemite,
Un saint homme de Chat, bien fourré, gros et gras,
Arbitre expert sur tous les cas.
Jean Lapin pour Juge l'agrée.
Les voilà tous deux arrivés
Devant sa Majesté fourrée.
Grippeminaud leur dit : Mes enfans, approchés,
Approchés : je suis sourd, les ans en sont la cause.
L'un et l'autre approcha, ne craignant nulle chose.
Aussi-tôt qu'a portée il vit les contestans,
Grippeminaud le bon apôtre
Jettant des deux côtés la griffe en même-tems,
Mit les plaideurs d'accord en croquant l'un et l'autre.

Ceci ressemble fort aux débats qu'ont par fois
Les petits Souverains se rapportant aux Rois.

9. Un Animal dans la Lune.

Pendant qu'un Philosophe assure,
Que toujours par leurs sens les hommes sont dupés,
Un autre Philosophe jure
Qu'ils ne nous ont jamais trompés.

Tous les deux ont raiſon ; et la Philoſophie
Dit vrai, quand elle dit, que les ſens tromperont
Tant que ſur leur rapport les hommes jugeront.
   Mais auſſi ſi l'on rectifie
L'image de l'objet ſur ſon éloignement,
  Sur le milieu qui l'environne,
  Sur l'organe et ſur l'inſtrument,
 Les ſens ne tromperont perſonne.
La Nature ordonna ces choſes ſagement.
J'en dirai quelque jour les raiſons amplement.
J'apperçois le Soleil, quelle en eſt la figure ?
Ici-bas ce grand Corps n'a que trois pieds de tout
Mais ſi je le voyais là-haut dans ſon ſéjour,
Que ſerait-ce à mes yeux que l'œil de la Nature ?
Sa diſtance me fait juger de ſa grandeur :
Sur l'angle et les côtés ma main la détermine.
L'ignorant le croit plat, j'épaiſſis ſa rondeur ;
Je le rens immobile ; et la Terre chemine.
Bref, je déments mes yeux en toute ſa machine.
Ce ſens ne me nuit point par ſon illuſion.
  Mon ame, en toute occaſion,
Developpe le vrai caché ſous l'apparence.
  Je ne ſuis point d'intelligence
Avecque mes regards peut-être un peu trop
         prompts ;
Ni mon oreille lente à m'apporter les ſons.
Quand l'eau courbe un bâton, ma raiſon le re-
         dreſſe :
  La raiſon décide en maitreſſe.

Mes yeux, moyennant ce fecours,
Ne me trompent jamais en me mentant toujours.
Si je crois leur rapport, erreur affés commune,
Une tête de femme eft au corps de la Lune.
Y peut-elle être? Non. D'où vient donc cet objet?
Quelques lieux inégaux font de loin cet effet.
La Lune nulle part n'a fa furface unie :
Montueufe en des lieux, en d'autres applanie,
L'ombre avec la lumière y peut tracer fouvent
 Un Homme, un Bœuf, un Eléphant.
N'aguère l'Angleterre y vît chofe pareille.
La lunette placée, un animal nouveau
 Parut dans cet Aftre fi beau;
 Et chacun de crier merveille.
Il était arrivé là-haut un changement,
Qui préfageait fans doute un grand évènement.
Savait-on fi la guerre entre tant de Puiffances
N'en était point l'effet? Le Monarque accourut :
Il favorife en Roi ces hautes connaiffances.
Le Monftre dans la Lune à fon tour lui parut.
C'était une Souris cachée entre les verres :
Dans la lunette était la fource de ces guerres.

FABLES TIRÉES
DU HUITIEME LIVRE.

I.
Le Mort et le Mourant.

La mort ne furprend point le fage:
Il eſt toujours prêt à partir:
S'étant fû lui-même avertir
Du tems où l'on fe doit réfoudre à ce paſſage;
Ce tems, helas! embraſſe tous les tems:
Qu'on le partage en jours, en heures, en momens,
Il n'en eſt point qu'il ne comprenne
Dans le fatal tribut: tous font de fon domaine:
Et le premier inſtant où les enfans des Rois
    Ouvrent les yeux à la lumière,
    Eſt celui qui vient quelquefois
    Fermer pour toujours leur paupière.
    Défendés-vous par la grandeur,
Allégués la beauté, la vertu, la jeuneſſe,
    La mort ravit tout fans pudeur.
Un jour le monde entier accroîtra fa richeſſe.

Il n'est rien de moins ignoré;
Et, puisqu'il faut que je le die,
Rien où l'on soit moins préparé.

Un mourant qui comptait plus de cent ans de vie
Se plaignit à la Mort que précipitamment
Elle le contraignait de partir tout-à-l'heure,
Sans qu'il eût fait son testament,
Sans l'avertir au moins. Est-il juste qu'on meure
Au pied levé *), dit-il: Attendés quelque peu.
Ma femme ne veut pas que je parte sans elle:
Il me reste à pourvoir un arrière-neveu:
Souffrés qu'à mon logis j'ajoûte encore une aile.
Que vous êtes pressante, ô Déesse cruelle!
Vieillard, lui dit la Mort, je ne t'ai point surpris,
Tu te plains sans raison de mon impatience.
Eh n'as-tu pas cent ans? Trouve-moi dans Paris
Deux mortels aussi vieux, trouve-m'en dix en
France.
Je devais, ce dis-tu, te donner quelque avis
Qui te disposât à la chose:
J'aurais trouvé ton testament tout fait,
Ton petit-fils pourvû, ton bâtiment parfait.
Ne te donna-t-on pas des avis, quand la cause
Du marcher et du mouvement,
Quand les esprits, le sentiment,
Quand tout faillit en toi? Plus de goût, plus
d'oüie:
Toute chose pour toi semble être évanouie:

*) Stehendes Fusses.

Pour toi l'aftre du jour prend des foins fuperflus :
Tu regrettes des biens qui ne te touchent plus.
  Je t'ai fait voir tes camarades,
  Ou morts, ou mourans, ou malades.
Qu'eft-ce que tout cela, qu'un avertiffement ?
  Allons, vieillard, et fans replique :
  Il n'importe à la République
  Que tu faffes ton teftament.
La Mort avait raifon : Je voudrais qu'à cet âge
On fortît de la vie ainfi que d'un banquet,
Remerciant fon hôte, et qu'on fît fon paquet :
Car de combien peut-on retarder le voyage ?
Tu murmures, vieillard, vois ces jeunes mourir,
  Vois-les marcher, vois-les courir
A des morts, il eft vrai, glorieufes et belles ;
Mais fûres, cependant, et quelquefois cruelles.
J'ai beau te le crier, mon zèle eft indifcret :
Le plus femblable aux morts meurt le plus
     à regret.

2.
Le Savetier et le Financier.

Un Savetier chantait du matin jufqu'au foir :
  C'était merveille de le voir,
Merveille de l'oüir : il faifait des paffages,
  Plus content qu'aucun des fept Sages.

Son voisin, au contraire, étant tout cousu d'or,
  Chantait peu, dormait moins encor.
  C'était un homme de Finance.
Si sur le point du jour par fois il sommeillait
Le Savetier alors en chantant l'éveillait;
  Et le Financier se plaignait,
  Que les soins de la Providence
N'eussent pas au marché fait vendre le dormir,
  Comme le manger et le boire.
  En son hôtel il fait venir
Le chanteur, et lui dit: Or ça, Sire Grégoire,
Que gagnés-vous par an? Par an? Ma foi,
          Monsieur,
  Dit avec un ton de rieur
Le gaillard Savetier, ce n'est point ma manière
De compter de la sorte; et je n'entasse guère
  Un jour sur l'autre: il suffit qu'à la fin
  J'attrape le bout de l'année:
  Chaque jour amène son pain.
„Eh bien, que gagnés-vous, dites-moi, par
          journée?"
Tantôt plus, tantôt moins: le mal est que tou-
          jours,
(Et sans cela nos gains seraient assés honnêtes *)
Le mal est que dans l'an s'entremêlent des jours
Qu'il faut chommer: on nous ruine en Fêtes.
L'une fait tort à l'autre, et Monsieur le Curé
De quelque nouveau Saint charge toujours son
          Prône.

*) Beträchtlich.

Le Financier riant de fa naïveté,
Lui dit : Je vous veux mettre aujourd'hui fur le
trône.
Prenés ces cent écus, gardés-les avec foin,
Pour vous en fervir au befoin.
Le Savetier crut voir tout l'argent que la terre
Avait depuis plus de cent ans,
Produit pour l'ufage des gens.
Il retourne chés lui : dans fa cave il enferre
L'argent et fa joie à la fois.
Plus de chant : il perdit la voix.
Du moment qu'il gagna ce qui caufe nos peines,
Le fommeil quitta fon logis,
Il eut pour hôtes les foucis,
Les foupçons, les alarmes vaines.
Tout le jour il avait l'œil au guet ; et la nuit,
Si quelque Chat faifait du bruit,
Le Chat prenait l'argent. A la fin le pauvre
homme
S'en courut chés celui qu'il ne réveillait plus.
Rendés-moi, lui dit-il, mes chanfons et mon
fomme,
Et reprenés vos cent écus.

3.
Le Lion, le Loup et le Renard.

Un Lion décrépit, gouteux, n'en pouvant plus,
Voulait que l'on trouvât remède à la vieillesse:
Alléguer l'impossible aux Rois, c'est un abus.
    Celui-ci, parmi chaque espèce,
Manda des Médecins: il en est de tous arts:
Médecins au Lion viennent de toutes parts:
De tous côtés lui vient des donneurs de recettes.
    Dans les visites qui sont faites,
Le Renard se dispense, et se tient clos et coi.
Le Loup en fait sa cour *), daube au coucher
                          du Roi
Son Camarade absent: le Prince tout-à-l'heure
Veut qu'on aille enfumer Renard dans sa demeure,
Qu'on le fasse venir. Il vient, est présenté:
Et sachant que le Loup lui faisait cette affaire:
Je crains, Sire, dit-il, qu'un rapport peu sincère
    Ne m'ait à mépris imputé
    D'avoir différé cet hommage:
    Mais j'étais en pélerinage;
Et m'acquittais d'un vœu fait pour votre santé.
    Même j'ai vû dans mon voyage

---

*) Der Wolf macht sich das Wegbleiben des Fuchses zu Nutze, um sich einzuschmeicheln.

Gens experts et savans, leur ai dit la langueur
Dont votre Majesté craint à bon droit la suite:
    Vous ne manqués que de chaleur:
    Le long âge en vous l'a détruite:
D'un Loup écorché vif appliqués-vous la peau
    Toute chaude et toute fumante:
    Le secret, sans doute, en est beau
    Pour la nature défaillante.
    Messire Loup vous servira,
    S'il vous plait de robe-de-chambre.
    Le Roi goûte cet avis-là:
    On écorche, on taille, on démembre
Messire Loup. Le Monarque en soupa;
    Et de sa peau s'enveloppa.

Messieurs les Courtisans, cessés de vous détruire:
Faites, si vous pouvés, votre cour sans vous nuire.
Le mal se rend chés vous au quadruple du bien.
Les daubeurs ont leur tour, d'une ou d'autre
                            manière;
    Vous êtes dans une carrière
    Où l'on ne se pardonne rien.

4.
Le Chien qui porte à fon cou le dîner de fon Maître.

Certain Chien qui portait la pitance au Logis,
S'était fait un collier du dîner de fon Maître.
Il était tempérant plus qu'il n'eût voulu l'être,
    Quand il voyait un mets exquis :
Mais enfin il l'était ; et tous tant que nous fommes,
Nous nous laiffons tenter à l'approche des biens.
Chofe étrange ! On apprend la tempérance aux Chiens,
    Et l'on ne peut l'apprendre aux hommes.
Ce Chien-ci donc étant de la forte atourné,
Un Mâtin paffe, et veut lui prendre le dîné,
    Il n'en eut pas toute la joie
Qu'il efpérait d'abord : le Chien mit bas la proie,
Pour la défendre mieux n'en étant plus chargé.
    Grand combat : D'autres Chiens arrivent.
    Ils étaient de ceux-là qui vivent
    Sur le public, et craignent peu les coups.
Notre Chien fe voyant trop faible contre eux tous ;
Et que la chair courait un danger manifefte,
Voulut avoir fa part ; Et lui fage, il leur dit :
Point de courroux, Meffieurs, mon lopin me fuffit :
    Faites votre profit du refte.

A ces mots, le premier il vous hape un morceau.
Et chacun de tirer, le mâtin, la canaille;
 A qui mieux mieux: ils firent tous ripaille:
 Chacun d'eux eut part au gâteau.

Je crois voir en ceci l'image d'une Ville,
Où l'on met les deniers à la merci des gens.
 Echevins, Prévôt des Marchands,
 Tout fait fa main: le plus habile
Donne aux autres l'exemple; et c'est un paſſe-
 tems
De leur voir nettoyer un monceau de piſtoles:
Si quelque ſcrupuleux, par des raiſons frivoles,
Veut défendre l'argent, et dit le moindre mot,
 On lui fait voir qu'il eſt un ſot.
 Il n'a pas de peine à ſe rendre:
 C'eſt bien-tôt le premier à prendre. *)

5.
L'Ours et l'Amateur des Jardins.

Certain Ours montagnard, Ours à demi léché,
Confiné par le Sort dans un bois ſolitaire,
Nouveau Bellerophon **), vivait ſeul et caché;
Il fût devenu fou; la raiſon d'ordinaire

---

 *) Bald wird er der erſte, der nimt.
 **) Ein zweiter Bellerophon, d. i. der aus der Geſell-
 ſchaft der übrigen Bären verwieſen war, wie B. ---
 ein

N'habite pas long-tems chés les gens sequestrés :
Il est bon de parler, et meilleur de se taire,
Mais tous deux sont mauvais alors qu'ils sont
outrés.
    Nul animal n'avait affaire
    Dans les lieux que l'Ours habitait.
    Si bien, que tout Ours qu'il était,
Il vint à s'ennuyer de cette triste vie.
Pendant qu'il se livrait à la mélancolie,
    Non loin de-là certain vieillard
    S'ennuyait aussi de sa part.
Il aimait les Jardins, était Prêtre de Flore,
    Il l'était de Pomone encore :
Ces deux emplois sont beaux : mais je voudrais
parmi
    Quelque doux et discret ami.
Les Jardins parlent peu, si ce n'est dans mon
Livre ;
    De façon que lassé de vivre
Avec des gens muets, notre homme un beau matin
Va chercher compagnie, et se met en campagne.
    L'Ours porté d'un même dessein,
    Venait de quitter sa montagne :

    ein Prinz aus der fabelhaften Zeit der griechischen
    Geschichte --- nach Homers Erzählung, von allen
    Göttern gehaſst, sich selbst verzehrend, einsam
    durch die Wüsten irrte und der Menschen Pfade
    mied.

Tous deux, par un cas surprenant,
Se rencontrent en un tournant.
L'homme eut peur : mais comment esquiver,
et que faire ?
Se tirer en Gascon d'une semblable affaire
Est le mieux : il fut donc dissimuler sa peur.
L'Ours, très-mauvais complimenteur,
Lui dit : Viens-t'en me voir. L'autre reprit :
Seigneur,
Vous voyés mon logis ; si vous vouliés me faire
Tant d'honneur que d'y prendre un champêtre
repas,
J'ai des fruits, j'ai du lait. Ce n'est peut-être pas
De Nosseigneurs les Ours le manger ordinaire,
Mais j'offre ce que j'ai. L'Ours l'accepte ; et
d'aller.
Les voilà bons amis avant que d'arriver.
Arrivés, les voilà, se trouvant bien ensemble ;
Et bien qu'on soit, à ce qu'il semble,
Beaucoup mieux seul qu'avec des sots,
Comme l'Ours en un jour ne disait pas deux mots,
L'homme pouvait sans bruit vaquer à son ouvrage.
L'Ours allait à la chasse, apportait du gibier,
Faisait son principal métier
D'être bon émoucheur, écartait du visage
De son ami dormant ce parasite aîlé
Que nous avons Mouche appellé.

Un jour que le vieillard dormait d'un profond
           fomme
Sur le bout de fon nez une allant fe placer,
Mit l'Ours au défefpoir, il eut beau la chaffer,
Je t'attraperai bien, dit-il. Et voici comme.
Auffi-tôt fait que dit, le fidèle émoucheur
Vous empoigne un pavé, le lance avec roideur,
Caffe la tête à l'homme en écrafant la mouche,
Et non moins bon archer que mauvais raifonneur,
Roide mort étendu fur la place il le couche.

Rien n'eft fi dangereux qu'un ignorant ami:
    Mieux vaudrait un fage ennemi.

6.
Le Cochon, la Chèvre et le Mouton.

Une Chèvre, un Mouton, avec un Cochon gras,
Montés fur même char, s'en allaient à la Foire:
Leur divertiffement ne les y portait pas:
On s'en allait les vendre, à ce que dit l'Hiftoire:
    Le Charton n'avait pas deffein
    De les mener voir Tabarin. *)
    Dom Pourceau criait en chemin,

*) Name eines Marionettenfpielers.

Comme s'il avait eu cent Bouchers à ses trousses:
C'était une clameur à rendre les gens sourds.
Les autres animaux, créatures plus douces,
Bonnes gens, s'étonnaient qu'il criât au secours:
    Ils ne voyaient nul mal à craindre.
Le Charton dit au Porc: Qu'as-tu tant à te plaindre?
Tu nous étourdis tous, que ne te tiens-tu coi?
Ces deux personnes-ci, plus honnêtes que toi,
Devraient t'apprendre à vivre, ou du moins à te taire.
Regarde ce Mouton: a-t-il dit un seul mot?
    Il est sage. Il est un sot,
Repartit le Cochon: s'il savait son affaire,
Il crierait comme moi du haut de son gosier;
    Et cette autre personne honnête
    Crierait tout du haut de sa tête.
Ils pensent qu'on les veut seulement décharger,
La Chèvre de son lait, le Mouton de sa laine.
    Je ne sai pas s'ils ont raison,
    Mais quant à moi qui ne suis bon
    Qu'à manger, ma mort est certaine.
    Adieu mon toit et ma maison.
Dom Pourceau raisonnait en subtil personnage:
Mais que lui servait-il? Quand le mal est certain,
La plainte ni la peur ne changent le destin;
Et le moins prévoyant est toujours le plus sage.

7.
Les Obsèques de la Lionne.

La femme du Lion mourut :
Aussi-tôt chacun accourut
Pour s'acquitter envers le Prince
De certains complimens de consolation,
Qui sont surcroît d'affliction.
Il fit avertir sa Province,
Que les obsèques se feraient
Un tel jour, en tel lieu : ses Prévôts y seraient
Pour régler la cérémonie,
Et pour placer la compagnie.
Jugés si chacun s'y trouva.
Le Prince aux cris s'abandonna ;
Et tout son antre en résonna.
Les Lions n'ont point d'autre temple,
On entendit, à son exemple,
Rugir en leur patois Messieurs les Courtisans.

Je définis la Cour un païs où les gens
Tristes, gais, prêts à tout, à tout indifférens,
Sont ce qu'il plaît au Prince ; ou s'ils ne peuvent
l'être,
Tâchent au moins de le paraître.
Peuple caméléon, peuple singe du maître :
On dirait qu'un esprit anime mille corps :
C'est bien là que les gens sont de simples ressorts.

Pour revenir à notre affaire,
Le Cerf ne pleura point : comment l'eût-il pu faire ?
Cette mort le vengeait : la Reine avait jadis
  Etranglé fa femme et fon fils.
Bref il ne pleura point. Un flatteur l'alla dire,
  Et foutint qu'il l'avait vu rire.
La colère du Roi, comme dit Salomon,
Eſt terrible : et fur-tout celle du Roi Lion :
Mais ce Cerf n'avait point accoutumé de lire.
Le Monarque lui dit : Chétif hôte des bois,
Tu ris, tu ne fuis pas ces gémiſſantes voix.
Nous n'appliquerons point fur tes membres profanes
  Nos facrés ongles : venés, Loups,
  Vengés la Reine, immolés tous
  Ce traître à fes auguſtes mânes.
Le Cerf reprit alors : Sire, le tems des pleurs
Eſt paſſé : la douleur eſt ici fuperflue.
Votre digne moitié, couchée entre des fleurs,
  Tout près d'ici m'eſt apparue ;
  Et je l'ai d'abord reconnue.
Ami, m'a-t-elle dit, garde que ce convoi,
Quand je vais chés les Dieux, ne t'oblige à des larmes.
Aux champs Elyſiens j'ai goûté mille charmes,
Converſant avec ceux qui font faints comme moi.
Laiſſe agir quelque tems le défefpoir du Roi :

J'y prens plaisir. A peine on eut oui la chose,
Qu'on se mit à crier, Miracle, Apothéose.
Le Cerf eut un présent, bien loin d'être puni.

Amusés les Rois par des songes,
Flattés-les; payés-les d'agréables mensonges,
Quelque indignation dont leur cœur soit rempli;
Ils goberont l'appât, vous serés leur ami.

8.
Le Rat et l'Eléphant.

Se croire un personnage, est fort commun en
France;
On y fait l'homme d'importance,
Et l'on n'est souvent qu'un Bourgeois:
C'est proprement le mal François,
La sotte vanité nous est particulière.
Les Espagnols sont vains, mais d'une autre
manière.
Leur orgueil me semble en un mot
Beaucoup plus fou, mais pas si sot. *)
Donnons quelque image du nôtre,
Qui sans doute en vaut bien un autre.

*) Lächerlicher, aber nicht so dumm.

Un Rat des plus petits voyait un Eléphant
Des plus gros, et raillait le marcher un peu lent
   De la bête de haut parage,
    Qui marchait à gros équipage.
    Sur l'animal à triple étage
    Une Sultane de renom,
   Son Chien, son Chat, et sa Guenon,
Son Perroquet, sa vieille, et toute sa maison,
    S'en allait en pélerinage.
    Le Rat s'étonnait que les gens
Fussent touchés de voir cette pesante masse :
Comme si d'occuper ou plus ou moins de place
Nous rendait, disait-il, plus ou moins importans.
Mais qu'admirés-vous tant en lui, vous autres
                  hommes ?
Serait-ce ce grand corps qui fait peur aux enfans ?
Nous ne nous prisons pas, tout petits que nous
                  sommes,
    D'un grain moins que les Eléphans.
    Il en aurait dit davantage,
    Mais le Chat sortant de sa cage,
    Lui fit voir en moins d'un instant,
    Qu'un Rat n'est pas un Eléphant.

9.
L'Ane et le Chien.

Il se faut entr'aider, c'est la loi de nature!
   L'Ane un jour pourtant s'en moqua;
    Et ne sais comme il y manqua;
    Car il est bonne créature.
Il allait par païs accompagné du Chien,
    Gravement, sans songer à rien,
   Tous d'eux suivis d'un commun maître.
Ce maître s'endormit: l'Ane se mit à paître:
    Il était alors dans un pré,
   Dont l'herbe était fort à son gré.
Point de chardons pourtant, il s'en passa pour
               l'heure:
Il ne faut pas toujours être si délicat;
    Et faute de servir ce plat,
    Rarement un festin demeure.
   Notre Baudet s'en fut enfin
Passer pour cette fois. Le Chien mourant de
               faim,
Lui dit: cher compagnon, baisse-toi, je te prie,
Je prendrai mon dîné dans le panier au pain.
Point de reponse, mot: le Roussin d'Arcadie
    Craignit qu'en perdant un moment,
   Il ne perdit un coup de dent.

Il fit long-temps la sourde oreille:
Enfin il répondit: Ami, je te conseille
D'attendre que ton maître ait fini son sommeil:
Car il te donnera sans faute à son réveil
    Ta portion accoutumée:
  Il ne saurait tarder beaucoup.
  Sur ces entrefaites un Loup
Sort du bois et s'en vient: autre bête affamée.
L'Ane appelle aussi-tôt le Chien à son secours.
Le Chien ne bouge, et dit: Ami, je te con-
        seille
De fuir en attendant que ton maître s'éveille:
Il ne saurait tarder: détale vîte, et cours.
Que si ce Loup t'atteint, casse-lui la machoire.
On t'a ferré de neuf; et si tu me veux croire,
Tu l'étendras tout plat. Pendant ce beau dis-
        cours,
Seigneur Loup étrangla le Baudet sans remède.
  Je conclus qu'il faut qu'on s'entr'aide.

10.
Le Bassa et le Marchand.

Un Marchand Grec, en certaine contrée,
Faisait trafic. Un Bassa l'appuyait.
De quoi le Grec en Bassa le payait,
Non en Marchand; tant c'est chère denrée

Qu'un protecteur. Celui-ci coûtait tant
Que notre Grec s'allait partout plaignant.
Trois autres Turcs d'un rang moindre en puis-
　　　　　　　　　　　　　　　　　sance
Lui vont offrir leur support en commun.
Eux trois voulaient moins de reconnaissance
Qu'à ce Marchand il n'en coûtait pour un.
Le Grec écoute: avec eux il s'engage;
Et le Bassa du tout est averti:
Même on lui dit qu'il joûra, s'il est sage,
A ces gens-là quelque méchant parti,
Les prévenant, les chargeant d'un message
Pour Mahomet, droit en son Paradis,
Et sans tarder, sinon ces gens unis
Le préviendront, bien certains qu'à la ronde,
Il a des gens tous prêts pour le venger:
Quelque poison l'enverra protéger
Les Trafiquans qui sont en l'autre monde.
Sur cet avis le Turc se comporta
Comme Alexandre, et plein de confiance
Chés le Marchand tout droit il s'en alla;
Se mit à table: on vit tant d'assurance
En ses discours et dans tout son maintien,
Qu'on ne crut point qu'il se doutât de rien.
Ami, dit-il, je sais que tu me quittes:
Même l'on veut que j'en craigne les suites:
Mais je te crois un trop homme de bien:
Tu n'as point l'air d'un donneur de breuvage,
Je n'en dis pas là-dessus davantage.

Quant à ces gens qui pensent t'appuyer,
Ecoute-moi. Sans tant de dialogue,
Et de raisons qui pourraient t'ennuyer,
Je ne te veux conter qu'un Apologue.

Il était un Berger, son Chien et son Troupeau.
Quelqu'un lui demanda ce qu'il prétendait faire
D'un Dogue de quoi l'ordinaire
Etait un pain entier. Il fallait bien et beau
Donner cet animal au Seigneur du Village.
Lui Berger, pour plus de ménage,
Aurait deux ou trois Mâtinaux,
Qui, lui dépensant moins, veilleraient aux trou-
peaux,
Bien mieux que cette bête seule.
Il mangeait plus que trois, mais on ne disait pas
Qu'il avait aussi triple gueule,
Quand les Loups livraient des combats.
Le Berger s'en défait, il prend trois Chiens de
taille
A lui dépenser moins, mais à fuir la bataille.
Le troupeau s'en sentit ; et tu te sentiras
Du choix de semblable canaille,
Si tu fais bien, tu reviendras à moi.
Le Grec le crut. Ceci montre aux Provinces
Que tout compté, mieux vaut en bonne foi
S'abandonner à quelque puissant Roi,
Que s'appuyer de plusieurs petits Princes.

II.
L'avantage de la Science.

Entre deux Bourgeois d'une Ville
S'émut jadis un différent.
L'un était pauvre, mais habile:
L'autre riche, mais ignorant.
Celui-ci fur fon concurrent
Voulait emporter l'avantage:
Prétendait que tout homme fage
Etait tenu de l'honorer.
C'était tout homme fot: car pourquoi révérer
Des biens dépourvus de mérite?
La raifon m'en femble petite.
Mon ami, difait-il fouvent
  Au favant,
Vous vous croyés confidérable;
Mais, dites-moi, tenés-vous table?
Que fert à vos pareils de lire inceffamment?
Ils font toujours logés à la troifième chambre,
Vêtus au mois de Juin comme au mois de De-
    cembre,
Ayant pour tous Laquais leur ombre feulement.
 La République a bien affaire
 De gens qui ne dépenfent rien:
 Je ne fais d'homme néceffaire,
Que celui dont le luxe épand beaucoup de bien.

Nous en usons, Dieu sait : notre plaisir occupe
L'Artisan, le Vendeur, celui qui fait la jupe,
Et celle qui la porte, et vous qui dédiés
    A Messieurs les gens de Finance,
    De méchans Livres bien payés.
    Ces mots remplis d'impertinence,
    Eurent le sort qu'ils méritaient,
L'homme lettré se tut, il avait trop à dire.
La guerre le vengea bien mieux qu'une satire.
Mars détruisit le lieu que nos gens habitaient.
    L'un et l'autre quitta sa ville,
    L'ignorant resta sans asyle:
    Il reçut par-tout des mépris :
L'autre reçut par-tout quelque faveur nouvelle.
    Cela decida leur querelle.

Laissés dire les sots, le savoir a son prix.

12.

Le Torrent et la Rivière.

Avec grand bruit et grand fracas
    Un torrent tombait des montagnes:
Tout fuyait devant lui: l'horreur suivait ses pas;
    Il faisait trembler les campagnes,

Nul voyageur n'ofait paſſer
Une barrière ſi puiſſante:
Un ſeul vit des voleurs; et ſe ſentant preſſer,
Il mit entr' eux et lui cette onde menaçante.
Ce n'était que menace et bruit ſans profondeur:
Notre homme enfin n'eut que la peur.
Ce ſuccès lui donnant courage:
Et les mêmes voleurs le pourſuivant toujours,
Il rencontra ſur ſon paſſage
Une rivière dont le cours,
Image d'un ſommeil doux, paiſible et tranquille
Lui fit croire d'abord ce trajet fort facile.
Point de bords eſcarpés, un ſable pur et net.
Il entre, et ſon cheval le met
A couvert des voleurs, mais non de l'onde noire;
Tous deux au Styx *) allèrent boire;
Tous deux à nager malheureux
Allèrent traverſer au ſéjour ténébreux,
Bien d'autres fleuves que les nôtres.

Les gens ſans bruit ſont dangereux:
Il n'en eſt pas ainſi des autres.

*) In der Fabellehre einer von den Flüſſen der Unterwelt.

FABLES TIRÉES
DU NEUVIEME LIVRE.

I.
Le Singe et le Léopard.

Le Singe avec le Léopard
   Gagnaient de l'argent à la Foire:
   Ils affichaient chacun à part.
L'un d'eux difait: Meffieurs, mon mérite et
                      ma gloire
Sont connus en bon lieu: le Roi m'a voulu voir;
   Et fi je meurs il veut avoir
Un manchon de ma peau, tant elle eft bigarrée.
   Pleine de taches, marquetée,
   Et vergetée, et mouchetée.
La bigarrure plaît: partant chacun le vit.
Mais ce fut bien-tôt fait, bientôt chacun fortit.
Le Singe de fa part difait: Venés de grace,
Venés, Meffieurs; Je fais cent tours de paffe-
                      paffe.

Cette diversité dont on vous parle tant,
Mon voisin Léopard l'a sur soi seulement:
Moi je l'ai dans l'esprit: votre serviteur Gille,
    Cousin et gendre de Bertrand,
    Singe du Pape en son vivant,
    Tout fraîchement en cette ville
Arrive en trois bateaux *), exprès pour vous
                          parler:
Car il parle, on l'entend, il fait danser, baler,

---

*) C'est une façon de parler fort usitée encore parmi le peuple de Paris. Lorsqu'on lui surfait, par exemple, du poisson, comme le Merlan, le Maquereau &c. l'acheteur pour en ravaler le prix, répond ironiquement au vendeur: Oh, je le vois bien, ce Poisson est venu en trois bateaux. Celui qui le premier imagina ce trait, trouva plaisant de comparer la méchante petite barque d'un Pêcheur à un vaisseau marchand richement chargé, qui aurait été escorté par deux vaisseaux de guerre, d'où le propriétaire prend droit d'augmenter le prix de ses marchandises à proportion de ce que lui a coûté le convoi. La plaisanterie plut au peuple; et ici la Fontaine a trouvé le moyen de la mettre agréablement en oeuvre, quelque fade qu'elle soit en elle-même. Car pour relever plaisamment le mérite du Singe, il lui fait dire à lui-même, qu'il vient d'arriver à Paris en trois bateaux; et par là tout le ridicule de cette expression, que le peuple n'employe jamais que dans un sens ironique, tombe directement sur Gille,
    Cousin et gendre de Bertrand,
    Singe du Pape en son vivant.

Faire des tours de toute sorte,
Passer en des cerceaux ; et le tout pour six blancs :
Non, Messieurs, pour un sou : si vous n'êtes contens
Nous rendrons à chacun son argent à la porte.

Le Singe avait raison : ce n'est pas sur l'habit
Que la diversité me plait, c'est dans l'esprit :
L'une fournit toujours des choses agréables,
L'autre, en moins d'un moment, lasse les regardans.
O que de grands Seigneurs au Léopard semblables,
N'ont que l'habit pour tous talens !

2.
Le Gland et la Citrouille.

Dieu fait bien ce qu'il fait. Sans en chercher la preuve
En tout cet Univers, et l'aller parcourant,
Dans les Citrouilles je la treuve. *)

Un Villageois, considérant
Combien ce fruit est gros, et sa tige menue,
A quoi songeait, dit-il, l'Auteur de tout cela ?
Il a bien mal placé cette Citrouille-là :
Ah, parbleu, je l'aurais pendue
A l'un des Chênes que voilà.

*) Anstatt trouve.

C'eût été justement l'affaire,
Tel fruit, tel arbre pour bien faire. *)
C'est dommage, Garo, que tu n'es point entré
Au conseil de celui que prêche ton Curé:
Tout en eût été mieux **): car pourquoi, par exemple,
Le Gland qui n'est pas gros comme mon petit doigt,
Ne pend-il pas en cet endroit?
Dieu s'est mépris: plus je contemple
Ces fruits ainsi placés, plus il semble à Garo
Que l'on a fait un quiproquo.
Cette réflexion embarrassant notre homme;
On ne dort point, dit-il, quand on a tant d'esprit.
Sous un Chêne aussi-tôt il va prendre son somme.
Un Gland tombe, le nez du dormeur en patit.
Il s'éveille; et portant la main sur son visage,
Il trouve encor le Gland pris au poil du menton.
Son nez meurtri le force à changer de langage:
Oh, oh, dit-il, je saigne! Et que serait-ce donc
S'il fut tombé de l'arbre une masse plus lourde,
Et que ce Gland eût été Gourde?
Dieu ne l'a pas voulu: sans doute il eut raison;
J'en vois bien à présent la cause.
En louant Dieu de toute chose,
Garo retourne à la maison.

---

*) Der Baum muſs zur Frucht paſſen, wenn mans recht machen will.
**) So wäre alles beſſer eingerichtet worden.

FABLES TIRÉES

3.
Le Fou qui vend la Sagesse.

Jamais auprès des fous ne te mets à portée:
Je ne te puis donner un plus sage conseil.
    Il n'est enseignement pareil
A celui-là de fuir une tête éventée.
    On en voit souvent dans les Cours.
Le Prince y prend plaisir, car ils donnent toujours
Quelques traits *) aux fripons, aux sots, aux ridi-
                        cules.
Un fol allait criant par tous les carrefours
Qu'il vendait la sagesse; et les mortels credules
De courir à l'achat, chacun fut diligent.
    On essuyait force grimaces:
    Puis, on avait pour son argent
Avec un bon soufflet, un fil long de deux brasses.
La plupart s'en fâchaient; mais que leur ser-
                     vait-il?
C'étaient les plus moqués: le mieux était de rire:
    Ou de s'en aller sans rien dire
    Avec son soufflet et son fil.
    De chercher du sens à la chose,
On se fût fait siffler ainsi qu'un ignorant.
    La raison est-elle garant
De ce que fait un fou? Le hazard est la cause

---

*) Stiche, d. i. sie machen sich über die Schelme,
   Dummköpfe und Narren lustig.

De tout ce qui se passe en un cerveau blessé.
Du fil et du soufflet pourtant embarrassé,
Un des dupes un jour alla trouver un Sage,
 Qui, sans hésiter davantage,
Lui dit: Ce sont ici Hiéroglyphes tout purs.

Les gens bien conseillés, et qui voudront bien
         faire,
Entre eux et les gens fous mettront, pour l'or-
        dinaire,
La longueur de ce fil: sinon, je les tiens sûrs
 De quelque semblable caresse.
Vous n'êtes point trompé, ce fou vend la sagesse.

4.

L'Huître et les Plaideurs.

Un jour deux Pélerins sur le sable rencontrent
Une Huître que le flot y venait d'apporter;
Ils l'avalent des yeux, du doigt ils se la montrent:
A l'égard de la dent, il fallut contester.
L'un se baissait déjà pour amasser la proie,
L'autre le pousse, et dit: Il est bon de savoir
 Qui de nous en aura la joie.
Celui qui le premier a pu l'appercevoir
En sera le gobeur, l'autre le verra faire.
 Si par-là l'on juge l'affaire,

Reprit son compagnon, j'ai l'œil bon, Dieu merci.
Je ne l'ai pas mauvais aussi,
Dit l'autre, et je l'ai vûe avant vous, sur ma vie.
Et bien, vous l'avés vue, et moi je l'ai sentie.
Pendant tout ce bel incident
Perrin Dandin *) arrive: ils le prennent pour Juge.
Perrin, fort gravement, ouvre l'Huître et la gruge,
Nos deux Messieurs le regardant.
Ce repas fait, il dit d'un ton de Président:
Tenés, la Cour **) vous donne à chacun une écaille
Sans dépens, et qu'en paix chacun chés soi s'en aille.

Mettés ce qu'il en coûte à plaider aujourd'hui:
Comptés ce qui en reste à beaucoup de familles;
Vous verrés que Perrin tire l'argent à lui,
Et ne laisse aux plaideurs que le sac et les quilles.

---

*) Ein Streitschlichter aus dem Rabelais.
**) Der Gerichtshof oder das Gericht.

5.
Le Singe et le Chat.

Bertrand avec Raton, l'un Singe, et l'autre Chat,
Commensaux d'un logis, avaient un commun maître.
D'animaux malfaisans c'était un très-bon plat:
Ils n'y craignaient tous deux aucun, quel qu'il pût être
Trouvait-on quelque chose au logis de gâté,
L'on ne s'en prenait point aux gens du voisinage.
Bertrand dérobait tout: Raton, de son côté,
Etait moins attentif aux Souris qu'au fromage.

Un jour, au coin du feu, nos deux maîtres fripons
  Regardaient rôtir des marons:
Les escroquer était une très-bonne affaire:
Nos galans y voyaient double profit à faire,
Leur bien premièrement; et puis le mal d'autrui.
Bertrand dit à Raton: Frère, il faut aujourd'hui
  Que tu fasses un coup de maître.
Tire-moi ces marons: Si Dieu m'avait fait naître
  Propre à tirer marons du feu,
  Certes marons verraient beau jeu.
Aussi-tôt fait que dit: Raton avec sa patte,
  D'une manière delicate,

Ecarte un peu la cendre, et retire les doigts,
   Puis les reporte à plusieurs fois,
Tire un maron, puis deux, et puis trois en es-
                              croque,
    Et cependant Bertrand les croque.
Une servante vient : adieu mes gens : Raton
    N'était pas content, ce dit-on.

Aussi ne le font pas la plupart de ces Princes
    Qui flattés d'un pareil emploi,
    Vont s'échauder en des Provinces,
    Pour le profit de quelque Roi.

FABLES TIRÉES
DU
DIXIEME LIVRE.

I.

L'Homme et la Couleuvre.

Un homme vit une couleuvre ;
Ah ! Méchante, dit-il, je m'en vais faire une
                        œuvre
    Agréable à tout l'Univers.
    A ces mots, l'animal pervers
  (C'est le Serpent que je veux dire,
Et non l'homme, on pourrait aisément s'y
                    tromper)
A ces mots, le Serpent se laissant attraper,
Est pris, mis en un sac, et ce qui fut le pire,
On résolut sa mort, fût il coupable ou non.
Afin de le payer toutefois de raison,
    L'autre lui fit cette harangue :
Symbole des ingrats, être bon aux méchans
C'est être sot, meurs donc : ta colère et tes dents
Ne me nuiront jamais. Le Serpent, en sa langue,

Reprit du mieux qu'il put: S'il fallait condamner
  Tous les ingrats qui font au monde,
  A qui pourrait-on pardonner?
Toi-même tu te fais ton procès. Je me fonde
Sur tes propres leçons: jette les yeux sur toi.
Mes jours sont en tes mains: tranche-les, ta justice
C'est ton utilité, ton plaisir, ton caprice:
  Selon ces loix condamne-moi:
  Mais trouve bon qu'avec franchise
  En mourant au moins je te dise,
  Que le symbole des ingrats
Ce n'est point le Serpent, c'est l'homme. Ces paroles
Firent arrêter l'autre: il recula d'un pas.
Enfin il repartit: tes raisons sont frivoles:
Je pourrais décider, car ce droit m'appartient:
Mais rapportons-nous-en *). Soit fait, dit le reptile.
Une Vache était là, l'on l'appelle, elle vient,
Le cas est proposé, c'était chose facile.
Fallait-il pour cela, dit-elle, m'appeller?
La Couleuvre a raison, pourquoi dissimuler?
Je nourris celui-ci depuis longues années:
Il n'a, sans mes bienfaits, passé nulles journées:
Tout n'est que pour lui seul: mon lait et mes enfans
Le font à la maison revenir les mains pleines:
Même j'ai rétabli sa santé que les ans
  Avaient altérée; et mes peines

*) Lasst uns Anderer Ausspruch hören.

Ont pour but son plaisir ainsi que son besoin.
Enfin me voilà vieille, il me laisse en un coin
Sans herbe: s'il voulait encor me laisser paître!
Mais je suis attachée; et si j'eusse eu pour maître
Un Serpent, eût-il su jamais pousser si loin
L'ingratitude? Adieu. J'ai dit ce que je pense,
L'homme tout étonné d'une telle sentence,
Dit au Serpent: Faut-il croire ce qu'elle dit?
C'est une radoteuse, elle a perdu l'esprit.
Croyons ce Bœuf. Croyons, dit la rampante bête.
Ainsi dit, ainsi fait. Le Bœuf vient à pas lents.
Quand il eut ruminé tout le cas en sa tête,
    Il dit que du labeur des ans
Pour nous seuls il portait les soins les plus pesans,
Parcourant sans cesser ce long cercle de peines
Qui revenant sur soi ramenait dans nos plaines
Ce que Cérès nous donne, et vend aux animaux:
    Que cette suite de travaux
Pour récompense avait, de tous tant que nous
                        sommes,
Force coups, peu de gré *): puis quand il était
                         vieux,
On croyait l'honorer chaquefois que les hommes
Achetaient de son sang l'indulgence des Dieux.
Ainsi parla le Bœuf. L'homme dit: Faisons taire
    Cet ennuyeux déclamateur.
Il cherche de grands mots, et vient ici se faire,
    Au lieu d'arbitre, accusateur.

*) Wenig Dank.

Je le récuse aussi. L'arbre étant pris pour Juge,
Ce fut bien pis encor. Il servait de refuge,
Contre le chaud, la pluie et la fureur des vents:
Pour nous seuls il ornait les jardins et les champs.
L'ombrage n'était pas le seul bien qu'il sût faire;
Il courbait sous les fruits. Cependant pour salaire
Un rustre l'abattait, c'était là son loyer,
Quoique, pendant tout l'an, libéral il nous donne
Ou des fleurs au Printems, ou du fruit en Automne;
L'ombre l'Eté; l'Hiver, les plaisirs du foyer.
Que ne l'émondait-on, sans prendre la coignée?
De son tempérament *) il eût encor vécu.
L'Homme trouvant mauvais que l'on l'eût convaincu,
Voulut à toute force avoir cause gagnée.
Je suis bien bon, dit-il, d'écouter ces gens-là.
Du sac et du Serpent aussi-tôt il donna
Contre les murs, tant qu'il tua la bête.

On en use ainsi chés les Grands.
La raison les offense: ils se mettent en tête
Que tout est né pour eux, Quadrupèdes et gens,
Et Serpens.
Si quelqu'un desserre les dents, **)
C'est un sot. J'en conviens. Mais que faut-il donc faire?
Parler de loin; ou bien se taire.

---

*) Seiner Natur nach, die stark und dauerhaft war.
**) Wenn einer das Maul aufthut, d. i. wenn er etwas darüber sagt.

2.

Le Loup et les Bergers.

Un Loup rempli d'humanité,
(S'il en est de tels dans le monde)
Fit un jour sur sa cruauté,
Quoiqu'il ne l'exerçât que par nécessité,
Une réflexion profonde.
Je suis haï, dit-il, et de qui? De chacun.
Le Loup est l'ennemi commun:
Chiens, Chasseurs, Villageois s'assemblent pour
sa perte.
Jupiter est là-haut étourdi de leurs cris:
C'est par-là que de Loups l'Angleterre est dé-
serte:
On y mit notre tête à prix.
Il n'est Hobereau qui ne fasse
Contre nous tels bans publier:
Il n'est Marmot osant crier,
Que du Loup aussi-tôt sa mère ne menace.
Le tout pour un Ane rogneux,
Pour un Mouton pourri, pour quelque Chien
hargneux
Dont j'aurai passé mon envie.
Et bien, ne mangeons plus de chose ayant eu vie,
Paissons l'herbe, broutons, mourons de faim
plutôt.

   Est-ce une chose si cruelle?
Vaut-il mieux s'attirer la haine universelle?
Disant ces mots, il vit des Bergers, pour leur rôt
   Mangeans un Agneau cuit en broche.
   Oh! oh! dit-il, je me reproche
Le sang de cette gent: Voilà ses gardiens
  S'en repaissans eux et leurs Chiens;
   Et moi Loup, j'en ferai scrupule!
Non, par tous les Dieux, non: je serais ridicule.
   Thibaut *) l'Agnelet passera,
   Sans qu'à la broche je le mette;
Et non-seulement lui, mais la mère qu'il tette,
   Et le père qui l'engendra.
Le Loup avait raison. Est-il dit qu'on nous voie
   Faire festin de toute proie,
Manger les animaux; et nous les réduirons
Aux mets de l'âge d'or autant que nous pourrons!
   Ils n'auront ni croc, ni marmite!
   Bergers, Bergers, le Loup n'a tort
   Que quand il n'est pas le plus fort:
   Voulés-vous qu'il vive en hermite?

---

*) Name eines Lämmcheus.

3.
La Perdrix et les Coqs.

Parmi de certains Coqs incivils, peu galans,
　　Toujours en noise et turbulens,
　　Une Perdrix était nourrie.
　　Son sexe et l'hospitalité,
De la part de ces Coqs, peuple à l'amour porté,
Lui faisaient espérer beaucoup d'honnêteté:
Ils feraient les honneurs de la ménagerie.
Ce peuple cependant fort souvent en furie,
Pour la Dame étrangère ayant peu de respect,
Lui donnait fort souvent d'horribles coups de bec.
　　D'abord elle en fut affligée:
Mais si-tôt qu'elle eût vû cette troupe enragée
S'entrebattre elle-même, et se percer les flancs,
Elle se consola. Ce sont leurs mœurs, dit-elle:
Ne les accusons point: plaignons plûtôt ces gens.
　　Jupiter sur un seul modèle
　　N'a pas formé tous les esprits.
Il est des naturels de Coqs et de Perdrix.
S'il dépendait de moi, je passerais ma vie
　　En plus honnête compagnie.
Le Maître de ces lieux en ordonne autrement.
　　Il nous prend avec des tonnelles,
Nous loge avec des Coqs, et nous coupe les aîles:
C'est de l'homme qu'il faut se plaindre seulement.

4.
Les Lapins.
DISCOURS
a M. le Duc de la Rochefoucault. *)

Je me suis souvent dit, voyant de quelle sorte
    L'homme agit, et qu'il se comporte
En mille occasions comme les animaux,
Le Roi de ces gens-là n'a pas moins de défauts
    Que ses sujets; et la nature
    A mis dans chaque créature
Quelque grain d'une masse où puisent les esprits;
J'entens les esprits corps, et paîtris de matière.
    Je vais prouver ce que je dis.
A l'heure de l'affut, soit lorsque la lumière
Précipite ses traits dans l'humide séjour,
Soit lorsque le Soleil rentre dans sa carrière,
Et que n'étant plus nuit, il n'est pas encor jour,
Au bord de quelque bois sur un arbre je grimpe;
Et, nouveau Jupiter, du haut de cet Olympe,
    Je foudroie à discretion
    Un Lapin qui n'y pensait guère.
Je vois fuir aussi-tôt toute la nation
    Des Lapins, qui sur la bruyère,
    L'œil éveillé, l'oreille au guet,
S'égayaient, et de thim parfumaient leur banquet.

*) Ein berühmter französischer Schriftsteller.

Le bruit du coup fait que la bande
S'en va chercher fa fûreté
Dans la fouterraine cité :
Mais le danger s'oublie ; et cette peur fi grande
S'évanouit bien-tôt. Je revois les Lapins
Plus gais qu'auparavant revenir fous mes mains.
Ne reconnaît-on pas en cela les humains ?
    Difperfés par quelque orage,
    A peine ils touchent le port,
    Qu'ils vont hazarder encor
    Même vent, même naufrage.
    Vrais Lapins on les revoit
    Sous les mains de la fortune.
Joignons à cet exemple une chofe commune.

Quand des Chiens étrangers paffent par quelque endroit
    Qui n'eft pas de leur détroit,
    Je laiffe à penfer quelle fête.
    Les Chiens du lieu n'ayant en tête
Qu'un intérêt de gueule, à cris, à coups de dents
    Vous accompagnent ces paffans
    Jufqu'aux confins du territoire.
Un intérêt de biens, de grandeur et de gloire,
Aux Gouverneurs d'Etats, à certains Courtifans,
A gens de tous metiers, en fait tout autant faire.
    On nous voit tous pour l'ordinaire,
Piller le furvenant, nous jetter fur fa peau.

La coquette et l'auteur font de ce caractère:
　　Malheur à l'Ecrivain nouveau.
Le moins de gens qu'on peut à l'entour du gâteau,
　　C'eſt le droit du jeu, c'eſt l'affaire.
Cent exemples pourraient appuyer mon diſcours:
　　Mais les ouvrages les plus courts
Sont toujours les meilleurs. En cela j'ai pour
　　　　　　　　　　　　　　　　　guide
Tous les maîtres de l'art, et tiens qui faut laiſſer
Dans les plus beaux ſujets quelque choſe à penſer:
　　Ainſi ce diſcours doit ceſſer.

Vous qui m'avés donné ce qu'il a de ſolide,
Et dont la modeſtie égale la grandeur,
Qui ne pûtes jamais écouter ſans pudeur
　　La louange la plus permiſe,
　　La plus juſte, et la mieux acquiſe,
Vous enfin dont à peine ai-je encore obtenu
Que votre nom reçût ici quelques hommages,
Du tems et des cenſeurs défendant mes ouvrages,
Comme un nom qui des ans et des peuples connu,
Fait honneur à la France, en grands noms plus
　　　　　　　　　　　　　　　　féconde
　　Qu'aucun climat de l'Univers,
Permettés-moi, du moins d'apprendre à tout
　　　　　　　　　　　　　　le monde,
Que vous m'avés donné le ſujet de ces Vers.

FABLES TIRÉES
DU
ONZIEME LIVRE.

I.
Le Fermier, le Chien et le Renard.

Le Loup et le Renard font d'étranges voisins:
Je ne bâtirai point autour de leur demeure.
  Ce dernier guettait à toute heure
Les Poules d'un Fermier: et quoique des plus
          fins,
Il n'avait pû donner atteinte à la volaille.
D'une part l'appétit, de l'autre le danger,
N'étaient pas au compère un embarras léger.
  Hé quoi, dit-il, cette canaille,
   Se moque impunément de moi.
  Je vais, je viens; je me travaille,
J'imagine cent tours: le rustre, en paix chés soi,
Vous fait argent de tout, convertit en monnoie,
Ses Chapons, sa poulaille: il en a même au
      croc: *)

*) Er hat sogar einige am Haken hängen, die er geschlachtet hat und selbst essen will.

Et moi, maître passé, quand j'attrape un vieux coq,
  Je suis au comble de la joie!
Pourquoi Sire Jupin m'a-t-il donc appellé
Au métier de Renard? Je jure les puissances
De l'Olympe et du Styx, il en sera parlé.
  Roulant en son cœur ses vengeances,
Il choisit une nuit libérale en pavots, *)
Chacun était plongé dans un profond repos:
Le maître du logis, les valets, le chien même,
Poules, Poulets, Chapons, tout dormait. Le
                                       Fermier
  Laissant ouvert son poulailler,
  Commit une sottise extrême.
Le voleur tourne tant qu'il entre au lieu guetté,
Le dépeuple, remplit de meurtres la cité:
  Les marques de sa cruauté
Parurent avec l'aube: on vit un étalage
  De corps sanglans, et de carnage.
  Peu s'en fallut que le Soleil
Ne rebroussât d'horreur vers le manoir liquide. **)
  Tel, et d'un spectacle pareil
Apollon irrité contre le fier Atride ***)

*) Freigebig an Schlafkörnern, d. i. wo jedermann
   gut schlief.
**) Zu ihrer nassen Wohnung, dem Meer. Die Poeten
   lassen bekanntlich die Sonne des Abends im Meere
   zu Bette gehen und des Morgens wieder aus dem
   Meere emporsteigen.
***) Nach Homers Erzählung im ersten Buche der Iliade
   Atride ist soviel als Sohn des Atreus, hier
                                            Aga-

Joncha son champ de morts: on vit presque détruit
L'ost des Grecs, et ce fut l'ouvrage d'une nuit.
　　Tel encore autour de sa tente,
　　　Ajax à l'ame impatiente,
De Moutons et de Boucs fit un vaste débris,
Croyant tuer en eux son concurrent Ulysse,
　　　Et les auteurs de l'injustice
　　　Par qui l'autre emporta le prix.
Le Renard, autre Ajax, aux volailles funeste,
Emporte ce qu'il peut, laisse étendu le reste.
Le Maître ne trouva de recours qu'à crier
Contre ses gens, son chien: c'est l'ordinaire usage.
Ah! maudit animal, qui n'es bon qu'à noyer,
Que n'avertissais-tu dès l'abord du carnage?
Que ne l'évitiés-vous? C'eût été plutôt fait.
Si vous, Maître et Fermier, à qui touche le fait,
Dormés sans avoir soin que la porte soit close,
Voulés-vous que moi, Chien, qui n'ai rien à la chose,
Sans aucun intérêt je perde le repos?
　　Ce Chien parlait très-à-propos:

G 7

Agamemnon. Ajax, der gleich hierauf folgt, ist auch einer von den griechischen Helden, die im Homer vorkommen. Er wollte Achills Waffen erben. Sie wurden dem Ulysses zugesprochen. Erbost darüber fiel er zur Nachtzeit in Ulysses Lager ein, um diesen umzubringen.

Son raisonnement pouvait être
Fort bon dans la bouche d'un Maître :
Mais n'étant que d'un simple Chien,
On trouva qu'il ne valait rien :
On vous sangla le pauvre drille.

Toi donc, qui que tu sois, ô père de famille,
(Et je ne t'ai jamais envié cet honneur)
T'attendre aux yeux d'autrui, quand tu dors,
                c'est erreur,
Couche-toi le dernier, et vois fermer ta porte.
   Que si quelque affaire t'importe,
   Ne la fais point par procureur.

2.
Le Lion, le Singe, et les deux Anes.

Le Lion, pour bien gouverner,
  Voulant apprendre la Morale,
  Se fit un beau jour amener,
Le Singe Maître-ès-Arts chés la gent animale.
La première leçon que donna le Régent,
Fut celle-ci : Grand Roi, pour régner sagement,
   Il faut que tout Prince préfère
Le zèle de l'Etat à certain mouvement,
   Qu'on appelle communément
  Amour-propre, car c'est le père,

C'est l'auteur de tous les défauts
Que l'on remarque aux animaux.
Vouloir que de tout point ce sentiment vous quitte,
Ce n'est pas chose si petite,
Qu'on en vienne à bout en un jour :
C'est beaucoup de pouvoir modérer cet amour.
Par-là votre personne auguste
N'admettra jamais rien en soi
De ridicule ni d'injuste.
Donne-moi, repartit le Roi,
Des exemples de l'un et l'autre.
Toute espèce, dit le docteur,
(Et je commence par la nôtre)
Toute profession s'estime dans son cœur,
Traite les autres d'ignorantes,
Les qualifie impertinentes,
Et semblables discours qui ne nous coûtent rien.
L'amour-propre, au rebours, fait qu'au degré suprême
On porte ses pareils, car c'est un bon moyen
De s'élever aussi soi-même.
De tout ce que dessus j'argumente très-bien,
Qu'ici-bas maint talent n'est que pure grimace,
Cabale, et certain art de se faire valoir,
Mieux su des ignorans, que des gens de savoir.

L'autre jour suivant à la trace
Deux Anes qui prenant tour-à-tour l'encensoir,

Se louaient tour-à-tour comme c'eſt la manière,
J'oüis que l'un des deux diſait à ſon confrère:
Seigneur, trouvés-vous pas bien injuſte et bien ſot
L'homme, cet animal ſi parfait? Il profane
  Notre auguſte nom, traitant d'Ane,
Quiconque eſt ignorant, d'eſprit lourd, idiot:
  Il abuſe encore d'un mot
Et traite notre rire et nos diſcours de braire.
Les humains ſont plaiſans de vouloir exceller
Par-deſſus nous: non, non, c'eſt à vous de
        parler,
 A leurs Orateurs de ſe taire.
Voilà les vrais braillards. Mais laiſſons-là ces
     gens?
 Vous m'entendés, je vous entens:
 Il ſuffit, et quant aux merveilles,
Dont votre divin chant vient frapper les oreilles,
Philomèle eſt, au prix, novice dans cet art,
Vous ſurpaſſés Lambert *). L'autre Baudet
       repart:
Seigneur, j'admire en vous des qualités pareilles.
Ces Anes, non contens de s'être ainſi gratés,
 S'en allaient dans les Cités
L'un l'autre ſe prôner. Chacun d'eux croyait
     faire
En priſant ſes pareils, une fort bonne affaire;
Prétendant que l'honneur en reviendrait ſur lui.
 J'en connais beaucoup aujourd'hui,

---

*) Ein vortreflicher Tonkünſtler zur Zeit Ludwigs
 des XIV.

Non parmi les Baudets, mais parmi les Puissances
Que le Ciel voulut mettre en de plus hauts degrés,
Qui changeraient entr'eux les simples Excellences,
S'ils osaient, en des Majestés *).
J'en dis peut-être plus qu'il ne faut; et suppose
Que votre Majesté gardera le secret.
Elle avait souhaité d'apprendre quelque trait
Qui lui fît voir entre autre chose,
L'amour-propre donnant du ridicule aux gens.
L'injuste aura son tour: il y faut plus de tems,
Ainsi parla ce Singe. On ne m'a pas sû dire
S'il traita l'autre point: car il est délicat;
Et notre Maître-ès-Arts qui n'était pas un fat,
Regardait ce Lion comme un terrible Sire.

3.
Le Loup et le Renard.

Mais d'où vient qu'au Renard Esope accorde un point? **)
C'est d'exceller en tours pleins de matoiserie.
J'en cherche la raison, et ne la trouve point.
Quand le Loup a besoin de défendre sa vie,

---

*) Die sich gern Ihro Majestät statt Ihro Excellenz nennten, wenn sie nur dürften.
**) Einen Punkt zugesteht, d. i. in einem Punkte den Vorzug gibt.

Ou d'attaquer celle d'autrui,
N'en fait-il pas autant que lui?
Je crois qu'il en fait plus, et j'oferais peut-être
Avec quelque raifon contredire mon maître.
Voici pourtant un cas où tout l'honneur échut
A l'hôte des terriers. Un foir il apperçut
La Lune au fonds d'un puits: l'orbiculaire image
Lui parut un ample fromage.
Deux fceaux alternativement
Puifaient le liquide élément.
Notre Renard preffé par une faim canine,
S'accommode en celui qu'au haut de la machine
L'autre fceau tenait fufpendu.
Voilà l'animal defcendu,
Tiré d'erreur, mais fort en peine;
Et voyant fa perte prochaine:
Car comment remonter, fi quelque autre affamé,
De la même image charmé
Et fuccédant à fa mifère,
Par le même chemin ne le tirait d'affaire?
Deux jours s'étaient paffés fans qu'aucun vînt
au puits:
Le tems qui toujours marche, avait, pendant
deux nuits,
Echancré, felon l'ordinaire,
De l'aftre au front d'argent la face circulaire, *)

---

*) Die Zeit hatte das runde Geficht des Geftirns mit
dem filbernen Antlitz ausgefchnitten, d. i. der Voll-
mond war ins letzte Viertel übergegangen.

Sire Renard était desespéré.
Compère Loup, le gosier altéré,
Passe par là: l'autre dit: Camarade,
Je vous veux régaler; voyés-vous cet objet?
C'est un fromage exquis. Le Dieu Faune *)
l'a fait,
La Vache Io **) donna le lait:
Jupiter s'il était malade,
Reprendrait l'appétit en tâtant d'un tel mets.
J'en ai mangé cette échancrure,
Le reste vous sera suffisante pâture.
Descendés dans un seau que j'ai là mis exprès.
Bien qu'au moins mal qu'il put il ajusta l'histoire,
Le Loup fut un sot de le croire:
Il descend, et son poids emportant l'autre part,
Reguinde en haut maître Renard.

Ne nous en moquons point: nous nous laissons
séduire
Sur aussi peu de fondement;
Et chacun croit fort aisément
Ce qu'il craint et ce qu'il desire.

———

*) Der Gott des Landvolks, der Dörfer, Felder, Wälder.
**) Ein mythologisches Mädchen, worin sich Jupiter verliebte, und das er, um es der Eifersucht der Juno zu entziehen, in eine Kuh verwandelte.

4.
Le Païsan de Danube.

Il ne faut point juger des gens fur l'apparence.
Le confeil en eſt bon, mais il n'eſt pas nouveau.
  Jadis, l'erreur du Souriceau
Me ſervit à prouver le diſcours que j'avance.
  J'ai, pour le fonder à préſent,
Le bon Socrate, Efope, et certain Païſan
Des rives du Danube, homme dont Marc-Aurèle*)
  Nous fait un portrait fort fidèle.
On connait les premiers: quant à l'autre, voici
  Le perſonnage en raccourci.
Son menton nourriſſait une barbe touffue,
  Toute ſa perſonne velue
Repréſentait un Ours, mais un Ours mal léché.
Sous un ſourcil épais il avait l'œil caché,
Le regard de travers, nez tortu, groſſe lèvre:
  Portait ſayon de poil de chèvre,
  Et ceinture de joncs marins.
Cet homme, ainſi bâti, fut député des Villes
Que lave le Danube: il n'était point d'aſyles
  Où l'avarice des Romains
Ne pénétrât alors, et ne portât les mains.

 *) Ein vortreflicher Kaiſer aus dem zweiten Jahrhundert, ſonſt unter dem Namen Antonin der Weiſe bekannt.

Le Député vint donc, et fit cette harangue:
Romains, et vous Sénat affis pour m'écouter:
Je fupplie, avant tout, les Dieux de m'affifter:
Veuillent les Immortels, conducteurs de ma langue,
Que je ne dife rien qui doive être repris.
Sans leur aide il ne peut entrer dans les efprits,
 Que tout mal et toute injuftice:
Faute d'y recourir on viole leurs loix,
Témoin nous que punit la Romaine avarice.
Rome eft, par nos forfaits, plus que par fes exploits,
 L'inftrument de notre fupplice.
Craignés, Romains, craignés que le Ciel quelque jour
Ne transporte chés vous les pleurs et la mifère,
Et mettant en nos mains, par un jufte retour.
Les armes dont fe fert fa vengeance févère,
 Il ne vous faffe, en fa colère,
 Nos efclaves à votre tour.
Et pourquoi fommes-nous les vôtres? Qu'on mè die
En quoi vous valés mieux que cent peuples divers?
Quel droit vous a rendus Maîtres de l'Univers?
Pourquoi venir troubler une innocente vie:
Nous cultivons en paix d'heureux champs; et nos mains
Etaient propres aux Arts, ainfi qu'au labourage:
 Qu'avés-vous appris aux Germains?
 Ils ont l'adreffe et le courage;

S'ils avaient eu l'avidité,
Comme vous, et la violence,
Peut-être, en votre place, ils auraient la puissance ;
Et sauraient en user sans inhumanité.
Celles que vos Préteurs ont sur nous exercée
N'entre qu'à peine en la pensée.
La majesté de vos Autels
Elle-même en est offensée :
Car sachés que les Immortels
Ont les regards sur nous. Graces à vos exemples,
Ils n'ont devant les yeux que des objets d'horreur
De mépris d'eux et de leurs Temples,
D'avarice qui va jusques à la fureur.
Rien ne suffit aux gens qui nous viennent de Rome :
La terre, et le travail de l'homme
Font, pour les assouvir, des efforts superflus.
Retirés-les : on ne veut plus
Cultiver pour eux les Campagnes.
Nous quittons les Cités, nous fuyons aux montagnes,
Nous laissons nos chères compagnes,
Nous ne converfons plus qu'avec des Ours affreux,
Découragés de mettre au jour des malheureux ;
Et de peupler pour Rome un païs qu'elle opprime.
Quant à nos enfans déjà nés,
Nous souhaitons de voir leurs jours bien-tôt bornés :
Vos Préteurs au malheur nous font joindre le crime.

Retirés-les, ils ne nous apprendront
    Que la mollesse, et que le vice,
Les Germains comme eux deviendront
    Gens de rapine et d'avarice.
C'est tout ce que j'ai vu dans Rome à mon abord :
    N'a-t-on point de présens à faire ?
Point de pourpre à donner ? C'est en vain qu'on
                                             espère
Quelque refuge aux loix : encor leur ministère
A-t-il mille longueurs. Ce discours un peu fort
    Doit commencer à vous déplaire.
    Je finis. Punissés de mort,
    Une plainte un peu trop sincère.
A ces mots, il se couche, et chacun étonné
Admire le grand cœur, le bon sens, l'éloquence
    Du Sauvage ainsi prosterné.
On le créa Patrice ; et ce fut la vengeance
Qu'on crut qu'un tel discours méritait. On choisit
    D'autres Préteurs ; et par écrit
Le Sénat demanda ce qu'avait dit cet homme
Pour servir de modèle aux parleurs à venir.
    On ne fut pas long-tems à Rome
    Cette éloquence entretenir.

5.
Le Vieillard et les trois jeunes Hommes.

Un octogénaire plantait.
Passe encor de bâtir, mais planter à cet âge!
Disaient trois jouvenceaux, enfans du voisinage,
  Assurément il radotait.
 Car au nom des Dieux, je vous prie,
Quel fruit de ce labeur pouvés-vous recueillir?
Autant qu'un Patriarche il vous faudrait vieillir.
  A quoi bon charger votre vie
Des soins d'un avenir qui n'est pas fait pour vous?
Ne songés désormais qu'à vos erreurs passées.
Quittés le long espoir et les vastes pensées
  Tout cela ne convient qu'à nous.
  Il ne convient pas à vous-mêmes,
Repartit le Vieillard. Tout établissement
Vient tard et dure peu. La main des Parques
         blêmes
De vos jours et des miens se joue également.
Nos termes sont pareils par leur courte durée,
Qui de nous des clartés de la voûte azurée
Doit jouir le dernier? Est-il aucun moment
Qui vous puisse assurer d'un second seulement!
Mes arrière-neveux me devront cet ombrage:
 Hé bien, défendés-vous au Sage

De se donner des soins pour le plaisir d'autrui ?
Cela même est un fruit que je goûte aujourd'hui :
J'en puis jouir demain, et quelques jours encore :
 Je puis enfin compter l'Aurore
 Plus d'une fois sur vos tombeaux.
Le Vieillard eut raison : l'un des trois jouvenceaux
Se noya dès le Port allant à l'Amérique.
L'autre, afin de monter aux grandes dignités,
Dans les emplois de Mars servant la République,
Par un coup imprévû vit ses jours emportés.
 Le troisième tomba d'un arbre
 Que lui-même il voulut enter ;
Et pleurés du Vieillard, il grava sur leur marbre
 Ce que je viens de raconter.

6.

Les Souris et le Châthuant.

Il ne faut jamais dire aux gens,
Ecoutés un bon mot, oyés une merveille.
 Savés-vous si les écoutans
En feront une estime à la vôtre pareille ?
Voici pourtant un cas qui peut être excepté.
Je le maintiens prodige, et tel que d'une Fable
Il a l'air et les traits, encor que véritable.
On abattit un Pin pour son antiquité,

Vieux Palais d'un Hibou, triste et sombre retraite
De l'oiseau qu'Atropos prend pour son inter-
	prète. *)
Dans son tronc caverneux, et miné par le tems
	Logeaient, entre autres habitans,
Force Souris sans pieds, toutes rondes de graisse.
L'oiseau les nourrissait parmi des tas de blé.
Et de son bec avait leur troupeau mutilé.
Cet oiseau raisonnait, il faut qu'on le confesse.
En son temps, aux Souris le compagnon chassa,
Les premières qu'il prit, du logis échappées, **)
Pour y remédier, le drôle estropia
Tout ce qu'il prit ensuite. Et leurs jambes
	coupées
Firent qu'il les mangeait à sa commodité,
	Aujourd'hui l'une et demain l'autre.
Tout manger à la fois, l'impossibilité
S'y trouvait, joint aussi le soin de sa santé.
Sa prévoyance allait aussi loin que la nôtre:
	Elle allait jusqu'à leur porter
	Vivres et grains pour subsister.

*) Atropos ist eine von den drei Parzen, und zwar diejenige, die den Faden des menschlichen Lebens, wann er lang genug ist, abschneidet. Wo eine Eule schreit, da muſs nach der Meinung des Aberglaubens ein Mensch sterben. Das drückt F. so aus: Atropos nimt die Eule zur Bekanntmacherin ihres Willens.

**) Als die ersten, die er auf seiner Mäusejagd fing, aus dem Loche, wo er sie einsperrte, entwischt waren.

Puis, qu'un Cartéſien s'obſtine *)
A traiter ce Hibou de montre et de machine:
Quel reſſort lui pouvait donner
Le conſeil de tromper un peuple mis en mue?
Si ce n'eſt pas là raiſonner,
La raiſon m'eſt choſe inconnue.
Voyés que d'argumens il fit.
Quand ce peuple eſt pris, il s'enfuit:
Donc il faut le croquer auſſi-tôt qu'on le hape.
Tout, il eſt impoſſible. Et puis, pour le beſoin
N'en dois-je pas garder? Donc il faut avoir ſoin
De le nourrir ſans qu'il échappe.
Mais comment? Otons-lui les pieds. Or trouvés-moi
Choſe, par les humains à ſa fin mieux conduite.
Quel autre art de penſer Ariſtote et ſa ſuite
Enſeignent-ils, par votre foi? **)

*) Nun ſteife ſich noch ein Anhänger des Carteſius darauf, dieſe Eule für eine Uhr und eine Maſchine zu halten. Carteſius, ein berühmter Philoſoph aus dem vorigen Jahrhundert, hielt die Thiere für bloſſe Maſchinen; wie Uhren, Mühlen u. d. gl.

**) Ceci n'eſt point une Fable; et la choſe, quoique merveilleuſe et presque incroyable, eſt véritablement arrivée. J'ai peut-être porté trop loin la prévoyance de ce Hibou, car je ne prétens pas établir dans les Bêtes un raiſonnement tel que celui-ci: mais ces exagérations ſont permiſes à la Poéſie, ſur-tout dans la manière d'écrire dont je me ſers. Il eſt aiſé, de voir que c'eſt la Fontaine qui entretient ici ſes Lecteurs.

FABLES TIRÉES
DU
DOUZIEME LIVRE.

I.
Les Compagnons d'Ulysse.

A Monseigneur le Duc de Bourgogne. *)

Prince, l'unique objet du soin des Immortels,
Souffrés que mon encens parfume vos Autels.
Je vous offre un peu tard ces présens de ma Muse:
Les ans et les travaux me serviront d'excuse:
Mon esprit diminue: au lieu qu'à chaque instant,
On apperçoit le vôtre aller en augmentant.
Il ne va pas, il court, il semble avoir des aîles:
Le Héros **) dont il tient des qualités si belles,
Dans le métier de Mars brûle d'en faire autant:

---

*) Sohn des Dauphin (d. i. des Kronprinzen von Frankreich), nach seines Vaters Tode selbst Dauphin. Er starb 1712 und hinterliess einen Sohn, der nach Ludwigs XIV. Tode unter dem Namen Ludwig XV. zur Regirung kam.

**) Er meint seinen Vater den Dauphin Ludwig.

Il ne tient pas à lui, que forçant la Victoire,
  Il ne marche à pas de Géant
  Dans la carrière de la Gloire.
Quelque Dieu le retient, (c'eſt notre Souverain)
Lui qu'un mois a rendu maître et vainqueur du
                                            Rhin.
Cette rapidité fut alors néceſſaire:
Peut-être elle ferait aujourd'hui téméraire.
Je m'en tais; auſſi-bien les Ris et les Amours
Ne ſont pas ſoupçonnés d'aimer les longs diſ-
                                            cours.
De ces ſortes de Dieux votre Cour ſe compoſe,
Ils ne vous quittent point. Ce n'eſt pas qu'après
                                            tout
D'autres Divinités n'y tiennent le haut bout:
Le ſens et la raiſon y règlent toute choſe.
Conſultés ces derniers ſur un fait où *) les Grecs,
  Imprudens et peu circonſpects,
    S'abandonnèrent à des charmes
Qui métamorphoſaient en bêtes les humains.
Les compagnons d'Ulyſſe **), après dix ans
                                      d'alarmes,
Erraient au gré du vent, de leur ſort incertains.

H 3

───────
*) Ueber eine Thatſache, die darin beſteht, daſs die Griechen &c.

**) Die Soldaten, die Ulyſſes, einer von den griechiſchen Helden, die Troja zerſtörten, von Troja nach Ithaca, ſeinem Reiche, zurückführte.

Ils abordèrent un rivage
Où la fille du Dieu du jour, *)
Circé tenait alors fa Cour.
Elle leur fit prendre un breuvage
Délicieux, mais plein d'un funefte poifon.
D'abord ils perdent la raifon,
Quelques momens après leur corps et leur vifage,
Prennent l'air et les traits d'animaux différens.
Les voilà devenus Ours, Lions, Eléphans;
Les uns fous une maffe énorme,
Les autres fous une autre forme:
Il s'en vit de petits, *exemplum ut Talpa:* **)
Le feul Ulyffe en échappa.
Il fut fe défier de la liqueur traîtreffe.
Comme il joignait à la fageffe
La mine d'un Héros et le doux entretien,
Il fit tant que l'enchantereffe
Prit un autre poifon peu différent du fien.
Une Déeffe dit tout ce qu'elle a dans l'ame:
Celle-ci déclara fa flamme
Ulyffe était trop fin pour ne pas profiter
D'une pareille conjoncture:
Il obtint qu'on rendrait à fes Grecs leur figure.
Mais la voudront-ils bien, dit la Nymphe, ac-
cepter?

*) Circe, die Tochter Apollos. S. Homers Odyffee.
**) Zum Beifpiel der Maulwurf.

Allés le propofer de ce pas à la troupe.
Ulyffe y court, et dit, l'empoifonneufe coupe
A fon remède encore, et je viens vous l'offrir:
Chers amis, voulés-vous hommes redevenir?
    On vous rend déjà la parole.
    Le Lion dit, penfant rugir,
    Je n'ai pas la tête fi folle.
Moi renoncer aux dons que je viens d'acquérir?
J'ai griffe et dent, et mets en pièce qui m'at-
                taque:
Je fuis Roi, deviendrai-je un Citadin d'Itaque?
Tu me rendras, peut-être, encor fimple foldat;
    Je ne veux point changer d'état.
Ulyffe, du Lion court à l'Ours: Eh! mon frère,
Comme te voilà fait! je t'ai vû fi joli.
    Ah! Vraiment nous y voici, *)
    Reprit l'Ours à fa manière;
Comme me voilà fait! Comme doit être un Ours.
Qui t'a dit qu'une forme eft plus belle qu'une
                autre?
  Eft-ce à la tienne à juger de la nôtre?
Je m'en rapporte aux yeux d'une Ours mes
                amours. **)
Te déplais-je? Va-t-en, fuis ta route et me laiffe:
Je vis libre, content, fans nul foin qui me preffe;
    Et te dis, tout net et tout plat,
    Je ne veux point changer d'état.

---
*) Wahrhaftig da haben wirs recht getroffen.
**) Einer Bärin, die ich liebe.

Le Prince Grec au Loup va propofer l'affaire :
Il lui dit, au hafard d'un femblable refus :
  Camarade, je fuis confus,
  Qu'une jeune et belle Bergère
 Conte aux Echos les appétits gloutons
  Qui t'ont fait manger fes moutons.
Autrefois on t'eût vû fauver fa bergerie :
  Tu menais une honnête vie,
  Quitte ces bois ; et redevien,
  Au lieu de Loup, Homme de bien.
En eft-il, dit le Loup ? Pour moi, je n'en vois
         guère.
Tu t'en viens me traiter de bête carnacière :
Toi qui parles, qu'es-tu ? N'auriès-vous pas
         fans moi
Mangé ces animaux que plaint tout le Village ?
  Si j'étais homme, par ta foi,
  Aimerais-je moins le carnage ?
Pour un mot, quelquefois, vous vous étranglés
         tous :
Ne vous êtes-vous pas l'un à l'autre des Loups ?
Tout bien confidéré, je te foutiens en fomme :
  Que fcélérat pour fcélérat,
  Il vaut mieux être un Loup qu'un homme,
  Je ne veux point changer d'état.
Ulyffe fit à tous une même femonce,
  Chacun d'eux fit même réponfe,
  Autant le grand que le petit.
La liberté, les bois, fuivre leur appétit,

C'était leurs délices suprêmes:
Tous renonçaient au lôs *) des belles actions.
Ils croyaient s'affranchir, fuivant leurs paſſions,
 Ils étaient efclaves d'eux-mêmes.

Prince, j'aurais voulu vous choifir un Sujet
Où je puſſe mêler le plaifant à l'utile:
 C'était fans doute un beau projet,
 Si ce choix eût été facile.
Les Compagnons d'Ulyſſe enfin fe font offerts:
Ils ont force pareils en ce bas Univers,
 Gens à qui j'impofe pour peine
 Votre cenfure et votre haîne.

2.
Le vieux Chat et la jeune Souris.

Une jeune Souris, de peu d'expérience,
Crut fléchir un vieux Chat implorant fa clémence,
Et payant de raifons le Rominagrobis.
 Laiſſés-moi vivre: une Souris
 De ma taille et de ma dépenfe
 Eſt-elle à charge en ce logis?
 Affamerais-je, à votre avis,
 L'hôte, l'hôteſſe, et tout leur monde?

*) Dem Lobe.

D'un grain de bled je me nourris;
Une noix me rend toute ronde.
A préfent je fuis maigre: attendés quelque tems.
Réfervés ce repas à Meffieurs vos enfans.
Ainfi parlait au Chat la Souris attrapée.
L'autre lui dit: Tu t'es trompée.
Eft-ce à moi que l'on tient de femblables dis-
cours?
Tu gagnerais autant de parler à des fourds.
Chat et vieux pardonner? Cela n'arrive guères.
Selon ces loix, defcends là-bas,
Meurs, et va-t'en tout de ce pas
Haranguer les fœurs Filandières.
Mes enfans trouveront affés d'autres repas.
Il tint parole. Et pour ma Fable
Voici le fens moral qui peut y convenir.
La jeuneffe fe flatte, et croit tout obtenir:
La vieilleffe eft impitoyable.

3.
La Forêt et le Bucheron.

Un Bucheron venait de rompre ou d'égarer
Le bois dont il avait emmanché fa coignée.
Cette perte ne peut fi-tôt fe réparer
Que la Forêt n'en fût quelque tems épargnée.

L'homme enfin la prie humblement
De lui laisser tout doucement
Emporter une unique branche
Afin de faire un autre manche.
Il irait employer ailleurs son gagne-pain :
Il laisserait debout maint Chêne et maint Sapin
Dont chacun respectait la vieillesse et les
charmes.
L'innocente Forêt lui fournit d'autres armes.
Elle en eut du regret. Il emmanche son fer.
Le misérable ne s'en sert
Qu'à dépouiller sa bienfaitrice
De ses principaux ornemens.
Elle gémit à tous momens.
Son propre don fait son supplice.
Voilà le train du monde, et de ses Sectateurs :
On s'y sert du bienfait contre les bienfaiteurs.
Je suis las d'en parler : mais que de doux om-
brages
Soient exposés à ces outrages,
Qui ne se plaindrait là-dessus !
Hélas ! J'ai beau crier, et me rendre incommode ;
L'ingratitude et les abus
N'en seront pas moins à la mode.

4.
Le Renard, le Loup, et le Cheval.

Un Renard jeune encor, quoique des plus
madrés,
Vit le premier Cheval qu'il eût vû de sa vie.
Il dit à certain Loup, franc novice: Accourés,
 Un animal paît dans nos prés,
Beau, grand, j'en ai la vûe encor toute ravie.
Est-il plus fort que nous? dit le Loup en riant:
 Fais-moi son portrait, je te prie.
Si j'étais quelque Peintre, ou quelque Etudiant,
Repartit le Renard, j'avancerais la joie
 Que vous aurés en le voyant.
Mais venés: Que fait-on? Peut-être est-ce
une proie
 Que la fortune nous envoie.
Ils vont; et le Cheval qu'à l'herbe on avait mis,
Assés peu curieux de semblables amis,
Fut presque sur le point d'enfiler la venelle.
Seigneur, dit le Renard, vos humbles serviteurs
Apprendraient volontiers comment on vous ap-
pelle.
Le Cheval qui n'était dépourvû de cervelle,
Leur dit: Lisés mon nom, vous le pouvés,
Messieurs:
Mon Cordonnier l'a mis autour de ma semelle.

Le Renard s'excuſa ſur ſon peu de ſavoir.
Mes parens, reprit-il, ne m'ont point fait in-
ſtruire.
Ils ſont pauvres, et n'ont qu'un trou pour tout
avoir *).
Ceux du Loup, gros Meſſieurs, l'ont fait ap-
prendre à lire.
 Le Loup, par ce diſcours flatté,
 S'approcha, mais ſa vanité
Lui coûta quatre dents. Le Cheval lui deſſerre
Un coup; et haut le pied **). Voilà mon Loup
par terre,
 Mal en point ***), ſanglant et gâté.
Frère, dit le Renard, ceci nous juſtifie
 Ce que m'ont dit des gens d'eſprit;
Cet animal vous a ſur la machoire écrit
Que de tout inconnu le Sage ſe méfie.

———

*) Haben nichts in ihrem ganzen Vermögen als ein
 Loch, d. i. eine ſehr kleine Wohnung.
**) Und macht ſich aus dem Staube.
***) In einem kläglichen Zuſtande.

5.
L'Eléphant et le Singe de Jupiter.

Autrefois l'Eléphant et le Rhinocéros,
En dispute du pas et des droits de l'Empire,
Voulurent terminer la querelle en champ clos.
Le jour en était pris, quand quelqu'un vint leur dire
    Que le Singe de Jupiter,
Portant un caducée, avait paru dans l'air.
Le Singe avait nom Gille, à ce que dit l'histoire.
    Aussi-tôt l'Eléphant de croire
    Qu'en qualité d'Ambassadeur
    Il venait trouver sa Grandeur.
    Tout fier de ce sujet de gloire.
Il attend maître Gille, et le trouve un peu lent
    A lui présenter sa créance.
    Maître Gille enfin, en passant,
    Va saluer son excellence.
L'autre était préparé sur la légation;
    Mais pas un mot: l'attention
Qu'il croyait que les Dieux eussent à sa querelle,
N'agitait pas encor chés eux cette nouvelle,
    Qu'importe à ceux du Firmament
    Qu'on soit Mouche ou bien Eléphant?

Il se vit donc réduit à commencer lui-même.
Mon cousin Jupiter, dit-il, verra dans peu
Un assés beau combat de son trône suprême:
   Toute sa cour verra beau jeu.
Quel combat? dit le Singe, avec un front sévère.
L'Eléphant repartit: quoi, vous ne savés pas
Que le Rhinocéros me dispute le pas?
Qu'Eléphantide a guerre avecque Rhinocére? *)
Vous connaissés ces lieux, ils ont quelque renom.
Vraiment je suis ravi d'en apprendre le nom,
Repartit maître Gille: on ne s'entretient guère
De semblables sujets dans nos vastes lambris.
   L'Eléphant honteux et surpris,
Lui dit, et parmi nous que venés-vous donc
                  faire?
Partager un brin d'herbe entre quelques fourmis.
Nous avons soin de tout: et quant à votre affaire,
On n'en dit rien encor dans le Conseil des Dieux.
Les Petits et les Grands sont égaux à leurs yeux.

---

*) Elefantenland und Nasehornsland, d. i. der Staat der Elefanten und der N.

6.

Un Fou et un Sage.

Certain Fou poursuivait à coups de pierre un Sage.
Le Sage se retourne, et lui dit : mon ami,
C'est fort bien fait à toi, reçois cet écu-ci :
Tu fatigues assés pour gagner davantage.
Toute peine, dit-on, est digne de loyer.
Vois cet homme qui passe, il a de quoi payer :
Adresse-lui tes dons, ils auront leur salaire.
Amorcé par le gain, notre Fou s'en va faire
    Même insulte à l'autre Bourgeois.
On ne le paya pas en argent cette fois.
Maint estafier accourt ; on vous happe notre homme,
    On vous l'échine, on vous l'assomme.

Auprès des Rois il est de pareils Fous.
A vos dépens ils font rire le Maître.
Pour reprimer leur babil, irés-vous
Les maltraiter ? Vous n'êtes pas peut-être
Assés puissant. Il faut les engager
A s'adresser à qui peut se venger.

7.

Le Soleil et les Grenouilles.

Imitation d'une Fable Latine. *)

Les filles du Limon tiraient du Roi des astres
   Assistance et protection.
Guerre ni pauvreté, ni semblables désastres
Ne pouvaient approcher de cette Nation.
Elle faisait valoir en cent lieux son Empire.
Les Reines des Etangs, Grenouilles, veux-je
                                        dire,
   (Car que coûte-t-il d'appeler
   Les choses par noms honorables?)
Contre leur Bienfaiteur osèrent cabaler,
   Et devinrent insupportables.
L'imprudence, l'orgueil, et l'oubli des bienfaits,
   Enfans de la bonne fortune,
Firent bien-tôt crier cette troupe importune;
   On ne pouvait dormir en paix.

---

*) Allem Ansehen nach hat diese Fabel Beziehung auf das damalige politische Verhältniss zwischen Frankreich und den Niederlanden. Sie passt aber auch vortreflich auf den gegenwärtigen Zustand der niederländischen Angelegenheiten. --- Uebrigens findet sich diese Fabel nicht in der Ausgabe von Coste.

>   Si l'on eût cru leur murmure,
>   Elles auraient, par leurs cris,
>   Soulevé grands et petits
>   Contre l'œil de la Nature.
> Le Soleil, à leur dire, allait tout consumer,
>   Il fallait promptement s'armer
>   Et lever des troupes puissantes.
>   Aussi-tôt qu'il faisait un pas,
>   Ambassades croassantes
>   Allaient dans tous les Etats.
>   A les ouir, tout le monde,
>   Toute la machine ronde,
>   Roulait sur les intérêts
>   De quatre méchans marais.
>   Cette plainte téméraire
>   Dure toujours, et pourtant
>   Grenouilles doivent se taire,
>   Et ne murmurer pas tant;
>   Car si le Soleil se pique,
>   Il le leur fera sentir:
>   La République Aquatique
>   Pourrait bien s'en repentir.

OEUVRES

DE

BOILEAU DESPRÉAUX.

OEUVRES
DE
BOILEAU DESPRÉAUX.

Difcours au Roi.

Jeune et vaillant Heros, dont la haute fageffe
N'eft point le fruit tardif d'une lente vieilleffe,
Et qui feul, fans Miniftre *), à l'exemple des
Dieux,
Soutiens tout par Toi-même, et vois tout par
Tes yeux,
Grand Roi, fi jufqu'ici **) par un trait de
prudence,   5

*) Nach dem Tode des Cardinal Mazarin, der 1661 ftarb, wollte Ludwig XIV, ob er gleich damals erft 22 Jahr alt war, keinen erften Minifter wieder haben, fondern felbft regiren.

**) B. fchrieb diefen Difcours 1665, nachdem er fchon fünf Satiren gemacht hatte, und alfo fchon als Schriftfteller bekannt war. Ludwig war es gewohnt von den Autoren feiner Zeit, befonders von denen, die Auffehen machten, gelobprießen zu werden; darum mufste fich B. entfchuldigen, dafs er ihn nicht früher befungen hätte.

J'ai demeuré pour Toi dans un humble silence,
Ce n'est pas que mon cœur vainement suspendu
Balance pour T'offrir un encens qui T'est dû.
Mais je sai peu louer, et ma Muse tremblante
Fuit d'un si grand fardeau la charge trop pe-
    sante,   10
Et dans ce haut éclat où Tu Te viens offrir,
Touchant à Tes lauriers, craindrait de les flêtrir.

  Ainsi, sans m'aveugler d'une vaine manie,
Je mesure mon vol à mon faible génie:
Plus sage en mon respect, que ces hardis mor-
                                       tels   15
Qui d'un indigne encens profanent Tes autels;
Qui dans ce champ d'honneur, où le gain les
                                       amene,
Osent chanter Ton nom sans force et sans haleine;
Et qui vont tous les jours, d'une importune voix,
T'ennuyer du récit des Tes propres exploits. 20

  L'un en stile pompeaux habillant une
                                       Eglogue,
De ses rares vertus Te fait un long prologue,
Et mêle, en se vantant soi-même à tout propos,
Les louanges d'un fat à celles d'un héros*).

---

*) Charpentier hatte 1663 ein Gespräch in sehr
hochtrabenden Versen, betitelt: Ludwig, ein
königliches Schäfergedicht, drucken lassen, worin er auf eine lächerliche Art sein eignes
Lob unter das Lob des Königs mischt.

L'autre envain se lassant à polir une rime, 25
Et reprenant vingt fois le rabot et la lime,
Grand et nouvel effort d'un esprit sans pareil!
Dans la fin d'un sonnet Te compare au Soleil. *)

 Sur le haut Hélicon leur veine méprisée,
Fut toûjours des neuf Sœurs la fable et la risée. 30
Calliope jamais ne daigna leur parler,
Et Pégase pour eux refuse de voler.
Cependant à les voir enflés de tant d'audace,
Te promettre en leur nom les faveurs du Parnasse,
On dirait, qu'ils ont seuls l'oreille d'Apollon, 35
Qu'ils disposent de tout dans le sacré Vallon **)
C'est à leurs doctes mains, si l'on veut les en croire,
Que Phébus a commis tout le soin de Ta gloire;
Et Ton nom, du Midi jusqu'à l'Ourse vanté,
Ne devra qu'à leurs vers son immortalité. 40

 *) Dis hatte Chapelain gethan in einem Sonnet, worin er am Ende den König mit der Sonne vergleicht. Die Vergleichung ist an sich nicht unrecht, aber die Art, wie der geschmacklose Chapelain sie machte, war es; und darüber macht B. sich hier lustig. Chapelain ward übrigens vom Könige besoldet, um zur Verfertigung seiner Epopöe, das Mädchen von Orleans, die ihm sehr schlecht gelang, die nöthige Muße zu haben.

 **) Daß sie das Regiment unter den Dichtern, überhaupt unter den schönen Geistern führen.

Mais plûtôt fans ce nom, dont la vive lumière
Donne un luftre éclatant à leur veine grossière,
Ils verraient leurs Ecrits, honte de l'Univers,
Pourrir dans la poussière à la merci des vers.
A l'ombre de Ton nom ils trouvent leur afyle ; 45
Comme on voit dans les champs un arbrisseau débile
Qui, fans l'heureux appui qui le tient attaché,
Languirait triftement sur la terre couché.

Ce n'est pas que ma plume, injufte et téméraire,
Veuille blâmer en eux le deffein de Te plaire : 50
Et parmi tant d'auteurs, je veux bien l'avouer,
Apollon en connait qui Te peuvent louer.
Oui, je fai qu'entre ceux qui t'adreffent leurs veilles,
Parmi les Pelletiers *) on compte des Corneilles.

---

*) Pelletier war ein elender Reimer in Paris, deffen vornehmfte Beschäfftigung darin beftand, dafs er Lobgedichte auf Leute aus allen Ständen machte. Wo er wufste, dafs man ein Buch druckte, da unterliefs er nicht dem Verfaffer ein Sonnet zu bringen, um ein Exemplar von dem Buche zu haben. Er verdiente fein Brodt damit, dafs er in der Stadt umher ging und Ausländer die französische Sprache lehrte.

Pierre Corneille, berühmt durch feine Trauerfpiele, ift auch bekannt durch schöne Gedichte, die er zum Lobe des Königs verfertigte.

Mais je ne puis souffrir, qu'un esprit de tra-
vers, 55
Qui pour rimer des mots pense faire des vers,
Se donne en Te louant une gêne inutile.
Pour chanter un *Auguste*, il faut être un *Virgile*.
Et j'approuve les soins du Monarque guerrier, *)
Qui ne pouvait souffrir qu'un artisan grossier 60
Entreprît de tracer, d'une main criminelle,
Un portrait réservé pour le pinceau d'Apelle.

Moi donc, qui connois peu Phébus et ses
douceurs,
Qui suis nouveau sevré sur le mont des neuf
Sœurs,
Attendant que pour Toi l'âge ait mûri ma
Muse, 65
Sur de moindres sujets je l'exerce et l'amuse:
Et tandis que Ton bras, des peuples redouté,
Va, la foudre à la main, rétablir l'équité,
Et retient les méchans par la peur des supplices.
Moi, la plume à la main, je gourmande les
vices; 70
Et gardant pour moi-même une juste rigueur,
Je confie au papier les secrets de mon cœur.

---

*) Alexanders. Dieser wollte nur vom Apelles
sich malen, nur vom Lysippus sich giessen und
nur vom Pyrgoteles sich stechen, also nur von
den berühmtesten Meistern damaliger Zeit sich dar-
stellen lassen.

Ainsi, dès qu'une fois ma verve se réveille,
Comme on voit au printems la diligente abeille,
Qui du butin des fleurs va composer son miel, 75
Des sottises du tems je compose mon fiel.
Je vais de toutes parts où me guide ma veine,
Sans tenir en marchant une route certaine,
Et, sans gêner ma plume en ce libre métier,
Je la laisse au hazard courir sur le papier. 80

Le mal est, qu'en rimant, ma Muse un peu légère
Nomme tout par son nom, et ne saurait rien taire,
C'est là ce qui fait peur aux Esprits de ce tems,
Qui, tout blancs au déhors, sont tout noirs au dedans.
Ils tremblent qu'un censeur, que sa verve encourage, 85
Ne vienne en ses écrits démasquer leur visage.
Et fouillant dans leurs mœurs en toute liberté,
N'aille du fond du puits tirer la Verité. *)
Tous ces gens éperdus au seul nom de Satire,
Font d'abord le procès à quiconque ose rire. 90

---

*) Das Verborgene ans Licht bringe, d. i. ihre Schande aufdecke. Sonst bedient man sich der Vorstellung, daſs die Wahrheit tief in einem Brunnen vergraben liege, um anzudeuten, daſs es mühsam sei sie zu suchen, und daſs nur wenige Menschen sie finden, und sich vom Irrthume frei zu machen Muth und Kraft haben.

Ce font eux que l'on voit, d'un difcours infenfé,
Publier dans Paris que tout eft renverfé,
Au moindre bruit qui court, qu'un auteur les menace
De jouer des bigots la trompeufe grimace.
Pour eux un tel ouvrage eft un monftre odieux; 95
C'eft offenfer les loix, c'eft s'attaquer aux cieux.
Mais bienque d'un faux zèle ils mafquent leur faibleffe,
Chacun voit qu'en effet la vérité les bleffe.
En vain d'un lâche orgueil leur efprit revêtu
Se couvre du manteau d'une auftère vertu: 100
Leur cœur qui fe connait, et qui fuit la lumière,
S'il fe moque de Dieu, craint Tartuffe et Molière *).

Mais pourquoi fur ce point fans raifon m'écarter?
Grand Roi, c'eft mon défaut, je ne faurais flatter,
Je ne fai point au ciel placer un ridicule, 105
D'un nain faire un Atlas, ou d'un lâche un Hercule,
Et fans ceffe en efclave à la fuite des Grands,
A des Dieux fans vertu prodiguer mon encens.

---

*) Moliere fchrieb feinen Tartüffe oder fcheinheiligen Betrüger, 1664. Das Gefchrei der Andächtler nöthigte den König, die Vorftellung diefes Schaufpiels zu unterfagen; und dis Verbot ward erft 1669 aufgehoben.

On ne me verra point d'une veine forcée,
Même pour Te louer, déguiſer ma penſée: 110
Et quelque grand que ſoit Ton pouvoir ſouverain,
Si mon cœur en ces vers ne parlait par ma main,
Il n'eſt eſpoir des biens, ni raiſon, ni maxime,
Qui pût en Ta faveur m'arracher une rime.

 Mais lorsque je Te vois, d'une ſi noble ardeur, 115
T'appliquer ſans rélâche aux ſoins de Ta grandeur,
Faire honte à ces rois que le travail étonne,
Et qui ſont accablés du faix de leur couronne;
Quand je vois Ta ſageſſe, en ſes juſtes projets,
D'une hûreuſe abondance enrichir Tes ſujets; 120
Fouler aux pieds l'orgueil et du Tage et du Tibre; *)
Nous faire de la mer une campagne libre; **)
Et Tes braves Guerriers ſecondant Ton grand cœur,

---

*) Spaniens und Italiens Stolz zu demüthigen. In den Jahren 1661 und 1662 verſchaffte ſich der König Genugthuung für Beleidigungen, die Zweien ſeiner Geſandten zugefügt worden waren, dem zu London von dem Spaniſchen Geſandten, und dem zu Rom von einigen Korſikanern aus der Leibwache des Pabſtes.

**) Die Franzoſen ſiegten 1665 an den Küſten von Africa über die Seeräuber von Tunis und Algier. Dadurch ward für Frankreich das Meer vor dieſen Räubern geſichert.

Rendre à l'Aigle éperdu sa première vigueur: *)
La France sous Tes loix maîtriser la Fortune; 125
Et nos vaisseaux domtant l'un et l'autre Neptune,
Nous aller chercher l'or, malgré l'onde et le vent,
Aux lieux où le soleil le forme en se levant: **)
Alors, sans consulter si Phébus l'en avoue,
Ma Muse toute en feu me prévient et Te loue. 130
Mais bien-tôt la raison arrivant au secours,
Vient d'un si beau projet interrompre le cours,
Et me fait concevoir, quelque ardeur qui m'emporte,
Que je n'ai ni le ton, ni la voix assés forte.
Aussi-tôt je m'effraye, et mon esprit troublé 135
Laisse là le fardeau dont il est accablé;
Et sans passer plus loin, finissant mon ouvrage
Comme un pilote en mer, qu'épouvante l'orage,
Dès que le bord paraît, sans songer où je suis,
Je me sauve à la nage, et j'aborde où je puis. ***) 140

---

*) Ludwig schickte dem Kaiser Hülfstruppen wider die Türken.

**) 1669 errichtete der König die Ostindische Handlungsgesellschaft, gab ihr grosse Freiheiten, schoß ihr beträchtliche Summen vor und lieh ihr Schiffe zur ersten Ausrüstung.

***) D. i. ich schliesse, wenn sich gleich die Gedanken noch nicht recht zum Schlusse ründen wollen.

Satire I.

A M. DE MOLIERE.

Rare et fameux Esprit, dont la fertile veine
Ignore en écrivant le travail et la peine;
Pour qui tient Apollon tous ses trésors ouverts,
Et qui sait à quel coin se marquent les bons vers;
Dans les combats d'esprit savant maître d'escrime, 5
Enseigne moi, *Molière*, où tu trouves la rime.
On dirait, quand tu veux, qu'elle te vient chercher.
Jamais au bout du vers on ne te voit broncher,
Et sans qu'un long détour t'arrête ou t'embarrasse,
A peine as-tu parlé, qu'elle-même s'y place. 10
Mais moi qu'un vain caprice, une bizarre humeur,
Pour mes péchés, je crois, fit devenir rimeur,
Dans ce rude métier, où mon esprit se tue,
En vain, pour la trouver, je travaille et je sue.
Souvent j'ai beau rêver du matin jusqu'au soir: 15
Quand je veux dire *blanc*, la quinteuse dit *noir*.
Si je veux d'un galant dépeindre la figure,
Ma plume pour rimer trouve l'abbé *de Pure*. *)

___
*) Dieser Abbé wollte immer sauber und galant scheinen und war keins von beiden. Er hatte B. beleidigt durch boshafte Verse, worin er ihm gewisse ehren-

Si je pense exprimer un auteur sans défaut,
La raison dit *Virgile*, et la rime *Quinaut*. *) 20
Enfin quoi que je fasse ou que je veuille faire,
La bizarre toujours vient m'offrir le contraire.
De rage quelquefois ne pouvant la trouver,
Triste, las et confus, je cesse d'y rêver;
Et maudissant vingt fois le démon qui m'inspire, 25
Je fais mille sermens de ne jamais écrire.
Mais quand j'ai bien maudit et Muses et Phébus,
Je la vois qui paroit quand je n'y pense plus.
Aussi-tôt, malgré moi, tout mon feu se rallume.
Je reprends sur le champ le papier et la plume; 30

ehrenrührige Schriften, die damals erschienen, zuschrieb. Dafür rächte sich B. an ihm durch diesen satirischen Zug, strich den Namen des Abbé Menage weg, den er anfänglich hier genannt hatte, und setzte statt dessen de Pure.

*) Quinaut schrieb zwei Bände voll Trauerspiele, die itzt ganz vergessen sind. Nachher verfertigte er Opern, die ihm besser gelangen, obgleich Boileau anfänglich auch nicht günstig davon urtheilte. Doch fand er nachher, daß er Q. zuviel gethan hätte. „Boileau, sagt Voltaire in seinen Briefen über die Engländer, war oft ungerecht im Lobe wie im Tadel. Er lobte Segrais, den niemand liest; er höhnte Quinault, den jedermann auswendig weiß, und er sagt nichts von la Fontaine."

Et de mes vains sermens perdant le souvenir,
J'attends de vers en vers qu'elle daigne venir.
Encor si pour rimer, dans sa verve indiscrete.
Ma Muse au moins souffrait une froide épithète,
Je ferais comme un autre et sans chercher si loin, 35
J'aurais toujours des mots pour les coudre au besoin.
Si je louais Philis, *En miracles féconde*,
Je trouverais bientôt, *A nulle autre seconde.*
Si je voulais vanter un objet *Nompareil*,
Je mettrais à l'instant, *Plus beau que le soleil.* 40
Enfin parlant toujours *d'Astres et de Merveilles*,
De Chefs-d'œuvres des Cieux, *de Beautés sans pareilles.* *)
Avec tous ces beaux mots souvent mis au hazard,
Je pourrais aisément sans génie et sans art,
Et transposant cent fois et le nom et le verbe, 45
Dans mes vers recousus mettre en piéces *Malherbe.* **)

---

*) Mit dergleichen frostigen und abgeschmackten Ausdrücken und Wendungen pflegen Versemacher, die arm an Geist sind und das erste beste, was ihnen der Reim zuführt, willig aufnehmen, ihre Verse auszufüllen. B. zielt hier besonders auf den Menage, der, nach seinem eigenen Geständniss, wider Willen der Musen Verse machte, und an solchen Blümchen reich war.

*) In meinen zusammengeflickten Versen Malherbe zerstückeln, d. i. meine Verse aus Redensarten, die M. gebraucht hat, zusammensetzen. — Mit M. begann

Mais mon esprit tremblant sur le choix de ses
　　　　　　　　　　mots,
N'en dira jamais un s'il ne tombe à propos,
Et ne saurait souffrir qu'une phrase insipide
Vienne à la fin d'un vers remplir la place
　　　　　　　　　　vuide.　　　　　50
Ainsi recommençant un ouvrage vingt fois,
Si j'écris quatre mots, j'en effacerai trois.

　　Maudit soit le premier, dont la verve in-
　　　　　　　　　　sensée
Dans les bornes d'un vers renferma la pensée,
Et donnant à ses mots une étroite prison,　55
Voulut avec la rime enchainer la raison.
Sans ce métier, fatal au repos de ma vie,
Mes jours pleins de loisir couleraient sans envie;
Je n'aurais qu'à chanter, rire, boire d'autant;
Et comme un gras chanoine, à mon aise et
　　　　　　　　　　content,　　　60
Passer tranquillement sans souci, sans affaire,
La nuit à bien dormir et le jour à rien faire.*)

begann das goldene Zeitalter der französischen Poesie.
Besonders werden seine Oden geschätzt.

*) Muſs man sagen, wie B. hier: à rien faire, oder
wie la Fontaine: à ne rien faire? B. legte diese
Frage der Academie vor. Sie antwortete einstimmig,
daſs er Recht habe, weil, wenn man das ne weg-
lieſse, Rien faire eine Art von Beschäftigung
anzeigte. Nach diesem Ausspruch der A. könnte
man à rien faire übersetzen: mit Nichts thun
　　　　　　　　　　　　　　　d. i.

Mon cœur exempt de soins, libre de passion,
Sait donner une borne à son ambition;
Et fuyant des grandeurs la présence importune, 63
Je ne vais point au Louvre adorer la Fortune.
Et je serais hûreux, si, pour me consumer,
Un destin envieux ne m'avait fait rimer.

    Mais depuis le moment que cette frénésie
De ses noires vapeurs troubla ma fantaisie, 70
Et qu'un Démon, jaloux de mon contentement,
M'inspira le dessein d'écrire poliment,
Tous les jours malgré moi cloué sur un ouvrage,
Retouchant un endroit, effaçant une page,
Enfin passant ma vie en ce triste métier, 75
J'envie en écrivant le sort de Pelletier **).

---

    d. i. in Beschäftigung mit nichtswürdigen Dingen; hingegen à ne rien faire: mit Müſſiggehen. La Fontaine bediente sich des letztern Ausdrucks in folgender Grabschrift, die er sich selbst setzte:

> Jean s'en alla comme il était venu,
> Mangeant le fonds avec le revenu;
> Croyant le bien chose peu nécessaire.
> Quant à son tems, bien sut le dispenser:
> Deux parts en fit, dont il souloit *) passer,
> L'une à dormir et l'autre à ne rien faire.

    *) Pflegte.

**) Pelletier hielt dies für Lob, und in dieser Meinung ließ er selbst in einer Sammlung von Gedichten diese Satire ohne B. Vorwissen und Erlaubniß mit abdrucken.

Bienhûreux *Scuderi!* dont la fertile plume*)
Peut tous les mois fans peine enfanter un volume;
Tes écrits, il eft vrai, fans art et languiffans,
Semblent être formés en dépit du bon fens; 80
Mais ils trouvent pourtant, quoi qu'on en
         puiffe dire,
Un Marchand pour les vendre et des fots pour
         les lire.
Et quand la rime enfin fe trouve au bout des vers,
Qu'importe que le refte y foit mis de travers?
Malhûreux mille fois celui dont la manie   85
Veut aux regles de l'art affervir fon génie!
Un fot en écrivant fait tout avec plaifir;
Il n'a point en fes vers l'embarras de choifir,
Et toujours amoureux de ce qu'il vient d'écrire,
Ravi d'étonnement en foi-même il s'admire. 90
Mais un efprit fublime en vain veut s'élever
A ce dégré parfait qu'il tâche de trouver;
Et toûjours mécontent de ce qu'il vient de faire,
Il plaît à tout le monde et ne faurait fe plaire.**)

*) George de Scudery hat verfchiedene Romane gefchrieben, als: l'Illuftre Baffa, la traduction du Caloandre fidele &c. auffer dem Gedichte Alaric und einer grofsen Anzahl Theaterftücke. Seine Schwefter Magdeleine de Scudery war auch Schriftftellerinn. Von ihr find die beiden Romane Cyrus und Clelie, ob fie gleich unter ihres Bruders Namen herausgegeben wurden.

**) Bei diefer Stelle drückte Molière unferm Verfaffer die Hand und fagte: Dis ift die fchönfte Wahrheit,
             die

Et tel dont en tous lieux chacun vante l'esprit,
Voudrait pour son repos n'avoir jamais écrit. 95

Toi donc qui vois les maux où ma Muse s'abime,
De grace, enseigne-moi l'art de trouver la rime;
Ou, puisqu' enfin tes soins y seraient superflus,
Molière, enseigne-moi l'art de ne rimer plus. 100

Satire II.

A M. L'Abbé le Vayer. *)

D'où vient, cher LE VAYER, que l'homme le moins sage
Croit toûjours seul avoir la sagesse en partage,
Et qu'il n'est point de fou qui par belles raisons
Ne logé son voisin aux petites-maisons? **)

---

die Sie je gesagt haben. Ich gehöre nicht zu den erhabenen Geistern, wovon Sie reden; aber so wie ich bin, habe ich in meinem Leben nichts gemacht, womit ich wirklich zufrieden gewesen wäre.

*) Dieser Abbé war ein vertrauter Freund von Molière und unserm Verfasser. Als Gelehrter ist er in Frankreich bekannt durch eine Uebersetzung des lateinischen Geschichtschreibers F l o r u s, die er mit einem gelehrten und schätzbaren Commentar begleitete.

**) Ein Spital in Paris, wo man die Wahnsinnigen in kleinen Kammern einsperrt.

SATIRE II.

 Un pédant enivré de sa vaine science, *)   5
Tout hérissé de grec, tout bouffi d'arrogance,
Et qui de mille auteurs retenus mot pour mot,
Dans sa tête entassés, n'a souvent fait qu'un sot,
Croit qu'un livre fait tout, et que sans Aristote
La raison ne voit goute et le bon sens radote.   10

 D'autre part un galant de qui toút le métier
Est de courir le jour de quartier en quartier,
Et d'aller à l'abri d'une perruque blonde
De ses froides douceurs fatiguer tout le monde,
Condamne la science, et blâmant tout écrit,   15
Croit qu'en lui l'ignorance est un titre d'esprit,
Que c'est des gens de cour le plus beau privilege;
Et renvoie un savant dans le fond d'un college.

 Un bigot orgueilleux, qui dans sa vanité
Croit duper jusqu'à Dieu par son zèle affecté,   20
Couvrant tous ses défauts d'une sainte apparence,
Damne tous les humains de sa pleine puissance.

 Un libertin d'ailleurs, qui sans ame et sans foi,
Se fait de son plaisir, une suprème loi,
Tient que ces vieux propos de démons et de flammes   25
Sont bons pour étonner des enfans et des femmes;

---

*) Die hier folgenden Schilderungen eines Pedanten, Stutzers, Andächtlers und Wüstlings haben, nach der Versicherung der Ausleger, keine Beziehung auf gewisse Personen.

Que c'est s'embarrasser de soucis superflus,
Et qu'enfin tout dévot a le cerveau perclus.

En un mot qui voudrait épuiser ces ma-
tières,
Peignant de tant d'esprits les diverses ma-
nières, 30
Il compterait plûtôt combien dans un printems
Guénaud *) et l'antimoine ont fait mourir de gens.

Mais sans errer en vain dans ces vagues propos,
Et pour rimer ici ma pensée en deux mots;
N'en déplaise à ces fous nommés Sages de
Grèce, 35
En ce monde il n'est point de parfaite sagesse.
Tous les hommes sont fous, et malgré tous
leurs soins
Ne different entre eux que du plus et du moins.
Comme on voit dans un bois que cent routes
séparent,
Les voyageurs sans guide assés souvent s'éga-
rent, 40
L'un à droit, l'autre à gauche, et courant vai-
nement,

---

*) Als B. diese Satire schrieb, war unter den Aerzten der Streit über das Antimonium oder Spiesglas in vollem Schwange. Guénaud, Leibarzt der Königin, war an der Spitze derer, die den Gebrauch desselben billigten; und der berühmte Gui Patin war einer der größten Widersacher dieses Halbmetals. — So lange Guénaud lebte, stand Desnaud, der Name eines Apothekers, statt des seinigen hier.

La même erreur les fait errer diverſement :
Chacun ſuit dans le monde une route incertaine,
Selon que ſon erreur le joue et le promene ;
Et tel y fait l'habile et nous traite de fous, 45
Qui ſous le nom de ſage eſt le plus fou de tous.
Mais quoi que ſur ce point la ſatire publie,
Chacun veut en ſageſſe ériger ſa folie,
Et ſe laiſſant régler à ſon eſprit tortu,
De ſes propres défauts ſe fait une vertu. 50
Ainſi, cela ſoit dit pour qui veut ſe connaître,
Le plus ſage eſt celui qui ne penſe point l'être ;
Qui toûjours pour un autre enclin vers la dou-
  ceur,
Se regarde ſoi-même en ſevère cenſeur,
Rend à tous ſes défauts une exacte juſtice, 55
Et fait ſans ſe flatter le procès à ſon vice.
Mais chacun pour ſoi-même eſt toûjours in-
  dulgent.

Un avare idolatre et fou de ſon argent,
Rencontrant la diſette au ſein de l'abondance,
Appelle ſa folie une rare prudence, 60
Et met toute ſa gloire et ſon ſouverain bien
A groſſir un tréſor qui ne lui ſert de rien.
Plus il le voit accrû, moins il en fait uſage.
Sans mentir, l'avarice eſt une étrange rage,
Dira cet autre fou non moins privé de ſens, 65
Qui jette, furieux, ſon bien à tous venans,

Et dont l'ame inquiete, à foi-même importune,
Se fait un embarras de fa bonne fortune.
Qui des deux en effet eft le plus aveuglé?

L'un et l'autre à mon fens ont le cerveau
troublé, 70
Repondra chés Fredoc *) ce marquis fage et
prude,
Et qui fans ceffe au jeu, dont il fait fon étude,
Attendant fon deftin d'un quatorze et d'un fept,
Voit fa vie ou fa mort fortir de fon cornet.
Que fi d'un fort fâcheux la maligne incon-
ftance 75
Vient par un coup fatal faire tourner la chance,
Vous le verrés bientôt, les cheveux hériffés,
Et les yeux vers le ciel de fureur élancés,
Ainfi qu'un poffédé que le prêtre exorcife,
Fêter dans fes fermens tous les faints de l'é-
glife. 80
Qu'on le lie, ou je crains à fon air furieux,
Que ce nouveau Titan n'efcalade les cieux.

Mais laiffons le plûtôt en proie à fon caprice.
Sa folie auffi-bien lui tient lieu de fupplice.
Il eft d'autres erreurs, dont l'aimable poifon 85
D'un charme bien plus doux enivre la raifon.
L'efprit dans ce nectar hûreufement s'oublie.

---

*) Frédoc hielt damals was man in Frankreich eine
Spiel-Academie nennt, oder auf deutfch ein Spiel-
haus.

SATIRE II.

Chapelain veut rimer, et c'est-là sa folie.
Mais bienque ses durs vers *) d'épithètes enflés,
Soient des moindres grimauds chés Menage
     sifflés, **) 90

*) Ein Ausleger sagt bei dieser Stelle, daſs B. in diesem halben Verse: Mais bienque ses durs Vers, der sehr rauh seyn soll, mit der Lehre zugleich ein Beispiel von den harten Versen des Chapelain habe geben wollen. Das Rauhe liegt denn ohne Zweifel darin, daſs die beiden Wörter durs und vers unmittelbar auf einander folgen. Auch ein deutsches Ohr fühlt hier das Widrige. — Diese harten Verse waren für B. eine unerschöpfliche Quelle von Späſsen. Unter andern machte er folgende Verse zur Nachahmung von Chapelain:

 Droits et roides rochers, dont peu tendre est la
      cime,
De mon flamboyant cœur l'aspre état vous savés.
Savés aussi, durs bois, par les hivers lavés,
Qu'holocauste est mon cœur pour un front magna-
     nime.

Diese Verse sind nicht bloſs hart, sondern auch abgeschmackt. Und da sie, zwar nicht in dieser Verbindung, aber doch einzeln, sich wirklich so in der Pucelle von Ch. finden sollen: so kann man hiernach ungefähr beurtheilen, von welchem Schlage dis Gedicht ist. Sie erklären auch zugleich was B. damit sagen will, daſs die Verse des Ch. von Beiwörtern strotzen. Man findet hier droits et roides rochers; flamboyant cœur; aspre état; front magnanime. Das Strotzen liegt theils in der Menge, theils in der Beschaffenheit der Beiwörter.

**) Der Abbé Menage hielt alle Mittewoche in seinem Hause eine gelehrte Gesellschaft, wo viele kleine
          Geister

Lui-même il s'applaudit, et d'un esprit tran-
                              quille
Prend le pas au Parnasse au-dessus de Virgile.
Que ferait-il, hélas! si quelque audacieux
Allait pour son malheur lui deciller les yeux,
Lui faisant voir ses vers et sans force et sans
                              graces,   95
Montés sur deux grands mots comme sur deux
                              échasses, *)
Ses termes sans raison l'un de l'autre écartés, **)
Et ses froids ornemens à la ligne plantés; ***)
Qu'il maudirait le jour, où son ame insensée
Perdit l'hûreuse erreur qui charmait sa pen-
                              sée!   100

Geister zusammen kamen. Diese Zusammenkünfte nannte er Mercuriales, weil die Mittewoche auf lateinisch dies Mercurii heifst.

*) Ein Beispiel solcher Verse aus der Pucelle, die auf zwei hohen Wörtern wie auf Stelzen stehen, ist folgender:

De ce sourcilleux roc l'inébranlable cime.

**) Er meint die Versetzungen der Wörter, z. B. qu'holocauste est mon cœur, anstatt: que mon cœur est &c.

***) Unter den frostigen Zierrathen, die nach der Schnur gepflanzt sind, versteht B. die häufigen Vergleichungen, die Ch. braucht, und die regelmäfsig nach einer gewissen Anzahl Verse folgen. Sie fangen mit den Worten Sowie, wann, sowie, als &c. an, und sind immer in vier oder acht Zeilen eingeschlossen.

Jadis certain bigot, d'ailleurs homme senſé,
D'un mal aſſés bizarre eut le cerveau bleſſé;
S'imaginant ſans ceſſe, en ſa douce manie,
Des eſprits bienhûreux entendre l'harmonie.
Enfin un médecin, fort expert en ſon art, 105
Le guérit par adreſſe, ou plûtôt par hazard.
Mais voulant de ſes ſoins exiger le ſalaire,
Moi? vous payer? lui dit le bigot en colère,
Vous, dont l'art infernal, par des ſecrets maudits,
En me tirant d'erreur, m'ôte du Paradis? 110

J'approuve ſon courroux. Car, puisqu'il faut le dire,
Souvent de tous nos maux la raiſon eſt le pire.
C'eſt elle qui farouche, au milieu des plaiſirs,
D'un remords importun vient brider nos déſirs.
La fâcheuſe a pour nous des rigueurs ſans pareilles; 115
C'eſt un pédant qu'on a ſans ceſſe à ſes oreilles,
Qui toûjours nous gourmande, et loin de nous toucher,
Souvent, comme *Joli**) perd ſon tems à prêcher,
En vain certains rêveurs nous l'habillent en reine,
Veulent ſur tous nos ſens la rendre ſouveraine, 120

*) Joli, ein berühmter Kanzelredner ſeiner Zeit, predigte in der rührenden und pathetiſchen Manier. Auf die Wüſtlinge und Spötter machte er indeſs nicht viel Eindruck. Sie verglichen ihn mit Molière; er ſei ein beſſerer Schauſpieler als M. ſagten ſie; dieſer hingegen ſei ein beſſerer Prediger als er.

Et s'en formant en terre une divinité,
Pensent aller par elle à la félicité.
C'est elle, disent-ils, qui nous montre à bien vivre.
Ces discours, il est vrai, sont fort beaux dans un livre,
Je les estime fort ; mais je trouve en effet, 125
Que le plus fou souvent est le plus satisfait.

Satire III.
A M. LE MARQUIS DE DANGEAU.

La noblesse, DANGEAU, n'est pas une chimère,
Quand sous l'étroite loi d'une vertu sévère,
Un homme issu d'un sang fécond en Demi-Dieux,
Suit, comme toi, la trace où marchaient ses ayeux,
Mais je ne puis souffrir qu'un fat, dont la mollesse 5
N'a rien pour s'appuyer qu'une vaine noblesse,
Se pare insolemment du mérite d'autrui,
Et me vante un honneur qui ne vient pas de lui.
Je veux que la valeur de ses ayeux antiques
Ait fourni de matière aux plus vieilles chroniques, 10

Et que l'un des Capets, pour honorer leur nom, *)
Ait de trois fleurs de lis doté leur écusson.
Que sert ce vain amas d'une inutile gloire?
Si de tant de Héros célèbres dans l'histoire,
Il ne peut rien offrir aux yeux de l'univers,   15
Que de vieux parchemins qu'ont épargnés
        les vers:
Si, tout sorti qu'il est d'une source divine,
Son cœur dément en lui sa superbe origine;
Et n'ayant rien de grand qu'une sotte fierté,
S'endort dans une lâche et molle oisiveté?   20

---

*) Die Hochadliche Familie d'Estaing führt das Wappen von Frankreich. Dis ward ihr von König Philipp Auguste zugestanden, einem Nachkömmling von Hugo Capet, dem Stifter des dritten Stammhauses der Könige von Frankreich. Philipp Auguste ward in der Bataille zu Bovines vom Pferde geworfen; Adeodat d'Estaing, einer von den vier und zwanzig Rittern, denen die Person des Königs anvertrauet war, half diesem Prinzen aus der Gefahr, worin er sich befand, und rettete auch den Ritterschild des Königs, worauf sein Wappen gemalt war. Zur Belohnung für einen so wichtigen Dienst erlaubte ihm der König das Wappen von Frankreich zu führen, mit einem goldenen Kopf zum Beizeichen. Zu der Zeit als B. diese Satire schrieb, arbeitete Joachim Graf d'Estaing an Untersuchung der Alterthümer seines Hauses, dessen Geschichte er geschrieben hat. Bei Gelegenheit dieser Untersuchung redete er oft von dem Geschenk der Lilien, und man fand, daſs er mit zu vieler Selbstgefälligkeit davon redte. Darauf spielt unser Dichter in dieser Stelle an.

Cependant, à le voir avec tant d'arrogance
Vanter le faux éclat de sa haute naissance;
On diroit que le Ciel est soûmis à sa loi,
Et que Dieu l'a paîtri d'autre limon que moi.
Enivré de lui-même, il croit dans sa folie, 25
Qu'il faut que devant lui d'abord tout s'hu-
     milie.
Aujourd'hui toutefois, sans trop le ménager,
Sur ce ton un peu haut je vais l'interroger.

  Dites-moi, grand Héros, Esprit rare et
    sublime,
Entre tant d'animaux, qui sont ceux qu'on
    estime?   30
On fait cas d'un coursier, qui fier et plein de
    cœur
Fait paraître en courant sa bouillante vigueur.
Qui jamais ne se lasse, et qui dans la carrière
S'est couvert mille fois d'une noble poussière.
Mais la postérité d'Alfane et de Bayard, *) 35
Quand ce n'est qu'une rosse, est vendue au
    hazard,
Sans respect des ayeux dont elle est descendue,
Et va porter la malle, ou tirer la charrue.
Pourquoi donc voulés-vous que par un sot abus
Chacun respecte en vous un honneur qui n'est
    plus?   40

---

*) Alfane und Bayard sind die Namen zweier
Pferde, die in alten französischen Ritterbüchern
sehr berühmt sind.

On ne m'éblouït point d'une apparence vaine.
La vertu d'un cœur noble eſt la marque certaine,
Si vous êtes ſorti de ces Héros fameux,
Montrés-nous cette ardeur qu'on vit briller en eux,
Ce zèle pour l'honneur, cette horreur pour le vice.   45
Reſpectés-vous les loix? Fuyés-vous l'injuſtice?
Savés-vous pour la gloire oublier le repos,
Et dormir en plein champ, le harnois ſur le dos?
Je vous connais pour noble à ces illuſtres marques;
Alors ſoyés iſſu des plus fameux Monarques;   50
Venés de mille ayeux; et ſi ce n'eſt aſſés,
Feuilletés à loiſir tous les ſiecles paſſés;
Voyés de quel guerrier il vous plaît de deſcendre,
Choiſiſſés de Céſar, d'Achille, ou d'Alexandre:
En vain un faux cenſeur voudrait vous démentir;   55
Et ſi vous n'en ſortés, vous en devés ſortir.
Mais fuſſiés-vous iſſu d'Hercule en droite ligne,
Si vous ne faites voir qu'une baſſeſſe indigne,
Ce long amas d'ayeux, que vous diffamés tous,
Sont autant de témoins, qui parlent contre vous,   60
Et tout ce grand éclat de leur gloire ternie
Ne ſert plus que de jour à votre ignominie.
En vain tout fier d'un ſang que vous déshonorés,
Vous dormés à l'abri de ces noms révérés.

En vain vous vous couvrés des vertus de vos
pères : 65
Ce ne font à mes yeux que de vaines chimères.
Je ne vois rien en vous qu'un lâche, un im-
pofteur,
Un traître, un fcélérat, un perfide, un menteur,
Un fou, dont les accès vont jufqu'à la furie
Et d'un tronc fort illuftre une branche pour-
rie. 70

   Je m'emporte peut-être, et ma Mufe en
fureur
Verfe dans fes difcours trop de fiel et d'aigreur.
Il faut avec les Grands un peu de retenue.
Hé bien, je m'adoucis. Votre race eft connue.
Depuis quand? Répondès. Depuis mille ans
entiers ; 75
Et vous pouvés fournir deux fois feize quartiers.
C'eft beaucoup. Mais enfin les preuves en font
claires :
Tous les livres font pleins des titres de vos pères:
Leurs noms font échappés du naufrage des tems.
Mais qui m'affurera, qu'en ce long cercle
d'ans, 80
A leurs fameux époux vos ayeules fideles,
Aux douceurs des galans furent toûjours re-
belles ?
Et comment favés-vous, fi quelque audacieux
N'a point interrompu le cours de vos ayeux;

Et si leur sang tout pur, ainsi que leur no-
　　　　　　　　　blesse,　　　85
Et passé jusqu'à vous de Lucrece en Lucrece ?*)
Que maudit soit le jour, où cette vanité
Vint ici de nos mœurs souiller la pureté!
Dans les tems bienhûreux du monde en son
　　　　　　　　　enfance,
Chacun mettait sa gloire en sa seule innocence, 90
Chacun vivait content, et sous d'égales loix,
Le mérite y faisait la noblesse et les rois;
Et sans chercher l'appui d'une naissance illustre,
Un héros de soi-même empruntait tout son lustre.
Mais enfin, par le tems le merité avili, 95
Vit l'honneur en roture, et le vice annobli;
Et l'Orgueil, d'un faux titre appuyant sa faiblesse,
Maîtrisa les humains sous le nom de noblesse.
De-là vinrent en foule et Marquis et Barons.
Chacun pour ses vertus n'offrit plus que des
　　　　　　　　　noms.　　　100
Aussi-tôt maint esprit, fécond en rêveries,
Inventa le blason avec les armoiries;

---

*) Lucretia hiess die edle Römerinn, die ihre ge-
　waltsame Entehrung nicht überleben wollte, son-
　dern in Gegenwart ihres Mannes und anderer Ver-
　wandten sich selbst erstach, und diese auffoderte,
　ihre Beschimpfung und ihren Tod an dem königli-
　chen Prinzen, der der Urheber davon war, und an
　seiner Familie zu rächen. Dis geschah, und so
　ward Rom ein freier Staat.

De ses termes obscurs fit un langage à part,
Composa tous ces mots de Cimier, et d'Ecart,
De Pal, de Contrepal, de Lambel, et de
 face, 105
Et tout ce que Segoing dans son Mercure en-
 tasse. *)
Une vaine folie enivrant la raison,
L'honneur triste et honteux ne fut plus de saison,
Alors, pour soûtenir son rang et sa naissance,
Il fallut étaler le luxe et la dépense; 110
Il fallut habiter un superbe palais,
Faire par les couleurs distinguer ses valets:
Et trainant en tous lieux de pompeux équipages,
Le duc et le marquis se reconnut aux pages.
Bientôt pour subsister la noblesse sans bien 115
Trouva l'art d'emprunter, et de ne rendre rien;
Et bravant des sergens la timide cohorte,
Laissa le créancier se morfondre à sa porte.
Mais pour comble, à la fin, le marquis en prison
Sous le faix des procès vit tomber sa maison. 120
Alors le noble altier, pressé de l'indigence,
Humblement du faquin recherche l'alliance,
Avec lui trafiquant d'un nom si précieux,
Par un lâche contrat vendit tous ses ayeux;
Et corrigeant ainsi la fortune ennemie, 125
Rétablit son honneur à force d'infamie.

*) Charles Segoing, ein Advocat, schrieb über die Wappenkunde ein Buch unter dem Titel: le Mercure armorial, oder Trésor héraldique, 1667.

SATIRE III.

Car ſi l'éclat de l'or ne releve le ſang,
En vain l'on ſait briller la ſplendeur de ſon rang,
L'amour de vos ayeux paſſe en vous pour manie,
Et chacun pour parent vous fuit et vous re-
                                nie.   130
Mais quand un homme eſt riche, il vaut toû-
                              jours ſon prix.
Et l'eût-on vu porter la mandille à Paris,
N'eût-il de ſon vrai nom ni titre ni mémoire,
D'Hozier *) lui trouvera cent ayeux dans
                              l'Hiſtoire.

Toi donc, qui de mérite et d'honneurs
                              revêtu   135
Des écueils de la cour as ſauvé ta vertu,
DANGEAU, qui dans le rang, où notre Roi t'appelle
Le voit toujours orné d'une gloire nouvelle,
Et plus brillant par ſoi, que par l'éclat des lis,
Dédaigner tous ces rois dans la pourpre
                              amollis;   140
Fuir d'un honteux loiſir la douceur importune;
A ſes ſages conſeils aſſervir la fortune;
Et de tout ſon bonheur ne devant rien qu'à ſoi,
Montrer à l'univers ce que c'eſt qu'être roi:
Si tu veux te couvrir d'un éclat légitime,   145
Va par mille beaux faits mériter ſon eſtime;
Sers un ſi noble Maître; et fais voir qu'aujourd'hui
Ton Prince a des ſujets qui ſont dignes de lui.

---

*) D'Hozier war der Genealogiſt des königlichen
Hauſes.

Satire IV. *)

Qui frappe l'air, bon Dieu! de ces lugubres cris!
Est-ce donc pour veiller qu'on se couche à Paris?
Et quel fâcheux Démon, durant les nuits entières,
Rassemble ici les chats de toutes les gouttières?
J'ai beau sauter du lit plein de trouble et d'effroi, 5
Je pense qu'avec eux tout l'enfer est chés moi.
L'un miaule en grondant comme un tigre en furie;
L'autre roule sa voix comme un enfant qui crie.
Ce n'est pas tout encor. Les souris et les rats
Semblent, pour m'éveiller, s'entendre avec les chats, 10
Plus importuns pour moi, durant la nuit obscure,
Que jamais, en plein jour, ne fut l'abbé de Pure.

Tout conspire à la fois à troubler mon repos,
Et je me plains ici du moindre de mes maux.
Car à peine les coqs, commençant leur ramage, 15
Auront de cris aigus frappé le voisinage,

---

*) Diese Satire beschreibt das Gewirre von Paris, und ist eine Nachahmung von der dritten Satire des lateinischen Dichters Juvenal, wo dieser die Unbequemlichkeiten Roms eben so schildert.

SATIRE IV.

Qu'un affreux serrurier, laborieux Vulcain, *)
Qu'éveillera bientôt l'ardente soif du gain,
Avec un fer maudit, qu'à grand bruit il apprête,
De cent coups de marteau me va fendre la
tête. 20
J'entends déjà par-tout les charrettes courir,
Les maçons travailler, les boutiques s'ouvrir;
Tandis que dans les airs mille cloches émues,
D'un funebre concert font retentir les nues,
Et se mêlant au bruit de la grêle et des vents. 25
Pour honorer les morts font mourir les vivans.

Encor je bénirais la bonté souveraine:
Si le ciel à ces maux avait borné ma peine;
Mais si seul en mon lit je peste avec raison,
C'est encor pis vingt fois en quittant la maison. 30
En quelque endroit que j'aille il faut fendre la
presse
D'un peuple d'importuns qui fourmillent sans
cesse.
L'un me heurte d'un ais, dont je suis tout
froissé,
Je vois d'un autre coup mon chapeau renversé.
Là d'un enterrement la funebre ordonnance 35
D'un pas lugubre et lent vers l'église s'a-
vance;

*) Arbeitsam wie Vulcan, der Gott der Schmiede,
der Jupitern die Donnerkeile machte.

Et plus loin des laquais, l'un l'autre s'agaçans,
Font aboyer les chiens, et jurer les passans.
Des paveurs en ce lieu me bouchent le passage.
Là je trouve une croix *) de funeste présage; 40
Et des couvreurs grimpés au toît d'une maison
En font pleuvoir l'ardoise et la tuile à foison.
Là sur une charette une poûtre branlante,
Vient menaçant de loin la foule qu'elle aug-
mente.
Six chevaux attelés à ce fardeau pesant, 45
Ont peine à l'émouvoir sur le pavé glissant.
D'un carrosse en tournant il accroche une
roue;
Et d'un choc le renverse dans un grand tas de
boue;
Quand un autre à l'instant, s'efforçant de
passer,
Dans le même embarras se vient embarrasser. 50
Vingt carrosses bientôt arrivant à la file,
Y sont en moins de rien suivis de plus de
mille;

*) Ein Kreuz von zwei über einander genagelten Lat-
ten, das die Maurer und Dachdecker an den Häu-
sern, wo sie arbeiten, aushängen müssen, um die
Vorbeigehenden zu warnen. Dieses Kreuz oder Zeichen heisst auf französisch avertissement oder
défense. — Warum aber de funeste présage?
Weil, so erklärt sich B. selbst in einem Briefe, ungeachtet dieser Warnung doch Manche beschädigt
werden, und also insofern das Kreuz von schlimmer Vorbedeutung ist.

SATIRE IV.

Et pour furcroît de maux un fort malencontreux
Conduit en cet endroit un grand troupeau de
　　　　　　　bœufs. *)
Chacun pretend paſſer: l'un mugit, l'autre
　　　　　　　jure.　　　　　　55
Des mulets en ſonnant augmentent le murmure.
Auſſi-tôt cent chevaux dans la foule appellés,
De l'embarras qui croît ferment les défilés,
Et par-tout des paſſans enchaînant les brigades,
Au milieu de la paix font voir des barrica-
　　　　　　　des **)　　　　　60
On n'entend que des cris pouſſés confuſément.
Dieu pour s'y faire ouïr, tonnerait vainement.
Moi donc, qui doit ſouvent en certain lieu me
　　　　　　　rendre,
Le jour déjà baiſſant, et qui ſuis las d'attendre,
Ne ſachant plus tantôt à quel ſaint me vouer, 65
Je me mets au hazard de me faire rouer.

*) Aus dem Worte, wozu das Wort bœufs reimt, kann man ſchon muthmaaſſen, wie es ausgeſprochen werden müſſe, nemlich wie beus ohne f. So auch œufs. Hingegen in der einfachen Zahl ſpricht man das f mit aus.

**) Der Verfaſſer, ſagt ein Ausleger, zielt hier beſonders auf die Sperrung der Straſsen zu Paris 1648 im Monat Auguſt, als bürgerlicher Krieg in Frankreich war, und ſich der Hofpartei eine andere, die den Namen der Fronde oder der Frondeurs führte, entgegen ſetzte.

Je faute vingt ruisseaux, j'esquive, je me pousse:
Guénaud *) sur son cheval en passant m'écla-
bousse;
Et n'osant plus paraître en l'état où je suis,
Sans songer où je vais, je me sauve où je puis. 70
Tandis que dans un coin, en grondant je m'es-
suie,
Souvent pour m'achever, il survient une pluie.
On dirait que le ciel qui se fond tout en eau,
Veuille inonder ces lieux d'un déluge nouveau.
Pour traverser la rue au milieu de l'orage, 75
Un ais sur deux pavés forme un étroit passage
Le plus hardi laquais n'y marche qu'en trem-
blant,
Il faut pourtant passer sur ce pont chancelant;
Et les nombreux torrens qui tombent des gout-
tières,
Grossissant les ruisseaux, en ont fait des ri-
vières. 80
J'y passe en trébuchant, mais malgré l'embarras,
La frayeur de la nuit précipite mes pas.

Car si-tôt que du soir les ombres pacifiques,
D'un double cadenas font fermer les boutiques,
Que retiré chés lui, le paisible marchand, 85
Va revoir ses billets, et compter son argent;

*) Der schon erwähnte Leibarzt der Königinn, den man oft zu Pferde sah, so dass es zum Sprüchwort ward: „Sieh da, Guénaud und sein Pferd!"

SATIRE IV.

Que dans le marché neuf tout est calme et
                    tranquille,
Le voleurs à l'inſtant s'emparent de la ville.
Le bois le plus funeſte et le moins fréquenté,
Eſt au prix de Paris, un lieu de ſureté.   90
Malheur donc à celui qu'une affaire imprévue
Engage un peu trop tard au détour d'une rue.
Bientôt quatre bandits lui ferrant les côtés:
„La bourſe!" il faut ſe rendre; ou bien non,
                    reſiſtés,
Aſinque votre mort, de tragique mémoire,   95
Des maſſacres fameux aille groſſir l'hiſtoire.
Pour moi, fermant ma porte, et cédant au
                    ſommeil,
Tous les jours je me couche avecque le ſoleil.
Mais en ma chambre à peine ai-je éteint la
                    lumière,
Qu'il ne m'eſt plus permis de fermer la pau-
                    pière.   100
Des filoux effrontés, d'un coup de piſtolet,
Ebranlent ma fenêtre et percent mon volet,
J'entends crier partout: Au meurtre! on m'aſ-
                    ſaſſine!
Ou, le feu vient de prendre à la maiſon voiſine.
Tremblant et demi-mort, je me leve à ce
                    bruit,   105
Et ſouvent ſans pourpoint je cours toute la nuit.
Car le feu dont la flamme en ondes ſe déploie
Fait de notre quartier une ſeconde Troie;

Où maint Grec affamé maint avide Argien
Au travers des charbons va piller le Tro-
  yen. *)
Enfin fous mille crocs la maifon abîmée,
Entraine auffi le feu qui fe perd en fumée.

  Je me retire donc encor pâle d'effroi.
Mais le jour eft venu quand je rentre chés moi.
Je fais pour repofer un effort inutile;
Ce n'eft qu'à prix d'argent qu'on dort en cette
  ville.
Il faudrait dans l'enclos d'un vafte logement,
Avoir loin de la rue un autre appartement.

  Paris eft pour un riche un païs de Cocagne. **)
Sans fortir de la ville il trouve la campagne.

*) Die Griechen fteckten bekanntlich Troya in Brand und plünderten es. Eine poetifche Befchreibung diefer Zerftörung findet fich im zweiten Buch der Aeneide Virgils. — Argien ift ein Grieche aus Argos, einer Stadt im Peloponnefus (itzt Morea).

**) Ein Land der Einbildung, ein Paradis, wo man alles hat und nichts dafür zu thun braucht. Es ift nicht ausgemacht, woher diefer Name komme. In Languedoc nennt man cocagne die Kuchen von Waid (einer Pflanze) ehe fie pulverifirt und dem Färber verkauft werden. Weil diefe Pflanze nur in einem fehr fruchtbaren Boden wachfen foll: fo meinen einige, dafs Païs de C. urfprünglich soviel

Il peut dans son jardin, tout peuplé d' arbres
verds,
Receler le printems, au milieu des hivers,
Et foulant le parfum de ses plantes fleuries,
Aller entretenir ses douces rêveries.

Mais moi, grace du destin, qui n'ai ni feu
ni lieu. *) 125
Je me loge où je puis, et comme il plaît à Dieu.

---

sei, als Waid-Land, und nachher für ein jedes
fruchtbare Land gesetzt werde. Andere sagen, in
Italien, zwischen Rom und Loretto heisse ein
kleiner sehr fruchtbarer und angenehmer Strich Landes Cucagna, und daher komme wahrscheinlich
das païs de Cocagne der Franzosen. Andere geben
noch andere Ableitungen an, die aber nicht einmal
so viel Wahrscheinlichkeit haben, als diese beiden.

*) Als B. diese Satire schrieb, wohnte er noch bei
seinem ältesten Bruder im Hause, und hatte ein
Zimmer im fünften Stockwerk.

Satire V.

A M. Morel*), Docteur de Sorbonne.**)

De tous les animaux qui s'élèvent dans l'air,
Qui marchent sur la terre, ou nagent dans la mer;

*) Nicht aus Freundschaft, sondern aus Spott, wie es scheint, schrieb B. dem Morel diese Satire zu. M. hatte verschiedenes geschrieben, das nicht viel taugte. Man gab ihm den Beinamen: Eselskinnbacken, weil er einen sehr grossen und hervorstehenden Kinnbacken hatte. Ein Dichter damaliger Zeit sagt von ihm: Er schlägt die Jansenisten (d. i. die Anhänger des Jansenius, der ein theologisches Buch schrieb, das hauptsächlich von der Gnade handelte, und worüber in Frankreich eine lange Zeit hindurch viel Streit und Lärm war) wie Simson die Philister --- mit einem Eselskinnbacken. „Schreib meinem Collegen mit dem Eselskinnbacken deine Satire über den Menschen zu", sagte ein Bruder unsers Dichters zu ihm, der auch Lehrer der Sorbonne war. --- Am Schluss dieser Satire wird des Esels gedacht. Ob diese Stelle Anlass gab, dem Manne mit dem Eselskinnbacken diese Satire zuzueignen, oder ob die Stelle erst hinterher gemacht ward, nachdem jene Zueignung schon beschlossen war, das lässt die Geschichte unentschieden. Uebrigens ist zu vermuthen, dass der Name Morel nicht voll ausgeschrieben, sondern nur durch M*** angedeutet worden, wie er auch noch in der Dresdener Ausgabe steht.

**) Die Sorbonne ist ein theologisches Collegium, oder eine theologische Gesellschaft, die mit der theologischen

SATIRE V.

De Paris à Perou, du Japon jusqu'à Rome, *)
Le plus sot animal, à mon avis, c'est l'homme.
Quoi, dira-t-on d'abord, un ver, une fourmi, 5
Un insecte rampant qui ne vit qu'à demi,

schen Facultät der Universität zu Paris in Verbindung steht. Sie ward 1252 von Robert Sorbon, Ludwigs IX. Beichtvater, gestiftet, aber nicht zu ihrem gegenwärtigen Zweck. Sechszehn arme theologische Studenten sollten Unterhalt und Unterricht von ihr haben. Sie war also ursprünglich das, was wir ein theologisches Seminarium nennen. Nachher ward sie reich, und verwandelte sich in eine Pfleganstalt für Doctoren und Baccalaureen der Theologie. Einige derselben sind was wir nennen würden wirkliche, oder ordentliche Mitglieder dieser Gesellschaft. Diese, sechs und dreißig an der Zahl, dürfen in der Sorbonne --- einem prächtigen, von dem Cardinal Richelieu errichteten Gebäude --- wohnen und haben Sitz und Stimme in den Versammlungen. Andere hingegen sind, nach unserer Art zu reden, ausserordentliche Mitglieder oder Beisitzer. Jene sind, nach dem französischen Ausdruck, de la société, und diese de l'hospitalité. Ihrer beider vollständiger Titel, mit dem sie sich in Amts- und Facultätsangelegenheiten unterschreiben, ist: Docteurs licenciés et bacheliers de la faculté de Théologie de Paris, de la maison et société de Sorbonne. --- Die übrigen Mitglieder der theologischen Facultät, die nicht zur Sorbonne gehören, werden auch gewöhnlich, gleichsam ehrenhalber, Docteurs de Sorbonne genannt.

*) Bis nach Peru, im südlichen America, d. i. bis zum äussersten westlichen Ende der Erde. Von Japan, d. i. vom äussersten östlichen Ende. Also: allenthalben, so weit die Erde bewohnt ist.

Un taureau qui rumine, une chèvre qui broute,
Ont l'esprit mieux tourné, que n'a l'homme?
             Oui sans doute.

Ce discours te surprend, Docteur, je l'apperçoi.
L'homme de la nature est le chef et le roi. 10
Bois, prés, champs, animaux, tout est pour son
                                    usage,
Et lui seul a, dis-tu, la raison en partage.
Il est vrai, de tout tems la raison fut son lot;
Mais de-là je conclus, que l'homme est le plus sot.
Ces propos, diras-tu, sont bons dans la satire, 15
Pour égayer d'abord un lecteur qui veut rire:
Mais il faut les prouver. En forme. J'y consens.
Reponds-moi donc, Docteur, et mets-toi sur
                              les bancs. *)
Qu'est-ce que la sagesse? Une égalité d'ame
Que rien ne peut troubler, qu'aucun désir
                            n'enflame 20
Qui marche en ses conseils à pas plus mesurés,
Qu'un doyen **) au Palais ne monte les degrés.

---

*) Stelle dich auf das Katheder im öffentlichen Hörsaal,
d. i. nim dich recht zusammen, als wenn es gölte,
als wenn du deine Doctor-Disputation hieltest.

**) Doyen bedeutet überhaupt einen Decan, Dechant,
Vorgesetzten oder Aeltesten. Hier scheint B. eine
gravitätische Gerichtsperson darunter zu verstehn.

Palais ist eigentlich die Wohnung eines Königs
oder Fürsten; nachher ein öffentliches Gebäude, wo
man im Namen des Souverains Gericht hält. Besonders

Or cette égalité dont se forme le sage,
Qui jamais moins que l'homme en a connu l'usage?
La fourmi tous les ans traversant le guérets, 25
Grossit ses magasins des trésors de Cérès;
Et dès que l'aquilon, ramenant la froidure,
Vient de ses noirs frimats attrister la nature,
Cet animal, tapi dans son obscurité,
Jouit l'hiver des biens conquis durant l'été. 30
Mais on ne la voit point d'une humeur inconstante,
Paresseuse au printems, en hiver diligente,
Affronter en plein champ les fureurs de Janvier,
Ou demeurer oisive au retour du Belier.*)
Mais l'homme sans arrêt dans sa course insensée 35
Voltige incessamment de pensée en pensée.

ders heißt in Paris das Haus so, wo das Parlement und verschiedene andere Gerichtshöfe ihre Sitzungen haben; und das ist hier gemeint. In diesem Palais wohnten auch ehmals die Könige von Frankreich. Die Häuser der Cardinäle, Erzbischöfe und Bischöfe, die sonst Hôtels genannt wurden, heissen heutiges Tages ebenfalls Palais. So sagt man: palais archiépiscopal, palais épiscopal, palais cardinal, und statt des letztern in Paris sogar palais royal. Niemand aber, so vornehm er auch sein mag, nennt sein eigenes Haus palais.

*) Bei Rückkehr des Widders d. i. des Frühlings. Zu Anfang des Frühlings tritt die Sonne, mit den Astronomen zu reden, in das Zeichen des Widders, welcher ein Sternbild dieses Namens in dem sogenannten Thierkreise ist.

Son coeur, toujours flottant entre mille embarras,
Ne fait ni ce qu'il veut, ne ce qu'il ne veut pas:
Ce qu'un jour il abhorre, en l'autre il le souhaite.

Voila l'homme en effet. Il va du blanc au noir, 40
Il condamne au matin ses sentimens du soir
Importun à tout autre, à soi-même incommode,
Il change à tous momens d'esprit comme de mode:
Il tourne au moindre vent; il tombe au moindre choc:
Aujourd'hui dans un casque, et demain dans un froc. 45

Cependant à le voir plein de vapeurs légères,
Soi-même se bercer de ses propres chimères,
Lui seul de la nature est la base et l'appui,
Et le dixieme ciel *) ne tourne que pour lui.

---

*) Was auch so weit von ihm ist, als der zehnte Himmel von der Erde, ist seiner Meinung nach nur für ihn da. --- Die alten Astronomen nahmen so viele verschiedene Himmel an, als sie Bewegungen am Himmel sahn. Sie hatten einen Himmel für die Sonne, einen für den Mond, einen für den Jupiter und so fortan für jeden Planeten einen eigenen Himmel. Alle diese Himmel waren grosse Bogen von Chrystal und drehten sich mit den Himmelskörpern, die in ihnen festlassen, herum. Der achte Himmel war der für die Fixsterne, und hiess das Firma-

De tous les animaux il est, dit-il, le maître, 50
Qui pourrait le nier ? poursuis - tu. Moi
        peut - être;
Mais sans examiner, si vers les antres sourds,*)
L'ours a peur du passant, ou le passant de l'ours;
Et, si sur un édit des pâtres de Nubie,
Les lions de Barca vuideraient la Libie: **) 55

 Firmament. Ptolemæus, ein Sternkundiger aus dem zweiten Jahrhundert, fügte einen neunten Himmel hinzu, um die übrigen in Bewegung zu setzen. Ein König von Castilien, Alphonsus, der im dreizehnten Jahrhundert lebte, machte noch zwei Chrystal-Himmel, um dadurch einige Unregelmässigkeiten zu erklären, die er in der Bewegung der übrigen Himmel fand. Der zwölfte Himmel hiess das Empyreum, oder det Feuer-Himmel. Dieser, der höchste von allen, war die Wohnung Gottes und der Seligen. Andere Astronomen machten noch mehr Himmel, einer 23, ein anderer 30, und einer gar 70.

*) Was sollen hier die dumpf schallenden Hölen sein, die Wohnungen der Bären, oder die nördlichen Länder, wo sie sich aufhalten? Ein französischer Kunstrichter sagt mit Recht, dass dieser Ausdruck ganz unbestimmt und dass er vom Reim geschaffen sei. Er schlägt folgende, wie mir däucht glückliche, Verbesserung vor:

  Mais sans examiner par un trop long discours,
  Si l'ours craint le passant, si le passant craint
       l'ours.

**) Nubien, Barca und Libyen sind Theile von Africa und in dem heissen Africa sind vorzüglich die Löwen zu Hause.

Ce maître prétendu, qui leur donne des loix,
Ce roi des animaux combien a-t-il des rois?
L'ambition, l'amour, l'avarice, la haine,
Tiennent comme un forçat son esprit à la chaîne.
Le sommeil sur ses yeux commence à s'épan-
cher: 60
Debout, dit l'avarice, il est tems de marcher.
„Hé laissés-moi." Debout. „Un moment."
                    Tu repliques?
„A peine le soleil fait ouvrir les boutiques."
N'importe, leve-toi. „Pourquoi faire après
tout?"
Pour courir l'Ocean de l'un à l'autre bout   65
Chercher jusqu'au Japon la porcelaine et l'ambre,
Rapporter de Goa *) le poivre et le gingembre.
„Mais j'ai des biens en foule, et je puis m'en
passer."
On ne peut trop avoir; et pour en amasser,
Il ne faut épargner ni crime ni parjure;   70
Il faut souffrir la faim, et coucher sur la dure;
Eût-on plus de trésors que n'en perdit Galet,**)

---

*) Goa ist die Hauptstadt der Portugiesen in ihren ost-
indischen Besitzungen.

**) Ein berüchtigter Spieler, der im Spiel unermessliche
Summen gewann, und sie nachher wieder verlor.
Er hatte zu Paris das Hôtel de Sulli bauen lassen,
aber er verspielte es nachher wieder in einem einzi-
gen Wurf. Als er all sein Vermögen verloren hatte,
spielte er noch mit den Lakaien auf den Strassen und
auf der Vortreppe des Hauses, das ihm zugehört
hatte.]

N'avoir en sa maison ni meubles ni valet; *)
Parmi des tas de bled vivre de seigle et d'orge;
De peur de perdre un liard, souffrir qu'on vous
égorge. 75
„Et pourquoi cette épargne enfin?" L'igno-
res-tu?
Afin qu'un héretier bien nourri bien vêtu,
Profitant d'un trésor en tes mains inutile,
De son train quelque jour embarrasse la ville.
„Que faire?" Il faut partir. Les matelots sont
prêts. 80

Ou, si pour l'entraîner l'argent manque
d'attraits,
Bientôt l'ambition et toute son escorte,
Dans le sein du repos vient le prendre à main
forte,
L'envoie en furieux au milieu des hazards,
Se faire estropier sur les pas des Césars, **) 85
Et cherchant sur la breche une mort indiscrette
De sa folle valeur embellir la gazette.

Tout beau, dira quelqu'un, raillés plus à
propos;
Ce vice fut toujours la vertu des héros.
Quoi donc? à votre avis fut-ce un fou qu'Alexandre? 90

---

*) Hätte man mehr Schätze als G. verlor, so muſs
man doch in seinem Hause weder Möbeln noch
Diener haben.

**) Im Gefolge der Cæsarn, d. i. als Soldat.

,,Qui? cet écervelé qui mit l'Asie en cendre? *)
Ce fougueux l'Angeli **), qui de sang altéré,
Maître du monde entier, s'y trouvait trop
 serré? ***)
L'enragé qu'il était, né roi d'une province,
Qu'il pouvait gouverner en bon et sage prince, 95
S'en alla follement, et pensant être Dieu,
Courir comme un bandit, qui n'a ni feu ni lieu;
Et traînant avec soi les horreurs de la guerre,
De sa vaste folie emplir toute la terre.
Hûreux! si de son tems, pour cent bonnes
 raisons, 100
La Macedoine eût eu de petites maisons,
Et qu'un sage tuteur l'eût en cette demeure,
Par avis de parens, enfermé de bonne heure."

Mais sans nous égarer dans ces digressions;
Traiter comme Senaut ****) toutes les passions, 105

*) Alexanders Feldzüge, Eroberungen und Verheerungen in Asien sind bekannt.

**) Dieser wilde ungestüme Narr. L'Angeli diente anfänglich als Stallknecht dem Prinzen von Condé auf seinem Zuge in Flandern. Er war voll Schwänke und Einfälle. Der Prinz schenkte ihn dem Könige, bei dem er das Amt eines Hofnarren versah.

***) Er war nicht zufrieden, dass er alles bis an den Ganges hin erobert hatte, er wünschte auch noch über diesen Fluss gehn zu können.

****) Der eine Abhandlung über die Leidenschaften geschrieben hat.

Et les distribuant par classes et par titres,
Dogmatiser en vers et rimer par chapitres:
Laissons-en discourir la Chambre ou Coëffe-
teau, *)
Et voyons l'homme enfin par l'endroit le plus
beau.
Lui seul vivant, dit-on, dans l'enceinte des
villes, 110
Fait voir d'honnêtes mœurs, des coûtumes
civiles,
Se fait des gouverneurs, des magistrats, des rois,
Observe une police, obeït à des Loix,
Il est vrai. Mais pourtant, sans loix et sans police,
Sans craindre archers, prévôt, ni suppôt de
justice 115
Voit on les loups brigands comme nous in-
humains,
Pour détrousser les loups courir les grands
chemins?
Jamais pour s'agrandir, vit-on dans sa manie
Un tigre en factions partager l'Hyrcanie? **)
L'ours a-t-il dans les bois la guerre avec les
ours? 120
Le vautour dans les airs fond-il sur les vautours?
A-t-on vu quelquefois dans les plaines d'Afrique,
Déchirant à l'envi leur propre république,

*) Auch ein paar Autoren, die die nämliche Materie abgehandelt haben.

**) Eine persische Provinz an der Südseite des Caspi-
schen Meers.

Lions contre lions, parens contre parens,
Combattre follement pour le choix des tyrans ? 125
L'animal le plus fier qu'enfante la nature,
Dans un autre animal respecte sa figure,
De sa rage avec lui modère les accès,
Vit sans bruit, sans débats, sans noise, sans procès.
Un aigle, sur un champ prétendant droit d'aubaine, *) 130
Ne fait point appeller un aigle à la huitaine. **)
Jamais contre un renard chicanant un poulet
Un renard de son sac ***) n'alla charger Rolet. ****)
On ne connait chés eux ni placets, ni requêtes,
Ni haut, ni bas conseil, ni chambre des enquêtes ; 135
Chacun l'un avec l'autre en toute sûreté
Vit sous les pures loix de la simple équité.
L'homme seul, l'homme seul, en sa fureur extrême,
Met un brutal honneur à s'égorger soi-même.

*) Das Recht die Erbschaft eines Fremden, der in Frankreich stirbt, in Besitz zu nehmen. Dieses Recht gehört allein dem Könige. Darum ist der Adler, der König der Vögel, hier gut gewählt.

**) Kein Adler ladet den andern vor Gericht, nach Verlauf von acht Tagen zu erscheinen.

***) Mit seinem Beutel voll Acten.

****) Rolet, war Parlements-Procurator, und ein Erzspitzbube.

SATIRE V.

C'était peu que sa main, conduite par l'en-
         fer,   140
Eût paîtri le salpêtre, eût aiguisé le fer.
Il fallait que sa rage, à l'univers funeste,
Allât encor de loix embrouiller un digeste;
Cherchât pour l'obscurir des gloses, des docteurs,
Accablât l'équité sous des monceaux d'au-
         teurs,   145
Et pour comble de maux apportât dans la France
Des harangueurs du tems l'ennuyeuse élo-
         quence.

   Doucement, diras-tu. Que sert de s'em-
         porter?
L'homme a ses passions, on n'en saurait douter;
Il a comme la mer ses flots et ses caprices. 150
Mais ses moindres vertus balancent tous ses vices.
N'est-ce pas l'homme enfin, dont l'art au-
         dacieux
Dans le tour d'un compas a mesuré les cieux?
Dont la vaste science, embrassant toutes choses,
A fouillé la nature, en a percé les causes? 155
Les animaux ont-ils des universités?
Voit-on fleurir chés eux des quatre facultés?
Y voit-on des savans, en droit, en médecine,
Endosser l'écarlate, et se fourrer d'hermine? *)

---

*) Die unterscheidende Farbe und Kleidung der Aerzte
  und Rechtsgelehrten in Frankreich. Ein Doctor,
  der Collegia liest, aber nicht Professor ist — die
  Franzosen nennen ihn Docteur aggrégé — trägt
                                         einen

Non sans doute, et jamais chés eux un médecin 160
N'empoisonna les bois de son art assassin,
Jamais docteur, armé d'un argument frivole,
Ne s'enroua chés eux sur les bancs d'une école.*)
Mais sans chercher au fond, si notre esprit deçu
Sait rien de ce qu'il sait, s'il a jamais rien sû, 165
Toi-même, réponds-moi. Dans le Siecle où nous sommes,
Est-ce au pied du savoir qu'on mesure les hommes?
Veux-tu voir tous les grands à ta porte courir?
Dit un père à son fils, dont le poil va fleurir;
Prends-moi le bon parti. Laisse là tous les livres. 170
Cent francs au denier cinq **) combien font-ils? Vingt livres.

einen chaperon rouge herminé, d. i. eine mit Hermelin gefutterte rothe Kappe. Ehmals, als die Hüte noch nicht erfunden waren, trug er sie auf dem Kopf, itzt hängt sie ihm auf den Schultern.

*) B. spottet hier über das lächerliche Disputiren auf Universitäten, das nicht zu Erforschung der Wahrheit, sondern zur Parade angestellt wird, wann einer Magister, Doctor u. s. w. werden will.

**) Zum fünften Pfennig, d. i. je von fünfen eins, oder wie wir sagen zu zwanzig procent, welches die Zinse der Wucherer in Frankreich ist. Die gesetzmäßige Zinse ist fünf procent, und heisst le pié du denier vingt, d. i. der Zinsfuss, wo von zwanzigen eins gegeben wird.

SATIRE V.

C'est bien dit. Va, tu sais tout ce qu'il faut savoir.
Que de biens que d'honneurs sur toi s'en vont
                         pleuvoir!
Exerce-toi, mon Fils, dans ces hautes sciences:
Prends au lieu d'un Platon, le Guidon *)
                   des Finances.   175
Sache quelle province enrichit les Traitans,
Combien le sel au roi peut fournir tous les ans.
Endurcis-toi le cœur. Sois Arabe**), Corsaire,
Injuste, violent, sans foi, double, faussaire.
Ne va point sottement faire le généreux.   180
Engraisse-toi, mon fils, du sac des malheureux,
Et trompant de Colbert ***) la prudence im-
                         portune,
Va par tes cruautés mériter la fortune.
Aussi-tôt tu verras poëtes, orateurs,
Rheteurs, grammairiens, astronomes, doc-
                         teurs,   185
Degrader les héros pour te mettre en leur place
De tes titres pompeux enfler leurs dédicaces,
Te prouver à toi-même en grec, hebreu, latin,
Que tu sais de leur art et le fort et le fin.
Quiconque est riche est tout. Sans sagesse il
                   est sage.   190
Il a sans rien savoir la science en partage.

---
*) Ein Buch, das diesen Titel führt, und von den Einkünften des Königs handelt.
**) Ein arabischer Strafsenräuber.
***) Ein berühmter Finanzminister Ludwigs XIV.

Il a l'esprit, le cœur, le mérite, le rang,
La vertu, la valeur, la dignité, le sang.
Il est aimé des grands, il est chéri des belles.
Jamais sur-intendant ne trouva de cruel-
      les *) 195
L'or même à la laideur donne un teint de
      beauté;
Mais tout devient affreux avec la pauvreté.
C'est ainsi qu'à son fils un usurier habile
Trace vers la richesse une route facile;
Et souvent tel y vient, qui sait pour tout se-
      cret, 200
Cinq et quatre font neuf, ôtés deux, reste sept.

 Après cela, Docteur, va pâlir sur la bible; **)
Va marquer les écueils de cette mer terrible;
Perce la sainte horreur de ce livre divin;
Confonds dans un ouvrage et Luther et
      Calvin; 205
Débrouilles des vieux tems les querelles cé-
      lèbres;
Eclaircis des Rabins les savantes ténèbres:
Afin qu'en ta vieillesse un livre en maroquin
Aille offrir ton travail à quelque heureux faquin,
Qui, pour digne loyer de la Bible éclaircie, 210
Te paye en l'acceptant d'un: je vous remercie.

 *) Nie versagte ein Frauenzimmer einem Oberaufseher
  der Finanzen ihre Liebe.
 **) Studire dich blass und krank an der Bibel.

SATIRE V.

Ou, fi ton cœur afpire à des honneurs plus grands,
Quitte là le bonnet, la Sorbonne et les bancs;
Et prenant déformais un emploi falutaire,
Mets-toi chés un banquier, ou bien chés un
      notaire;   215
Laiffe là Saint Thomas s'accorder avec Scot: *)
Et conclus avec moi, qu'un Docteur n'eft
      qu'un fot.
Un docteur, diras-tu? Parlés de vous, poëte.
C'eft pouffer un peu loin votre mufe indifcrete.
Mais fans perdre en discours le tems hors
      de faifon,   220
L'homme, venés au fait, n'a-t-il pas la raifon?
N'eft-ce pas fon flambeau, fon pilote fidele?
Oui; mais dequoi lui fert que fa voix le rappelle,
Si, fur la foi des vents tout prêt à s'embarquer, **)
Il ne voit point d'écueil qu'il ne l'aille cho-
      quer?   225
Et que fert à Cotin la raifon, qui lui crie:
N'écris plus, gueris-toi d'une vaine furie;

L 2

---

*) Zwei Theologen aus den vorigen Zeiten, deren Streitigkeiten fehr viel Auffehen machten, und die Parteien der Thomiften und Scotiften erzeugten.

**) Wenn er, fobald nur ein günftiger Wind weht, bereit ift unter Segel zu gehen, und keine Klippe fieht, auf die er nicht losrennt." Einen andern Sinn geben diefe beiden Verfe nicht, foviel ich fehen kann. Aber wie kann der Dichter als etwas vernunftwidriges angeben, dafs man bei günftigem Winde bereit ift, unter Segel zu gehen?

Si tous ces vains conseils, loin de la réprimer,
Ne font qu'accroître en lui la fureur de rimer?
Tous les jours de ses vers, qu'à grand bruit
　　　　　　　　　　　　il récite,　　230
Il met chés lui voisins, parens, amis en fuite.
Car lorsque son démon commence à l'agiter,
Tout jusqu'à sa servante, est prêt à deserter.
Un ane pour le moins instruit par la nature
A l'instinct qui le guide obéit sans murmure, 235
Ne va point follement de sa bizarre voix
Défier aux chansons les oiseaux dans les bois.
Sans avoir la raison il marche sur sa route.
L'homme seul, qu'elle éclaire, en plein jour
　　　　　　　　　　　ne voit goute;
Reglé par ses avis, fait tout à contre-tems, 240
Et dans tout ce qu'il fait, n'a ni raison ni sens.
Tout lui plaît et déplaît, tout le choque et
　　　　　　　　　　　l'oblige. *)
Sans raison il est gai, sans raison il s'afflige.
Son esprit au hazard aime, évite, poursuit,
Défait, réfait, augmente, ôte, éleve, dé-
　　　　　　　　　　　truit.　　245
Et voit-on comme lui, les ours ni les pan-
　　　　　　　　　　　thères,
S'effrayer sottement de leurs propres chimères,
Plus de douze attroupés craindre le nombre
　　　　　　　　　　　impair, **)

*) Er weiſs selbſt nicht, was er will.
**) Der Aberglaube iſt auch bei uns, daſs, wenn drei-
zehn Personen zusammen essen, einer davon in
demselben Jahre noch ſterben müſſe.

Ou croire qu'un corbeau les ménace dans
l'air? *)
Jamais l' homme, dis-moi, vit-il la bête
folle 250
Sacrifier à l'homme, adorer son idole,
Lui venir, comme au Dieu des saisons et
des vents,
Demander à genoux la pluie ou le beau tems?
Non. Mais cent fois la bête a vu l'homme
hypocondre
Adorer le metal que lui-même il fit fondre; 255
A vu dans un païs les timides mortels
Trembler au pied d'un singe assis sur leurs autels;
Et sur les bords du Nil les peuples imbecilles,
L'encensoir à la main, chercher les crocodiles. **)

Mais pourquoi, diras-tu, cet exemple
odieux? 260
Que peut servir ici l'Egypte et ses faux dieux?
Quoi? me prouverés-vous par ce discours
profane
Que l'homme, qu'un docteur est au dessous
d'un ane?

*) Dis bezieht sich auf den alten Aberglauben, wo
man aus einem gewissen Fluge und Geschrei der
Raben und Krähen Unglück profezeite.
**) Es ist bekannt, dass viele alte Völker, besonders
die Aegyptier, die Gottheit, oder wenigstens gewisse Eigenschaften und Wirkungen desselben, unter allerhand Thiergestalten, als Affen, Katzen,
Crocodile u. s. w. anbeteten.

Un ane, le jouet de tous les animaux,
Un stupide animal, sujet à mille maux,   265
Dont le nom seul en soi comprend une satire?
Oui d'un ane; et qu'a-t-il qui nous excite
                                à rire?
Nous nous moquons de lui; mais s'il pouvait
                                un jour,
Docteur, sur nos défauts s'exprimer à son tour:
Si, pour nous reformer, le ciel prudent et
                                sage,   270
De la parole enfin lui permettait l'usage:
Qu'il pût dire tout haut ce qu'il se dit tout bas,
Ah! Docteur, entre nous, que ne dirait-il pas?
Et que peut-il penser, lorsque dans une rue
Au milieu de Paris il promene sa vue?   275
Qu'il voit de toutes parts les hommes bigarrés,
Les uns gris, les uns noir, les autres chamarrés?
Que dit-il quand il voit, avec la mort en trousse,
Courir chés un malade un assassin en housse,*)
Qu'il trouve de pédans un escadron fouré, **) 280
Suivi par un recteur de bedeaux entouré; ***)

*) Einen mörderischen Arzt in einem Mantel, wie die
Aerzte in Paris tragen.

**) Anstatt fourré, gefuttert. Dis bezieht sich ohne
Zweifel auf die Zunftkleider der Gelehrten in Paris,
die sie bei feierlichen Gelegenheiten anziehn, und
wovon einige, wie wir schon wissen, ganz oder
theilweise mit Hermelin gefuttert sind.

***) Die Universität zu Paris hält viermal im Jahr einen
öffentlichen Aufzug. Der Rector --- der auf unsern
                                meisten

Ou qu'il voit la Justice, en grosse compagnie,
Mener tuer un homme avec cérémonie?
Que pense-t-il de nous, lorsque sur le midi
Un hazard au Palais le conduit un Jeudi; *) 285
Lorsqu'il entend de loin d'une gueule infernale,
La Chicane en fureur mugir dans la grand'sale?
Que dit-il quand il voit les juges, les huissiers,
Les clercs, les procureurs, les sergens, les
        greffiers?
O! que si l'ane alors, à bon droit misanthrope, 290
Pouvait trouver la voix qu'il eut au tems
        d'Esope
De tous côtés, Docteur, voyant les hommes fous,
Qu'il dirait de bon cœur, sans en être jaloux,
Content de ses chardons, et secouant la tête:
Ma foi, non plus que nous, l'homme n'est
        qu'une bête. 295

---

meisten Universitäten Prorector heifst --- geht mit seinen Bedellen (Pedellen) vorauf, und hinter ihm drein marschiren die Mitglieder der vier Facultäten. Dis würde der Esel, wenn er sprechen könnte, für lächerlich erklären, meint B.

*) An einem Gerichtstage.

Satire VI. *)

C'est à vous, mon esprit, à qui je veux parler;
Vous avés des défauts que je ne puis céler.
Assés et trop long-tems ma lâche complaisance
De vos jeux criminels a nourri l'insolence.
Mais puisque vous poussés ma patience à bout, 5
Une fois en ma vie il faut vous dire tout.

*) Es konnte, wie sich leicht denken läfst, unserm Dichter nicht ungestraft hingehen, dafs er schlechte Schriftsteller, Prediger u. s. w. so laut und selbst mit Nennung ihres Namens getadelt und lächerlich gemacht hatte. Sie selbst sowohl als ihre Freunde und auch Andere, denen dis Verfahren zu hart und Satiren dieser Art unzuläffig schienen, standen wider ihn auf, warfen ihm Lieblosigkeit, Unsittlichkeit, Religionsspötterei, Unehrerbietigkeit gegen den König vor, fragten, wer ihm das Recht gegeben hätte, die Leute so durchzuhecheln, rügten die Fehler in seinen eignen Schriften, und suchten zu zeigen, dafs er nichts besser sei, als diejenigen, über die er so unbarmherzig herfalle. Diese ihre Art sich zu vertheidigen und sich an ihm zu rächen beschreibt B. in gegenwärtiger Satire und verbindet damit zugleich seine Rechtfertigung, die er darauf stützt, dafs es an sich nicht unerlaubt sei, solche Satiren zu schreiben, und dafs er in den seinigen das Maafs nicht überschritten, dafs er immer den Mann von dem Schriftsteller unterschieden und über den letztern gelacht habe ohne der Ehre und dem guten Leumund des erstern zu nahe zu treten. --- Diese Satire wird ziemlich einstimmig für die schönste unter allen gehalten.

SATIRE VI.

On croirait à vous voir dans vos libres ca-
prices
Discourir en Caton *) des vertus et des vices,
Décider du mérite et du prix des auteurs,
Et faire impunément la leçon aux docteurs,**) 10
Qu' étant seul à couvert des traits de la satire,
Vous avés tout pouvoir de parler et d'écrire.
Mais moi qui dans le fond sais bien ce que j'en
crois,
Qui compte tous les jours vos défauts par mes
doigts,
Je ris quand je vous vois, si faible et si sté-
rile ***), 15
Prendre sur vous le soin de réformer la ville,
Dans vos discours chagrins plus aigre et plus
mordant,
Qu'une femme en furie ou Gautier ****) en
plaidant.

*) Als ein Cato, der das Amt eines Sittenrichters in Rom mit unerbittlicher Strenge verwaltete.

**) Dis bezieht sich auf die Satire über den Menschen, wo B. mit einem Doctor disputirt.

***) Unfruchtbar, weil er in vieler Zeit und mit vieler Mühe nur wenig Verse hervorbrachte, an denen er denn noch dazu immer feilen musste, ehe sie ihm gefielen.

****) Ein sehr berühmter und beim mündlichen Vortrage --- in seinen schriftlichen Aufsätzen, wovon einige gedruckt sind, bei weitem nicht so --- sehr beissender Advocat.

Mais répondés un peu. Quelle verve indiscrete
Sans l'aveu des neuf Sœurs vous a rendu
 poëte ? 20
Sentiés-vous, dites-moi, ces violens transports,
Qui d'un esprit divin font mouvoir les ressorts ?
Qui vous a pu soufler une si folle audace ?
Phébus a-t-il pour vous applani le Parnasse ?
Et ne savés-vous pas que sur ce mont sacré, 25
Qui ne vole au sommet tombe au plus bas dégré ?
Et qu'à moins d'être au rang d'Horace et de
 Voiture, *)
On rampe dans la fange avec l'abbé de Pure?

*) Voltaire unterschreibt das nicht, was B. hier zum Lobe des Voiture sagt, indem er ihn mit Horazen in Einen Rang stellt. „Voiture, heist es in Voltaire's Briefen über die Engländer, kam zu einer Zeit, wo man aus der Barbarei herausging und noch in der Unwissenheit war. Man wollte Witz haben, und hatte noch keinen. Man suchte Wendungen anstatt Gedanken. Die unächten Steine finden sich leichter als die ächten. Voiture war mit seinem flatterhaften und offenen Kopfe der erste, der in dieser Morgenröthe der französischen Litteratur glänzte. Kam er nach den grossen Männern, die das Jahrhundert Ludwigs XIV berühmt machten, so blieb er entweder unbekannt, oder man redete nur mit Verachtung von ihm, oder er besserte auch seinen Stil. Boileau lobt ihn, aber in seinen ersten Satiren, zu der Zeit als sein Geschmack noch nicht gebildet war, und in dem Alter, wo man von den Leuten nach dem Ruf und nicht nach ihnen selbst urtheilt." --- In der Satire über die Zweideu-
 tigkeit,

Que si tous mes efforts ne peuvent réprimer
Cet ascendant malin qui vous force à rimer; 30
Sans perdre en vains discours tout le fruit de
vos veilles,
Osés chanter du roi les augustes merveilles.
Là, mettant à profit vos caprices divers, *)
Vous verriés tous les ans fructifier vos vers;

tigkeit, die B. in seinem 69. Jahre machte, lobt er zwar auch noch den Voiture pour mille beaux traits, tadelt aber zugleich an ihm die frostigen Wortspiele und andern falschen Witz. — Voiture ist hauptsächlich durch seine Briefe bekannt.

*) V. 33 - 36. Ich übersetze diese vier Verse prosaisch so: „Da könntest du noch aus deinen mancherlei Einfällen Geld machen, und für deine Verse ein jährliches Gnadengehalt ziehen; sie würden dir in Hoffnung des Gewinns trefflich fliessen, und du könntest jede Unze Dunst (Weihrauch, Lob) für schweres Gold verkaufen." Die beiden letzten Verse sagen, nach dieser Uebersetzung, weiter nichts, als die beiden ersten, und diese Wiederholung kömmt mir hier ziemlich matt vor. Wollte man sie dem Dichter nicht zu Schulden kommen lassen, so müsste man den ersten beiden Versen einen andern Sinn geben, und dis könnte denn nur dieser sein: Da könntest du noch deine Einfälle nützlich anwenden (nämlich in Erzählung der Thaten des Königs) und deine Verse würden sich jährlich vervielfältigen (so wie sich nämlich die Thaten des Königs jährlich vermehren). Aber bei dieser Erklärung scheinen die Worte Zwang zu leiden.

Et par l'espoir du gain votre muse animée, 35
Vendrait au poids de l'or une once de fumée.
Mais en vain, dites-vous, je pense vous tenter,
Par l'éclat d'un fardeau trop pesant à porter.
Tout chantre ne peut pas, sur le ton d'un Orphée, *)
Entonner en grands vers *la discorde étouffée*, 40
Peindre *Bellone en feu tonnant de toutes parts*,
Et *le Belge effrayé* **) *fuyant sur ses remparts*.
Sur un ton si hardi, sans être téméraire,
Racan ***) pourrait chanter au défaut d'un Homere;
Mais pour Cotin et moi qui rimons au hazard, †) 45
Que l'amour de blâmer fit poëtes par art, ††)
Quoiqu' un tas de grimauds vante notre éloquence,
Le plus sûr est pour nous de garder le silence.

*) Orpheus ist einer der ältesten, und, nach einigen Ueberbleibseln zu urtheilen, einer der erhabensten Dichter.

**) B. schrieb diese Satire in eben dem Jahr (1667) als Ludwig XIV in Flandern Lille und andere Städte einnahm.

***) Racan war ein sehr geschätzter französischer Dichter, den B. noch persönlich kannte. Er starb 1670.

†) Auf gut Glück, oder: in den Tag hinein.

††) Welche die Tadelsucht zu Poeten machte. Dis bezieht sich auf eine schlechte Satire, die Cotin auf B. machte, um sich an ihm zu rächen.

Un poëme insipide et sottement flatteur
Deshonore à la fois le héros et l'auteur. 50
Enfin de tels projets passent notre faiblesse.

Ainsi parle un esprit languissant de mollesse, *)
Qui, sous l'humble dehors d'un respect affecté,
Cache le noir venin de sa malignité.
Mais dussiés-vous en l'air voir vos aîles fon-
         dues, 55
Ne valait-il pas mieux vous perdre dans les nues,
Que d'aller sans raison d'un stile peu chrétien,
Faire insulte en rimant à qui ne vous dit rien;
Et du bruit dangereux d'un livre téméraire
A vos propres périls enrichir le libraire? 60

Vous vous flattés peut-être en votre vanité,
D'aller comme un Horace à l'immortalité;
Et déjà vous croyés dans vos rimes obscures
Aux Saumaises futurs **) préparer des tortures.
Mais combien d'écrivains, d'abord si bien
         reçus, 65
Sont de ce fol espoir honteusement déçus?
Combien pour quelques mois ont vû fleurir
         leur livre,
Dont les vers en paquet se vendent à la livre?

---

*) Von hier an antwortet B. auf das, was sein Geist
 gesagt hatte.

**) Saumaise (Salmasius) ein gelehrter Kritiker und
 Ausleger, der viele dunkle Stellen in den Alten
 aufgeklärt hat.

Vous pourrés voir un tems vos écrits estimés,
Courir de main en main par la ville semés, 70
Puis de là tout poudreux, ignorés sur la terre,
Suivre chés l'épicier Neuf-Germain et la Serre, *)
Ou de trente feuillets réduits peut-être à neuf,
Parer demi-rongés les rebords du Pont-neuf. **)
Le bel honneur pour vous, en voyant vos ouvrages, 75
Occuper le loisir des laquais et des pages,
Et souvent dans un coin renvoyés à l'écart,
Servir du second tome aux airs du Savoyard! ***)

*) Ein paar schlechte Schriftsteller.

**) Wo gewöhnlich der Auswurf der Bücher verkauft wird. --- Schlimmer kann es einem Buche nicht gehn, als wenn es sich von dreissig Bogen bis auf neun verliert (denn so versteh ich das réduits, nicht so, dass der Autor oder sonst jemand einen Auszug daraus gemacht, eine Quintessenz von neun Bogen aus den dreissigen herausgezogen habe) und dieser Rest dann, halb von Ratzen und Mäusen zerfressen, das Geländer des Pont-neuf ziert.

***) Diese Arien oder Lieder des Savoyarden sind in einem Buch enthalten, das den Titel führt: Recueil nouveau des chansons du Savoyard par lui seul chantées à Paris. Dieser Savoyarde hiess Philippot. Er sang mit Hülfe einiger Knaben, die er dazu abgerichtet hatte, die gedachten Lieder auf dem Pontneuf, und machte allerhand Possen dazu, die die Leute herbeilockten. Zu B. Zeit war dis Liederbuch schon ziemlich in Vergessenheit gerathen, stand also schon im Winkel.

Mais je veux que le fort par un hûreux caprice
Fasse de vos écrits prospérer la malice, 80
Et qu'enfin votre livre aille au gré de vos vœux,
Faire siffler Cotin chés nos derniers neveux:
Que vous sert-il qu'un jour l'avenir vous estime,
Si vos vers aujourd'hui vous tiennent lieu de crime,
Et ne produisent rien, pour fruits de leurs bons mots, 85
Que l'effroi du public et la haine des sots?
Quel démon vous irrite et vous porte à médire?
Un livre vous déplaît; qui vous force à le lire?
Laissés mourir un fat dans son obscurité.
Un auteur ne peut-il pourrir en sûreté? 90
Le Jonas inconnu seche dans la poussière.
Le David imprimé n'a point vû la lumière.
Le Moïse commencé à moisir par les bords. *)
Quel mal cela fait-il? Ceux qui sont morts, sont morts.
Le tombeau contre vous ne peut-il les défendre? 95
Et qu'ont fait tant d'auteurs pour remuer leur cendre?
Que vous ont fait Perrin, Bardin, Pradon, Hainaut,
Colletet, Pelletier, Titreville, Quinaut, **)

---

*) Dieser Jonas, David und Moses sind drei schlechte heroische Gedichte.

**) Lauter schlechte oder doch mittelmäßige Dichter.

Dont les noms en cent lieux, placés comme en leur niches,
Vont de vos vers malins remplir les hémiſtiches? 100
Ce qu'ils font vous ennuie. O le plaiſant détour? *)
Ils ont bien ennuyé le roi, toute la cour,
Sans que le moindre édit ait, pour punir leur crime,
Retranché les auteurs ou ſupprimé la rime.
Ecrive qui voudra! Chacun à ce métier 105
Peut perdre impunément de l'encre et du papier.
Un roman, ſans bleſſer les loix ni la coûtume,
Peut conduire un héros au dixieme volume. **)
De-là vient que Paris voit chés lui de tout tems
Les auteurs à grands flots déborder tous les ans, 110
Et n'a point de portail, où juſques aux corniches
Tous les piliers ne ſoient enveloppés d'affiches.
Vous ſeul plus dégouté, ſans pouvoir et ſans nom,
Viendrés régler les droits de l'état d'Apollon.
Mais vous qui raffinés ſur les écrits des autres, 115
De quel œil penſés-vous qu'on regarde les vôtres?

*) Ausflucht, Vorwand.
**) Dis zielt auf die Romane Cyrus, Clelie, Pharamond, Cleopatra, von Scudery und ſeiner Schweſter.

Il n'est rien en ce tems à couvert de vos coups;
Mais savés-vous aussi, comme on parle de vous?

Gardés-vous, dira l'un, de cet esprit critique,
On ne sait bien souvent quelle mouche le pique. 120
Mais c'est un jeune fou qui se croit tout permis,
Et qui pour un bon mot va perdre vingt amis.
Il ne pardonne pas aux vers de la Pucelle,
Et croit régler le monde au gré de sa cervelle.
Jamais dans le barreau trouva-t-il rien de bon? *) 125
Peut-on si bien prêcher qu'il ne dorme au sermon?
Mais lui, qui fait ici le régent du Parnasse,
N'est qu'un gueux revêtu des dépouilles d'Horace.
Avant lui Juvenal avait dit en latin,
Qu'on est assis à l'aise aux sermons de Cotin. 130
L'un et l'autre avant lui s'étaient plaints de la rime. **)

*) B. war anfänglich Advocat, aber er fand keinen Geschmack an dieser Beschäftigung und machte sich oft lustig darüber. Auch machte er die Stimmen und Geberden der Advocaten, die er im Palais vortragen und sich zanken hörte, häufig in Gesellschaften nach.

**) B. läfst seine Gegner, um sie lächerlich zu machen, ihm vorwerfen, dafs er auch seine Klagen über die Schwierigkeiten des Reims (in der Satire, die Mo-

Et c'est aussi sur eux qu'il rejette son crime;
Il cherche à se couvrir de ces noms glorieux.
J'ai peu lu ces auteurs; mais tout n'irait que mieux,
Quand de ces médisans l'engeance toute entière 135
Irait la tête en bas rimer dans la rivière.

Voilà comme on vous traite, et le monde effrayé
Vous regarde déjà comme un homme noyé.
En vain quelque rieur prenant votre défense,
Veut faire au moins de grace adoucir la sentence. 140
Rien n'appaise un lecteur toûjours tremblant d'effroi,
Qui voit peindre en autrui ce qu'il remarque en soi.
Vous ferés-vous toûjours des affaires nouvelles?
Et faudra-t-il sans cesse essayer des querelles?
N'entendrai-je qu'auteurs se plaindre et murmurer? 145
Jusqu'à quand vos fureurs doivent-elles durer?
Répondés, mon esprit, ce n'est plus raillerie.
Dites — Mais, dirés-vous, pourquoi cette furie?

---

lieren zugeeignet ist) und seinen Spott über schlechte Predigten aus Horaz und Juvenal entlehnt habe. In dem heidnischen Rom ward bekanntlich nicht gepredigt, und die lateinische Poesie kennt keine Reime.

SATIRE VI.

Quoi? pour un maigre auteur que je glose en passant,
Est-ce un crime après tout et si noir et si grand? 150
Et qui, voyant un fat s'applaudir d'un ouvrage,
Où la droite raison trébuche à chaque page,
Ne s'écrie aussi-tôt: *L'impertinent auteur!*
L'ennuyeux écrivain! le maudit traducteur!
A quoi bon mettre au jour tous ces discours fri-
voles, 155
Et ces riens enfermés dans de grandes paroles?

Est-ce donc là médire, ou parler franchement?
Non, non, la médisance y va plus doucement.
Si l'on vient à chercher, pour quel secret mystère
Alidor *) à ses fraix bâtit un monastère: 160
Alidor, dit un fourbe, *il est de mes amis.*
Je l'ai connu laquais avant qu'il fût commis.
C'est un homme d'honneur, de piété profonde,
Et qui veut rendre à Dieu ce qu'il a pris au monde.

Voilà jouer d'adresse et médire avec art; 165
Et c'est avec respect enfoncer le poignard.
Un esprit né sans fard, sans basse complaisance,
Fuit ce ton radouci que prend la médisance.

---

*) Alidor ist ein erdichteter Name. Es gab aber damals, so wie immer, wirkliche Personen, auf welche diese Schilderung passt.

Mais de blâmer des vers ou durs ou languissans;
De choquer un auteur qui choque le bon sens; 170
De railler d'un plaisant, qui ne sait pas nous plaire:
C'est ce que tout lecteur eut toûjours droit de faire.

Tous les jours à la cour un sot de qualité
Peut juger de travers avec impunité;
A Malherbe, à Racan préférer Theophile, 175
Et le clinquant de Tasse *) à tout l'or de Virgile.

Un clerc, pour quinze sous, sans craindre le holà, **)
Peut aller au parterre attaquer Attila; ***)
Et si le roi des Huns ne lui charme l'oreille,
Traiter de Visigots ****) tous les Vers de Corneille. 180

*) Tasso, französisch le Tasse, ist ein berühmter italienischer Dichter aus dem sechszehnten Jahrhundert. Sein vornehmstes Gedicht ist eine Epopöe und heist: das befreite Jerusalem. Der Held dieses Gedichts ist Gottfried von Bouillon, der zur Zeit der Kreuzzüge Jerusalem den Türken entriss. B. zog, wie viele andere auch thun, die Aeneide Virgils dem befreiten Jerusalem Tassos weit vor.

**) Ohne zu fürchten, dass man ihm Stillschweigen gebiethe.

***) Ein Trauerspiel von Corneille.

****) Als Westgothen, d. i. als barbarische Verse behandeln.

Il n'est valet d'auteur ni copiste à Paris,
Qui la balance en main ne pese les écrits.
Dès que l'impression fait éclorre un poëte,
Il est esclave né de quiconque l'achete,
Il se soûmet lui-même aux caprices d'autrui, 185
Et ses écrits tous seuls doivent parler pour lui.

Un auteur à genoux, dans un humble préface,
Au lecteur qu'il ennuye, a beau demander grace :
Il ne gagne rien sur ce juge irrité,
Qui lui fait son procès de pleine autorité. 190

Et je serai le seul qui ne pourrai rien dire ?
On sera ridicule, et je n'oserai rire ?
Et qu'ont produit mes vers de si pernicieux,
Pour armer contre moi tant d'auteurs furieux ?
Loin de les décrier je les ai fait paraître ; 195
Et souvent sans ces vers, qui les ont fait connaître,
Leur talent dans l'oubli demeurerait caché ;
Et qui saurait sans moi que Cotin a prêché ?
La satire ne sert qu'à rendre un fat illustre.
C'est un ombre au tableau, qui lui donne du lustre, 200
En les blâmant enfin j'ai dit ce que j'en croi,
Et tel, qui m'en reprend, en pense autant que moi.

Il a tort, dira l'un. Pourquoi faut-il qu'il nomme ?
Attaquer Chapelain ! ah ! c'est un si bon homme.

Balzac *) en fait l'éloge en cent endroits divers 205
Il est vrai, s'il m'eût cru, qu'il n'eût point fait
 de vers.
Il se tue à rimer. Que n'écrit-il en prose?
Voilà ce que l'on dit. Et que dis-je autre
 chose?
En blâmant ses écrits ai-je d'un stile affreux
Distilé sur sa vie un venin dangereux?   210
Ma Muse en l'attaquant, charitable et discrette,
Sait de l'homme d'honneur distinguer le poëte.
Qu'on prise sa candeur et sa civilité;
Qu'il soit doux, complaisant, officieux, sin-
 cère: 215
On le veut, j'y souscris, et suis prêt de me taire.
Mais que pour un modele on montre ses écrits,
Qu'il soit le mieux renté **) de tous les beaux
 esprits,

*) Balzac ist bekannt durch seine Briefe, die in
einem unnatürlichen und hochtrabenden Stile geschrieben sind.

**) Dass er unter allen schönen Geistern die gröfsten
Gaben besitze. Man darf hier bei den Worten:
le mieux renté nicht an die grofsen Pensionen
denken, die Chapelain von dem Könige und von
dem Herzoge von Longueville hatte. Darüber konnte
sich B. nicht ärgern, oder wenn er es that, durfte
ers doch nicht sagen. Oder wenn dis der Sinn ist,
so muss man diesen Vers als eine Parenthese ansehen
und das que übersetzen, als wenn es für quoique
stände: „sei er immerhin unter allen schönen Geistern am besten versorgt."

Comme roi des auteurs qu'on l'éleve à l'empire:
Ma bile alors s'échauffe et je brule d'écrire. 220
Et s'il ne m'est permis de le dire au papier,
J'irai creuser la terre, et comme ce barbier,
Faire dire aux roseaux par un nouvel organe,
Midas, le roi Midas a des oreilles d'ane. *)
Quel tort lui fais-je enfin? Ai-je par un écrit 225
Pétrifié sa veine et glacé son esprit?
Quand un livre au palais se vend et se débite,
Que chacun par ses yeux juge de son mérite.
Que Bilaine **) l'étale au deuxiéme pilier.
Le dégout d'un censeur peut-il le décrier? 230

---

*) Midas, König in Phrygien, besaſs groſse Schätze, aber wenig Verstand und Kenntniſse. Ungeachtet seines schwachen Kopfs hatte er eine groſse Einbildung von sich und mochte gern kunstrichtern. Apollo und Pan nahmen ihn zum Schiedsrichter bei ihrem Wettgesange. Er gab Panen den Vorzug. Dafür machte ihm Apollo aus Rache Eselsohren. Diese verbarg Midas sorgfältig; aber er konnte doch seinen Barbier nicht hindern, sie zu sehen, daher verbot er ihm bei Lebensstrafe davon zu sprechen. Der Barbier, dem das Schweigen unmöglich fiel, grub ein Loch in die Erde und rief da leise hinein: Der König Midas hat Eselsohren. Die Erde ließ an dieser Stelle Rohr wachsen, welches, so wie der Wind hineinblies, laut die Worte erschallen ließ: Der König Midas hat Eselsohren.

**) Bilaine war der Verleger der Pucelle. Er hatte seinen Laden am zweiten Pfeiler des groſsen Saals im Palais.

En vain contre le Cid un ministre se ligue, *)
Tout Paris pour Chimène a les yeux de Rodrigue; **)
L'academie en corps a beau le censurer,
Le public revolté s'obstine à l'admirer.
Mais lorsque Chapelain met un œuvre en lumière, 235
Chaque lecteur d'abord lui devient un Linière. ***)
En vain il a reçu l'encens de mille auteurs,
Son livre en paraissant dément tous ses flatteurs.
Ainsi sans m'accuser, quand tout Paris le joue,
Qu'il s'en prenne à ses vers, que Phébus desavoue; 240
Qu'il s'en prenne à sa Muse allemande †) en françois.
Mais laissons Chapelain pour la dernière fois. ††)

---

*) Dieser Minister war der Cardinal Richelieu, der die Academie françoise dahin brachte, ein sehr ungünstiges Urtheil über le Cid, ein Trauerspiel, von Corneille, das mit allgemeinem Beifall aufgenommen war, bekannt zu machen.

**) Personen aus dem Cid.

***) Dieser schrieb gegen die Pucelle.

†) Deutsch hieß ehmals bei den Franzosen soviel als rauh, hart.

††) Zu B. Zeit müssen françois und fois sich noch besser gereimt haben, als heutiges Tages, denn vormals sprach man françois wie fois aus; oder er hat es auch dismal mit dem Reim so genau nicht genommen.

SATIRE VI.

La satire, dit-on, est un métier funeste,
Qui plaît à quelques gens, et choque tout le reste.
La suite en est à craindre. En ce hardi métier   245
La peur plus d'une fois fit repentir Regnier. *)
Quittés ces vains plaisirs, dont l'appas vous abuse.
A de plus doux emplois occupés votre Muse,
Et laissés à Feuillet **) reformer l'univers.

Et sur quoi donc faut-il que s'exercent mes vers?   250
Irai-je dans une ode, en phrases de Malherbe,
Troubler dans ses roseaux le Danube superbe;
Delivrer de Sion le peuple gémissant;
Faire trembler Memphis, ou pâlir le Croissant;
Et passant du Jourdain les ondes alarmées,   255
Cueillir, mal-à-propos, les palmes Iduméeas? ***)

*) Et moi aussi, setzte B. bisweilen beim Vorlesen dieser Satire hinzu. — Regnier ist der erste französische Satirenschreiber. Er starb 1613.

**) Ein Prediger, der sehr strenge gegen die Laster und Unordnungen, selbst des Hofes, redte.

***) Dis sind Ausdrücke, die einige damalige Versemacher, besonders du Périer in seinen Oden, dem Malherbe abborgten, und oft sehr unschicklich anbrachten.

Encyclop. franç. Tom. I.   M

Viendrai-je en une eglogue, entouré de troupeaux,
Au milieu de Paris enfler mes chalumeaux,
Et dans mon cabinet affis au pié des hêtres,
Faire dire aux échos des fottifes champêtres? 260
Faudra-t-il de fang froid, et fans être amoureux,
Pour quelque Iris en l'air faire le langoureux,
Lui prodiguer les noms de foleil et d'aurore,
Et toûjours bien mangeant mourir par métaphore?
Je laiffe aux doucereux ce langage affeté, 265
Où s'endort un efprit de molleffe hébeté.

    La fatire, en leçons, en nouveautés fertile,
Sait feule affaifonner le plaifant et l'utile,
Et d'un vers qu'elle épure aux rayons du bon fens,
Détromper les efprits des erreurs de leur tems. 270
Elle feule, bravant l'orgueuil et l'injuftice,
Va jufques fous le dais faire pâlir le vice;
Et fouvent fans rien craindre, à l'aide d'un bon mot,
Va venger la raifon des attentats d'un fot.
C'eft ainfi que *Lucile*, appuyé de Lélie, *) 275
Fit juftice en fon tems des Cotins d'Italie,
Et qu'Horace, jettant le fel à pleines mains,
Se jouait aux dépens des Pelletiers Romains.

  *) Lucilius war der erfte Satirenfchreiber in Rom, und Lelius, ein berühmter Römer, war fein Freund,

C'eft elle, qui m'ouvrant le chemin qu'il faut
suivre,
M'infpira dès quinze ans la haine d'un fot
livre, 280
Et fur ce mont fameux, où j'ofai la chercher,
Fortifia mes pas, et m'apprit à marcher.
C'eft pour elle, en un mot, que j'ai fait vœu
d'écrire.
Toutefois s'il le faut, je veux bien m'en dédire,
Et pour calmer enfin tous ces flots d'en-
nemis, 285
Réparer en mes vers les maux qu'ils ont commis.
Puisque vous le voulés, je vais changer de ftile.
Je le déclare donc: Quinaut eft un Virgile.
Pradon *) comme un foleil en nos ans a paru.
Pelletier écrit mieux qu'Ablancourt ni Pa-
tru. **) 290
Cotin, à fes fermons traînant toute la terre,
Fend les flots d'auditeurs pour aller à fa chaire,
Saufal ***) eft le Phénix des efprits relevés.

*) Pradon wetteiferte in Theaterftücken mit Racine, erreichte ihn aber nicht.

**) Ablancourt ift bekannt durch feine Ueberfetzung des Tacitus und anderer Alten. Patru war einer der berühmteften Parlementsadvocaten in Paris.

***) Saufal oder Sauval, ein Parlementsadvocat, ift Verfaffer der Hiftoire et Recherches des Antiquités de la Ville de Paris, 1724 in drei Folianten. Die Sachen find gut, aber der Stil ift fchlecht.

Perrin *) — Bon! mon esprit, courage! pour-
　　　　　　　　　　　　　suivés!
Mais ne voyés-vous pas que leur troupe en
　　　　　　　　　　　　　furie　　295
Va prendre encor ces vers pour une raillerie?
Et Dieu fait, aussitôt que d'auteurs en cour-
　　　　　　　　　　　　　roux,
Que de rimeurs blessés s'en vont fondre fur
　　　　　　　　　　　　　vous!
Vous les verrés bientôt, féconds en impo-
　　　　　　　　　　　　　stures,
Amasser contre vous des volumes d'injures, 300
Traiter en vos écrits chaque vers d'attentat,
Et d'un mot innocent faire un crime d'état.
Vous aurés beau vanter le roi dans vos ou-
　　　　　　　　　　　　　vrages,
Et de ce nom sacré sanctifier vos pages:
Qui méprise Cotin, n'estime point son roi. 305
Et n'a, selon Cotin, ni Dieu, ni foi, ni loi.
Mais quoi? répondrés-vous; Cotin nous peut-il
　　　　　　　　　　　　　nuire?
Et par ses cris enfin que saurait-il produire?
Interdire à mes vers, dont peut-être il fait cas,
L'entrée aux pensions, où je ne prétends
　　　　　　　　　　　　pas? **)　　310

---

*) Er hat Virgils Aeneide in Versen übersetzt. Auch
war er der erste, der (1669) die Freiheit erhielt,
in Frankreich Opern nach Art der französischen zu
errichten.

**) Damals hatte B. noch keine Pension vom Könige
und erwartete auch keine.

Non, pour louer un roi, que tout l'univers loue,
Ma langue n'attend point que l'argent la dénoue;
Et sans espérer rien de mes faibles écrits,
L'honneur de le louer m'est un trop digne prix.
On me verra toûjours, sage dans mes caprices, 315
De ce même pinceau, dont j'ai noirci les vices,
Et peint, du nom d'auteur tant de sots revêtus,
Lui marquer mon respect, et tracer ses vertus.

Je vous crois, mais pourtant on crie, on vous ménace.
Je crains peu, dirés-vous, les braves du Parnasse. 320
Hé, mon Dieu! craignés tout d'un auteur en courroux,
Qui peut — Quoi? Je m'entends. Mais encor? Taisés-vous!

Satire VII.

A M. DE VALINCOUR,

Conseiller du roi en ses conseils *), Secretaire général de la marine, et des commandemens **) de Monseigneur le Comte de Toulouse. ***)

Oui, l'honneur, Valincour, est chéri dans le monde; ****)
Chacun pour l'exalter en paroles abonde;
A s'en voir revêtu chacun met son bonheur;
Et tout crie ici-bas, l'honneur! vive l'honneur!
Entendons discourir sur les bancs des galères, 5
Ce forçat abhorré même de ses confrères;
Il plaint, par un arrêt injustement donné,
L'honneur en sa personne à ramer condamné!

---

*) Das Conseil du roi hat verschiedene Abtheilungen oder Sitzungen als, le conseil des affaires étrangères, le conseil des dépêches, le conseil des finances u. s. w.

**) Die königlichen Prinzen und Prinzessinnen haben ihre Secretaires de commandemens, die ihre Befehle und Aufträge unterzeichnen und siegeln.

***) Der Graf von Toulouse war ein natürlicher Sohn Ludwigs XIV.

****) Die Veranlassung zu dieser Satire gab eine Untersuchung des ächten und unächten Adels, die 1696 in Frankreich angestellt ward. Man wollte einem Vetter unsers Dichters seinen Adel streitig machen. Die ganze Familie nahm sich der Sache an, und gewann auch den darüber entstandenen Process.

SATIRE VII.

En un mot, parcourons et la mer et la terre;
Interrogeons marchands, financiers, gens de
guerre, 10
Courtisans, magistrats; chés ceux, si je les crois,
L'intérêt ne peut rien, l'honneur seul fait la loi.

Cependant, lors qu'aux yeux leur portant
la lanterne,
J'examine au grand jour l'esprit qui les gou-
verne,
Je n'apperçois par-tout que folle ambition, 15
Faiblesse, iniquité, fourbe, corruption;
Que ridicule orgueil de soi-même idolâtre.
Le monde, à mon avis, est comme un grand
théâtre,
Où chacun en public, l'un par l'autre abusé,
Souvent à ce qu'il est joue un rôle opposé. 20
Tous les jours on y voit, orné d'un faux vi-
sage,
Impudemment le fou représenter le sage,
L'ignorant s'ériger en savant fastueux,
Et le plus vil faquin trancher du vertueux.
Mais, quelque fol espoir dont leur orgueil
les berce, 25
Bientôt on les connaît et la vérité perce.
On a beau se farder aux yeux de l'univers;
A la fin sur quelqu'un de nos vices couverts
Le public malin jette un oeil inévitable;
Et bientôt la censure, au regard formidable, 30

Sait, le crayon en main, marquer nos endroits faux,
Et nous développer avec tous nos défauts.
Du menfonge toûjours le vrai demeure maître.
Pour paraître honnête homme, en un mot, il faut l'être:
Et jamais, quoi qu'il faffe, un mortel ici-bas 35
Ne peut aux yeux du monde être ce qu'il n'eft pas.
En vain ce mifanthrope, aux yeux triftes et fombres,
Veut par un air riant en éclaircir les ombres:
Le ris fur fon vifage eft en mauvaife humeur;
L'agrément fuit fes traits, fes careffes font peur; 40
Ses mots les plus flatteurs paraiffent des rudeffes,
Et la vanité brille en toutes fes baffeffes.
Le naturel toûjours fort et fait fe montrer.
Vainement on l'arrête, on le force à rentrer,
Il romp tout, perce tout, et trouve enfin paffage. 45

Mais loin de mon projet je fens que je m'engage.
Revenons de ce pas à mon texte égaré.
L'honneur par-tout, difais-je, eft du monde admiré.
Mais l'honneur, en effet, qu'il faut que l'on admire,

Quel est-il, Valincour? pourras-tu me le
dire?   50
L'ambitieux le met souvent à tout brûler;
L'avare à voir chés lui le Pactole *) rouler;
Un faux brave à vanter sa prouesse frivole;
Un vrai fourbe à jamais ne garder sa parole;
Ce poete à noircir d'insipides papiers;   55
Ce marquis à savoir frauder ses créanciers;
Un libertin à rompre et jeûnes et carême;
Un fou perdu d'honneur, à braver l'honneur
même.
L'un d'eux a-t-il raison? qui pourrait le penser?
Qu'est-ce donc que l'honneur que tout doit
embrasser?   60
Est-ce de voir, dis-moi, vanter notre éloquence;
D'exceller en courage, en adresse, en prudence;
De voir à notre aspect tout trembler sous les
cieux;
De posséder enfin mille dons précieux?
Mais avec tous ces dons de l'esprit et de l'ame,   65
Un roi même souvent peut n'être qu'un infame,
Qu'un Herode, un Tibere **) effroyable à nom-
mer.
Où donc est cet honneur qui seul doit nous
charmer?

---

*) Ein Fluss in Lydien (in klein Asien) worin sich
viele Goldkörner fanden.

**) Der erste war König der Juden, der zweite, Au-
gusts Nachfolger in der Kaiserwürde. Beide waren
argwöhnisch und grausam, und ihre eigenen Fami-
lien wurden das Opfer ihrer Wut und ihres Neides.

Quoi qu'en ses beaux discours Saint-Evremond
nous prône,
Aujourd'hui j'en croirai Séneque avant Pé-
trone. *)   70
Dans le monde il n'est rien de beau que
l'équité.
Sans elle la valeur, la force, la bonté,
Et toutes les vertus dont s'éblouit la terre.
Ne sont que faux brillans, et que morceaux
de verre.

*) Der Sinn dieser beiden Verse müste, nach dem Zusammenhang, worin sie stehen, dieser sein, „dafs St. Evremond — ein bekannter französischer Schriftsteller — Unrecht habe, wenn er die Meinung Petrons über die wahre Ehre der Meinung Senecas über eben diesen Punkt vorziehe. Nun findet sich aber in St. Evremond's Aufsatze, worin er Seneca und Petron mit einander vergleicht, nichts, was hierauf Beziehung hätte: wie kömmt denn St. Evremond hieher? Er hatte, sagt ein Ausleger, in dem Streit über den Vorzug der Alten vor den Neuern, gegen B. Partei genommen, darum schofs B. diesen satirischen Pfeil gegen ihn ab, wozu sich eigentlich hier keine Veranlassung fand, und der nicht trifft.

Seneca, Nero's Erzieher, ist aus seinen Schriften als ein ernsthafter Lehrer der Weisheit und Tugend bekannt. Petrons Gedichte hingegen athmen nichts als Wohllust und Ueppigkeit und sind ein treues Bild seines Lebens. Er war eine Zeitlang Nero's vertrauter Freund, Richter seines Geschmacks und Diener seiner Lüste. Seneca, der Stoiker, muste ganz andere Begriffe von der wahren Ehre haben, als Petron, der Epicuræer, und so konnte B. sagen, dafs er jenem mehr glaube als diesem.

Un injuste guerrier, terreur de l'univers, 75
Qui sans sujet courant chés cent peuples divers,
S'en va tout ravager jusqu'aux rives du Gange,
N'est qu'un plus grand voleur que du Terte
  et Saint-Ange. *)
Du premier des Césars on vante les exploits;
Mais dans quel tribunal, jugé suivant les loix, 80
Eût-il pu disculper son injuste manie?
Qu'on livre son pareil en France à la Reynie, **)
Dans trois jours nous verrons le Phénix des
  guerriers
Laisser sur l'échaffaud sa tête et ses lauriers.
C'est d'un roi que l'on tient cette maxime
  auguste, 85
Que jamais on n'est grand qu'autant que l'on est
  juste. ***)
Rassemblés à la fois Mithridate †) et Sylla ††);

*) Zwei berüchtigte Strafsenräuber.
**) Ein General-Polizei-Lieutenant zu Paris, der sein Amt mit aufserordentlicher Wachsamkeit und Festigkeit verwaltete.
***) Es war Agesilaus, ein König von Sparta, der dieses wahrhaft königliche Wort sagte.
†) Ein König in Pontus (itzt Siwas, an der Südseite des schwarzen Meers), der den Römern viel zu schaffen machte. „Ein Mann, sagt ein römischer Schriftsteller, von dem zu schweigen und zu reden gleich schwer ist; ein feuriger Krieger, ein braver Mann; bisweilen an Glück, immer an Muth überlegen; im Rathe Anführer, im Gefechte Soldat; an Römerhafs ein Hannibal."
††) Ein Römer, der als grofser Feldherr und als Unterdrücker der Freiheit seines Vaterlandes gleich bekannt ist.

Joignés-y Tamerlan *), Genseric **), Attila: ***)
Tous ces fiers conquérans, rois, princes, capitaines,
Sont moins grands à mes yeux que ce bourgeois d'Athenes, ****) 90
Qui fut pour tous exploits, doux, modéré, frugal,
Toûjours vers la justice aller d'un pas égal.
Oui, la justice en nous est la vertu qui brille:
Il faut de ses couleurs qu'ici-bas tout s'habille.
Dans un mortel chéri, tout injuste qu'il est, 95
C'est quelque air d'équité qui seduit et qui plaît.
A cet unique appas l'ame est vraiment sensible:
Même aux yeux d'un injuste un injuste est horrible;
Et tel qui n'admet point la probité chés lui,
Souvent à la rigueur l'exige chés autrui. 100

*) Ein grofser Eroberer der neuern Zeit. Er lebte 1333-1404. Der Schauplatz seiner Kriege war Asien. Er war ein Mogolischer Fürst.

**) König der Vandalen, eines von den deutschen Völkern, die im fünften Jahrhunderte das römische Reich zerstörten. Er ward 429 der Stifter des Vandalischen Reichs in Africa.

***) König der Hunnen, der im fünften Jahrhundert schreckliche Verheerungen in Deutschland und Italien anrichtete und dadurch die Veranlassung gab, dafs Venedig entstand.

****) Er meint den Socrates oder auch den Aristides, welcher letztere vorzugsweise der Gerechte genannt ward.

SATIRE VII.

Disons plus; Il n'est point d'ame livrée au vice,
Où l'on ne trouve encor des traces de justice.
Chacun de l'équité ne fait pas son flambeau;
Tout n'est pas Caumartin, Bignon, ni Da-
            guesseau. *)
Mais jusqu'en ces païs où tout vit de pillage, 105
Chés l'Arabe et le Scythe elle est de quelque
            usage;
Et du butin acquis en violant les loix,
C'est elle entre eux qui fait le partage et le
            choix.

Mais allons voir le vrai jusqu'en sa source
            même.
Un dévot aux yeux creux, et d'abstinence
            blême,   110
S'il n'a point le cœur juste, est affreux devant
            Dieu.
L'évangile au chrétien ne dit en aucun lieu:
Sois dévot. Il nous dit: sois doux, simple,
            équitable.
Car d'un dévot souvent au chrétien véritable
La distance est deux fois plus longue, à mon
            avis,   115
Que du pole antarctique au détroit de Davis.
Encor par ce dévot ne crois pas que j'entende:

---

*) Drei rechtschaffene Männer, die Staatsbedienungen verwalteten.

Tartuffe ou Molinos *), et sa mystique bande.
J'entends un faux chrétien, mal instruit, mal guidé
Et qui de l'évangile en vain persuadé, 120
N'en a jamais conçu l'esprit ni la justice;
Un chrétien, qui s'en sert pour disculper le vice,
Qui toûjours près des grands, qu'il prend soin d'abuser,
Sur leurs faibles honteux sait les autoriser,
Et croit pouvoir au ciel, par ses folles maximes, 125
Avec le sacrement faire entrer tous les crimes.
Des faux dévots pour moi voilà le vrai héros.
Mais pour borner enfin tout ce vague propos,
Concluons qu'ici-bas le seul honneur solide,
C'est de prendre toûjours la vérité pour guide; 130

---

*) Molinos (den man nicht mit Molina verwechseln muſs) ward der Stifter einer Secte, die den Namen der Quietisten oder auch der Mystiker führt. „Man muſs sich selbst vernichten, sagten sie, um sich mit Gott zu vereinigen; man muſs die Sinne ertödten, um Gott anzuschauen; man muſs sich diesem Anschauen ganz überlassen und mit ungestörter Seelenruhe ganz in Gott und für Gott leben." Der berühmte Fenelon, Verfaſſer des Telemach, nahm die Partei der Molinisten, und schrieb bei dieser Gelegenheit sein Buch: Maximes des saints, das er aber auf Befehl des Pabstes widerrufen muſte. -- Madame Guion, eine eifrige Molinistinn, ist auch unter uns bekannt.

De regarder en tout la raison et la loi;
D'être doux pour tout autre et rigoureux
　　　　　　　　　　　　　pour soi;
D'accomplir tout le bien que le ciel nous
　　　　　　　　　　　inspire,
Et d'être juste enfin: ce mot seul veut tout
　　　　　　　　　　dire.
Je doute que le flot des vulgaires humains　135
A ce discours pourtant donne aisément les
　　　　　　　　　　　　mains
Et pour t'en dire ici la raison historique,
Souffre que je l'habille en fable allégorique.

Sous le bon roi Saturne*), ami de la douceur,
L'honneur, cher Valincour, et l'équité sa
　　　　　　　　　　　sœur,　　　　140
De leurs sages conseils éclairant tout le monde,
Regnaient, chéris du ciel, dans une paix
　　　　　　　　　　　profonde.
Tout vivait en commun sous ce couple adoré;
Aucun n'avait d'enclos, ni de champ séparé.
La vertu n'était point sujette à l'ostracis-
　　　　　me **)　　　　　　145

*) Saturnus, sagt die Fabel, von seinen eignen Kindern, dem Jupiter u. s. w. der Regirung des Himmels entsetzt, begab sich zur Erde hinab, ward König von Italien und machte seine Unterthanen so glücklich, als nie ein König vor und nach ihm gethan hat. Unter ihm war die goldne Zeit, von der uns die Dichter so viel schönes sagen.

**) Der Verbannung aus dem Vaterlande, oder dem Gerichte, das diese Verbannung zuerkannte. Wann in Athen ein Bürger so mächtig und angesehen ward,
　　　　　　　　　　　　　　dass

Ni ne s' appellait point alors un janfénisme. *)
L'honneur beau par foi-même, et fans vains
 ornemens,
N'étalait point aux yeux l'or et les diamans;
Et jamais ne fortant de fes devoirs auftères,
Maintenait de fa foeur les régles falutaires. 150
Mais une fois au ciel par les Dieux appellé,
Il demeura longtems au féjour étoilé.

Un fourbe cependant, affés haut de corfage,
Et qui lui reffemblait de gefte et de vifage,
Prend fon tems, et partout ce hardi fuborneur 155
S'en va chés les humains crier qu'il eft l'honneur;

dafs man für die Freiheit des Staats Gefahr von ihm befürchten konnte: fo fuchte man einen Vorwand, um ihn auf zehn Jahre aus dem Lande, doch ohne Verletzung feiner Ehre und ohne Einziehung feines Vermögens, zu verweifen.

*) So wie man unter uns fromme, religiöfe Leute oft mit Unrecht Pietiften, d. i. übertriebene Heilige, oder auch Betbrüder und Betfchweftern nennt, fo heiffen in Frankreich die, welche fich einer ftrengen Tugend befleiffigen, fpottweife Janfeniften, wenn fie fich gleich nicht zu den übrigen Grundfätzen diefer Partei bekennen. Ein Bifchof machte einft einem Abbé Vorwürfe wegen feines zu freien Lebens. Wie foll mans denn machen? antwortete diefer; lebt man ordentlich, fo heifst man Janfenift. — Die Jefuiten, gefchworne Feinde der Janfeniften, pflegten, wenn fie Leute von exemplarifcher Tugend, die ihnen im Wege waren, ftürzen wollten, von diefer Tugend einen Vorwand herzunehmen, um fie des Janfenifmus verdächtig zu machen.

Qu'il arrive du ciel, et que voulant lui-même
Seul porter déformais le faix du diadême *),
De lui seul il prétend qu'on reçoive la loi.
A ces discours trompeurs le monde ajoute foi.   160
L'innocente équité honteusement bannie,
Trouve à peine un désert où fuir l'ignominie.
Aussi-tôt sur un trône éclatant de rubis
L'imposteur monte orné de superbes habits.
La hauteur, le dédain, l'audace l'environnent.   165
Et le luxe et l'orgueil de leurs mains le couronnent,
Tout fier il montre alors un front plus sourcilleux;
Et le mien et le tien, deux frères pointilleux,
Par son ordre amenant le procès et la guerre,
En tous lieux de ce pas vont partager la terre;   170
En tous lieux sous les noms de bon droit et de tort,
Vont chés elle établir le seul droit du plus fort.
Le nouveau roi triomphe et sur ce droit inique
Bâtit de vaines loix un code fantastique;
Avant tout aux mortels préscrit de se venger;   175
L'un l'autre au moindre affront les force à s'égorger;

*) Die Last des Diadems tragen, d. i. das schwere
 Geschäft der Regirung übernehmen.

Et dans leur ame, en vain de remords com-
  battue,
Trace en lettres de sang ces deux mots: *Meurs
  ou Tue.*

 Alors, ce fut alors, sous ce vrai Jupiter, *)
Qu'on vit naître ici-bas le noir siecle de fer. 180
Le frère au même instant s'arma contre le frère;
Le fils trempa ses mains dans le sang de son père;
La soif à commander enfanta les tyrans,
Du Tanaïs au Nil **) porta les conquérans:
L'ambition passa pour la vertu sublime;   185
Le crime hûreux fut juste et cessa d'être crime.
On ne vit plus que haine et que division,
Qu'envie, effroi, tumulte, horreur, confusion.

 Le veritable honneur sur la route céleste
Est enfin averti de ce trouble funeste.   190
Il part sans différer, et descendu des cieux,
Va par-tout se montrer dans les terrestres lieux:
Mais il n'y fait plus voir qu'un visage incom-
  mode:
On n'y peut plus souffrir ses vertus hors de
  mode;

 *) Dem falschen Ruhm, der sich unrechtmäfsigerweise wie Jupiter der Herrschaft über die Menschen bemächtigte und die wahre Ehre verdrängte.

 **) Am Tanais (itzt D o n) wohnten ehmals die Scythen, die den sie angreifenden ægyptischen König Sesostris besiegt und bis an die Grenzen seines Reichs zurückgetrieben haben sollen.

Et lui même traité de fourbe et d'imposteur, 195
Est contraint de ramper aux pieds du séducteur.
Enfin las d'essuyer outrage sur outrage,
Il livre les humains à leur triste esclavage;
S'en va trouver sa sœur et dès ce même jour
Avec elle s'envole au céleste séjour. 200
Depuis toûjours ici, riche de leur ruine,
Sur les tristes mortels le faux honneur domine.
Gouverne tout, fait tout dans ce bas univers,
Et peut-être est-ce lui qui m'a dicté ces vers.*)
Mais en fût-il l'auteur, je conclus de sa fable,**) 205
Que ce n'est qu'en Dieu seul qu'est l'honneur véritable.***)

*) B. ist nicht der einzige Menschenkenner, der dis von sich befürchtet. Regnier sagt am Schlusse seiner Satire auf die Ruhmsucht:

> Mais, mon Dieu, que ce traitre est d'une étrange sorte!
> Tandis qu'à le blâmer la raison me transporte,
> Que de lui je médis, il me flatte et me dit,
> Que je veux par ces vers acquérir son crédit.

Und Pascal, ein berühmter Philosoph und Mathematiker, sagt: Ceux qui écrivent contre la gloire, veulent avoir la gloire d'avoir bien écrit; et ceux qui le lisent, veulent avoir la gloire de l'avoir lu; et moi qui écris ceci, j'ai peut-être cette envie; et peut-être que ceux qui le liront, l'auront aussi.

**) Aus der bisherigen allegorischen Vorstellung der Ehre.
***) Weil nämlich Gott allein vollkommen gut ist, und nur ein vollkommen gutes Wesen frei von allen Versuchungen der Eitelkeit und Ruhmsucht sein kann.

L'ART POETIQUE.

Chant premier.

C'est en vain qu'au Parnasse un téméraire auteur
Pense de l'art des vers atteindre la hauteur.
S'il ne sent point du ciel l'influence secrete,
Si son astre en naissant ne l'a formé poete,
Dans son génie étroit il est toûjours captif. 5
Pour lui Phébus est sourd, et Pegase est rétif.
  O vous donc qui brulant d'une ardeur périlleuse,
Courés du bel esprit la carrière épineuse,
N'allés pas sur des vers sans fruit vous consumer,
Ni prendre pour génie un amour de rimer. 10
Craignés d'un vain plaisir les trompeuses amorces,
Et consultés long-tems votre esprit et vos forces.
  La nature fertile en esprits excellens,
Sait entre les auteurs partager les talens.
L'un peut tracer en vers une amoureuse flamme, 15
L'autre d'un trait plaisant aiguiser l'epigramme.

Malherbe d'un héros peut vanter les exploits,
Racan *) chanter Philis, les bergers et les bois.
Mais souvent un esprit qui se flatte et qui s'aime,
Méconnait son génie et s'ignore soi-même. 20
Ainsi tel **) autrefois qu'on vit avec Faret
Charbonner de ses vers les murs d'un cabaret,
S'en va mal à propos d'une voix insolente
Chanter du peuple Hebreu la fuite triomphante,
Et poursuivant Moïse au travers des déserts, 25
Court avec Pharaon se noyer dans les mers.

Quelque sujet qu'on traite ou plaisant ou
         sublime,
Que toûjours le bon sens s'accorde avec la rime.
L'un l'autre vainement ils semblent se haïr;
La rime est une esclave et ne doit qu'obéir. 30
Lorsqu'à la bien chercher d'abord on s'évertue,
L'esprit à la trouver aisément s'habitue.
Au joug de la raison sans peine elle fléchit,
Et loin de la gêner, la sert et l'enrichit.
Mais lorsqu'on la néglige elle devient rebelle; 35
Et pour la rattraper le sens court après elle.
Aimés donc la raison. Que toûjours vos écrits
Empruntent d'elle seule et leur lustre et leur prix.

---

*) R. schrieb Bergeries, d. i. Schäfergedichte.
**) Saint-Amant, Verfasser des Sat. VI. erwähnten Gedichts: der gerettete Moses. Er und sein Freund Faret sollen fleissig die Weinhäuser besucht, und da, nach Art muthwilliger Leute, die Wände und Fenster mit ihren Einfällen besudelt haben.

La plûpart emportés d'une fougue insensée,
Toûjours loin du droit sens vont chercher leur
                                  pensée.   40
Ils croiraient s'abaisser dans leurs vers mon-
                                  strueux,
S'ils pensaient ce qu'un autre a pû penser
                                  comme eux.
Evitons ces excès. Laissons à l'Italie
De tous ces faux brillans l'éclatante folie.
Tout doit tendre au bon sens ; mais pour y
                                  parvenir,   45
Le chemin est glissant et pénible à tenir.
Pour peu qu'on s'en écarte, aussitôt on se noye.
La raison pour marcher n'a souvent qu'une voye.

   Un auteur quelquefois trop plein de son
                                  objet,
Jamais sans l'épuiser n'abandonne un sujet. 50
S'il rencontre un palais il m'en dépeint la face.
Il me promene après de terrasse en terrasse.
Ici s'offre un perron ; là regne un corridor ;
Là ce balcon s'enferme en un balustre d'or.
Il compte des plafonds les ronds et les ova-
                                  les.   55
Ce ne sont que festons, ce ne sont qu'astragales. *)
Je saute vingt feuillets pour en trouver la fin ;
Et je me sauve à peine au travers du jardin.

---

*) Ein Vers aus dem Alaric von Scudery. Nur dafs
dieser couronnes statt astragales hat.

Fuyés de ces auteurs l'abondance stérile,
Et ne vous chargés point d'un détail inutile. 60
Tout ce qu'on dit de trop est fade et rebutant ;
L'esprit rassasié le rejette à l'instant.
Qui ne sait se borner, ne sut jamais écrire.

 Souvent la peur d'un mal nous conduit dans un pire.
Un vers était trop faible ; et vous le rendés dur.   65
J'évite d'être long ; et je deviens obscur.
L'un n'est point trop fardé ; mais sa Muse est trop nue.
L'autre a peur de ramper ; il se perd dans la rue.

 Voulés-vous du public mériter les amours ?
Sans cesse en écrivant variés vos discours.   70
Un stile trop égal et toûjours uniforme
En vain brille à nos yeux ; il faut qu'il nous endorme.
On lit peu ces auteurs nés pour nous ennuyer,
Qui toûjours sur un ton semblent psalmodier.
Hûreux, qui dans ses vers sait, d'une voix légère,   75
Passer du grave au doux, du plaisant au sévère !
Son livre aimé du ciel et chéri des lecteurs,
Est souvent chés Barbin entouré d'acheteurs.

 Quoi que vous écriviés, évités la bassesse ;
Le stile le moins noble a pourtant sa noblesse. 80
Au mépris du bon sens le burlesque effronté
Trompa les yeux d'abord, plut par sa nouveauté.

On ne vit plus en vers que pointes triviales.
Le parnasse parla le langage des hales.
La licence à rimer alors n'eut plus de frein. 85
Apollon travesti devint un Tabarin. *)
Cette contagion infecta les provinces,
Du clerc et du bourgeois passa jusques aux princes.
Le plus mauvais plaisant eut ses approbateurs,
Et jusqu'à Dassouci **) tout trouva des lecteurs. 90
Mais de ce stile enfin la cour désabusée,
Dédaigna de ces vers l'extravagance aisée;
Distingua le naïf du plat et du bouffon,
Et laissa la province admirer le Typhon. ***)

*) Derselbe, dessen S. 123 gedacht ist. Er war eigentlich der Hans Wurst bei einem Marktschreier Namens Mondor. Seine Späße sind mehrmals zu Paris und Lion gedruckt unter dem Titel: Recueil des questions et fantaisies Tabariniques. Es ist lauter grobes und schmutziges Zeug.

**) Ein sehr verächtlicher Reimschmid, der in burlesken Versen den Raub der Proserpina von Claudian, und einen Theil der Verwandlungen Ovids übersetzt, auch sonst verschiedenes in Prosa geschrieben hat.

***) So heißt ein burleskes Gedicht von Scarron, worin der fabelhafte Krieg der Riesen mit den Göttern beschrieben wird. B. tadelte dieses Gedicht nicht durchaus, und war besonders mit dem Anfange wohl zufrieden.

Que ce stile jamais ne souille votre ouvrage. 95
Imitons de Marot *) l'élegant badinage,

*) Von Marot, Kammerdiener bei Franz I, führt eine ihm eigenthümliche muntere, gefällige und zugleich ungekünstelte und natürliche Art zu schreiben den Namen stile marotique. Keiner von seinen Nachahmern hat diesen Stil so glücklich sich eigen gemacht, als la Fontaine und nächstdem J. B. Rousseau (nicht J. J. Rousseau, der Verf. des Emils) in seinen Epigrammen. „Der wesentliche Unterschied zwischen dem Marotischen und dem Bürlesken, sagt ein französischer Kunstrichter, besteht darin, dass man bei jenem die Ausdrücke wählt, bei diesem hingegen alles sagt, was einem in die Feder fliesst. Jenes ist höchst einfach, aber diese Einfachheit hat ihre Würde; auch borgt es alte Ausdrücke, wo es an neuen, die natürlich genug wären, fehlt. Dieses hingegen ist niedrig und platt, und braucht pöbelhafte Redensarten, die der Wohlstand und der gute Geschmack verwirft." Hieraus sieht man, dass im französischen alles Bürleske verwerflich ist, weil man einigem Verwerflichen den Namen des Bürlesken gegeben hat. Im englischen und deutschen hingegen liebt man das Bürleske, aber freilich nur das feinere, nur das, was die Franzosen das Marotische nennen würden, obgleich diesem feinern in England und Deutschland nicht völlig so enge Schranken, in Ansehung der aus der Volkssprache entlehnten Ausdrücke, gesetzt sind, wie in Frankreich. Aber die Ehrbarkeit und die guten Sitten darf der Engländer und der Deutsche so wenig als der Franzose in seinen bürlesken Schriften beleidigen.

Et laissons le burlesque aux plaisans du Pont-
neuf. *)
Mais n'allés point aussi, sur les pas de
Brébeuf, **)
Même en une Pharsale entasser sur les rives,
De morts et de mourans cent montagnes plain-
tives. 100
Prenés mieux votre ton. Soyés simple avec art,
Sublime sans orgueil, agréable sans fard.

N'offrés rien au lecteur que ce qui peut
lui plaire.
Ayés pour la cadence une oreille sévère.
Que toûjours dans vos vers le sens coupant
les mots, 105
Suspende l'hémistiche, en marque le repos.

Gardés qu'une voyelle, à courir trop hâtée,
Ne soit d'une voyelle, en son chemin heurtée.
Il est un heureux choix de mots harmo-
nieux.
Fuyés des mauvais sons le concours odieux. 110
Le vers le mieux rempli, la plus noble pensée
Ne peut plaire à l'esprit, quand l'oreille est
blessée.

---

*) Die Spaaſsvögel auf dem Pont-neuf sind die Mario-
nettenspieler, die Marktschreier u. d. g. die da gewöhnlich ihre Buden aufschlagen.

**) B. überſetzte den Lucan, den Verfaſſer der Phar-
salia, schwülstiger, als er ist. Die hundert
ächzenden Berge von Todten stehen nicht
wörtlich so im Original.

Durant les premiers ans du parnasie françois,
Le caprice tout seul faisait toutes les loix.
La rime au bout des mots, assemblés sans
mesure, 115
Tenait lieu d'ornemens, de nombre et de césure.
Villon *) fut le premier, dans ces siécles
grossiers,
Débrouiller l'art confus de nos vieux romanciers.
Marot bien-tôt après fit fleurir les **ballades,** **)

---

*) Dieser lebte im funfzehnten Jahrhundert, ungefähr 60 Jahr vor Marot. Er hiels eigentlich Corbeuil. Villon, das zu seiner Zeit so viel bedeutete, als nachher fripon, ward er genannt wegen seiner Spitzbübereien, derentwegen er einmal schon zum Galgen verurtheilt war, von dem Parlement aber aus Achtung für sein poetisches Talent begnadigt und blofs Landes verwiesen ward.

**) Eine B. besteht gemeiniglich aus drei Strofen und einer Anwendung, die envoi heifst. Diese Strofen sind so geordnet, dafs der letzte Vers der ersten Strofe auch der Schlufsvers der zweiten und dritten Strofe und des envoi wird. In Marots Balladen haben die Strofen 8, 10, zuweilen 12 Verse, die theils achtsilbig, theils zehnsilbig sind. Bei regelmäfsigen Balladen besteht das envoi aus 4 Versen, wenn die Strofen 8 Verse haben; aus 5 Versen, wenn die Strofen 10 Verse haben u. s. w. Die Reime, die männlichen sowol als die weiblichen, sind in allen drei Strofen dieselben. Die Reime des Envoi sind bisweilen alle weiblich. Leichtigkeit und Ungezwungenheit in Gedanken, Wendung, Ausdruck und Reim machen den Geist der Ballade aus.

Tourna des triolets *), rima des mascara- \
       des, **)   120 \
A des refrains réglés asservit les rondeaux, ***)

*) Ein kleines, gemeiniglich scherzhaftes, Gedicht von 8 Versen, die nur zwei Reime haben. Hier ist eins:
> Que vous montrés de jugement,
> De prévoyance et de courage!
> Vous allés au feu rarement;
> Que vous montrés de jugement!
> Mais on vous voit avidement
> Courir des premiers au pillage.
> Que vous montrés de jugement,
> De prévoyance et de courage!

**) Maskaradenlieder, wie sie noch in Italien singen.

***) Auch ein kleines Gedicht von der naïven und scherzhaften Art. Es hat dreizehn Verse, die in zwei Strofen von ungleicher Gröfse vertheilt sind. Jede Strofe hat einen Schlufsvers (refrain), der aus den zwei oder drei ersten Worten (auch wohl aus dem ersten allein) des ersten Verses der ersten Strofe bestehn mufs. In folgendem Rondeau werden die Regeln gegeben, nach welchen ein Rondeau zu machen ist:
> Ma foi c'est fait de moi, car Isabeau
> M'a conjuré de lui faire un rondeau:
> Cela me met en une peine extrême.
> Quoi, treize vers, huit en eau cinq en eme?
> Je lui ferais aussi-tôt un bateau.
> En voilà cinq pourtant en un monceau.
> Faisons-en huit en invoquant Brodeau;
> Et puis mettons par quelque stratagème,
> Ma foi c'est fait.

Et montra pour rimer des chemins tout nou-
veaux.
Ronfard*) qui le fuivit, par une autre méthode,
Réglant tout, brouilla tout, fit un art à fa mode;
Et toutefois long-tems eut un hûreux de-
ftin.   125
Mais fa Mufe, en français parlant grec et latin,
Vit dans l'âge fuivant, par un retour grotes-
que, **)

    Si je pouvais encor de mon cerveau
    Tirer cinq vers, l'ouvrage ferait beau.
    Mais cependant me voilà dans l'onzieme,
    Et fi je crois que je fais le douzieme,
    En voilà treize ajuftés au niveau,
      Ma foi c'eft fait.

*) Er fchrieb unter andern eine Franciade, auch Son-
nets, Eclogen und ein Abrégé de l'art poetique.
Er meinte, man dürfe alle Dialecte durch einander
brauchen, ja er mifchte fogar griechifche und lateinifche Wörter in feine Verfe. So fagt er zu feiner
Geliebten:
    Eftes-vous pas ma feule Entelechie?

**) Ich weifs nicht, was B. mit dem retour gro-
tesque hier fagen will. Es kann ja keine aben-
theuerliche Abwechfelung oder Verände-
rung heifsen, wenn die Sprache reiner wird und
fich die ausländifchen Wörter und le fafte pédantesque des grands mots aus derfelben verlieren.
Vielleicht wollte er fagen, dafs man nun zu fehr
ins Wäfferige, ins Gottfchedifche fiel. Aber
das hätte er denn deutlicher fagen müffen. Und
wenn Desportes und Bertaut --- die unter
Heinrich

Tomber de ses grands mots le faste pédantesque.
Ce poete orgueilleux, trébuché de si haut,
Rendit plus retenus Desportes et Bertaut. 130
Enfin Malherbe vint; et le premier en France,
Fit sentir dans les vers une juste cadence:
D'un mot mis en sa place enseigna le pouvoir,
Et reduisit la Muse aux règles du devoir.
Par ce sage écrivain la langue reparée 135
N'offrit plus rien de rude à l'oreille épurée.
Les stances avec grace apprirent à tomber;
Et le vers sur le vers n'osa plus enjamber.
Tout reconnut ses loix, et ce guide fidèle
Aux auteurs de ce tems sert encor de modèle. 140
Marchés donc sur ses pas, aimés sa pureté,
Et de son tour hûreux imités la clarté.
Si le sens de vos vers tarde à se faire entendre,
Mon esprit aussi-tôt commence à se détendre;
Et de vos vains discours prompt à se détacher, 145
Ne suit point un auteur, qu'il faut toûjours chercher.

Il est certains esprits, dont les sombres pensées
Sont d'un nuage épais toûjours embarrassées.

Heinrich III. und H. IV. lebten --- diese wässerigen Dichter sein sollen, so mußte er nicht bloß von ihnen sagen, daß sie plus retenus, bescheidener, waren. Oder soll etwa plus retenus ironisch soviel als wässerig, Gottschedisch, bedeuten?

Le jour de la raiſon ne le ſaurait percer.
Avant donc que d'écrire apprenés à penſer. 150
Selon que notre idée eſt plus ou moins obſcure,
L'expreſſion la ſuit ou moins nette, ou plus pure.
Ce que l'on conçoit bien, s'énonce clairement,
Et les mots pour le dire arrivent aiſément.

Surtout, qu'en vos écrits la langue reverée, 155
Dans vos plus grands excès vous ſoit toûjours ſacrée.
En vain vous me frappés d'un ſon mélodieux,
Si le terme eſt impropre, ou le tour vicieux.
Mon eſprit n'admet point un pompeux barbariſme,
Ni d'un vers empoulé l'orgueilleux ſolécisme. 160
Sans la langue, en un mot, l'auteur le plus divin
Eſt toûjours, quoi qu'il faſſe, un méchant écrivain.

Travaillés à loiſir, quelque ordre qui vous preſſe,
Et ne vous piqués point d'une folle viteſſe.
Un ſtile ſi rapide, et qui court en rimant, 165
Marque moins trop d'eſprit, que peu de jugement.
J'aime mieux un ruiſſeau, qui ſur la molle arêne,
Dans un pré plein de fleurs lentement ſe promène,
Qu'un torrent débordé, qui d'un cours orageux
Roule, plein de gravier, ſur un terrain fangeux. 170

Hâtés-vous lentement ; et sans perdre courage,
Vingt-fois sur le métier remettés votre ouvrage.
Polissés-le sans cesse, et le repolissés,
Ajoutés quelquefois, et souvent effacés.

C'est peu qu'en un ouvrage, où les fautes fourmillent 175
Des traits d'esprit sémés de tems en tems petillent.
Il faut que chaque chose y soit mise en son lieu ;
Que le debut, la fin, répondent au milieu ;
Que d'un art délicat les piéces assorties,
N'y forment qu'un seul tout de diverses parties ; 180
Que jamais du sujet le discours s'écartant,
N'aille chercher trop loin quelque mot éclatant.
Craignés-vous pour vos vers la censure publique ?
Soyés-vous à vous-même un sévère critique.
L'ignorance toûjours est prête à s'admirer. 185

Faites-vous des amis prompts à vous censurer,
Qu'ils soient de vos écrits les confidens sincères,
Et de tous vos défauts les zélés adversaires.
Dépouillés devant eux l'arrogance d'auteur ;
Mais sachés de l'ami discerner le flatteur. 190
Tel vous semble applaudir, qui vous raille et vous joue.
Aimés qu'on vous conseille, et non pas qu'on vous loue.

Un flatteur auſſi-tôt cherche à ſe récrier.
Chaque vers qu'il entend le fait extaſier.
Tout eſt charmant, divin; aucun mot ne le bleſſe; 195
Il trépigne de joie, il pleure de tendreſſe;
Il vous comble par-tout d'éloges faſtueux.
La vérité n'a point cet air impétueux.

Un ſage ami, toûjours rigoureux, inflexible,
Sur vos fautes jamais ne vous laiſſe paiſible. 200
Il ne pardonne point les endroits négligés.
Il renvoye en leur lieu les vers mal arrangés.
Il réprime des mots l'ambitieuſe emphaſe.
Ici ſe ſens le choque; et plus loin c'eſt la phraſe;
Votre conſtruction ſemble un peu s'obſcurcir; 205
Ce terme eſt équivoque, il le faut éclaircir.
C'eſt ainſi que vous parle un ami véritable.
Mais ſouvent ſur ſes vers un auteur intraitable
A les protéger tous ſe croit intereſſé;
Et d'abord prend en main le droit de l'offenſé. 210
De ce vers, dirés-vous, l'expreſſion eſt baſſe.
Ah! Monſieur, pour ce vers je vous demande grace,
Répondra-t-il d'abord. „Ce mot me ſemble froid;
Je le retrancherais." C'eſt le plus bel endroit.

„Ce tour ne me plaît pas." Tout le monde l'admire. 215
Ainſi toujours conſtant à ne ſe point dédire,
Qu'un mot dans ſon ouvrage ait paru vous bleſſer:
C'eſt un titre chés lui, pour ne point l'effacer.
Cependant, à l'entendre, il chérit la critique,
Vous avés ſur ſes vers un pouvoir deſpotique. 220
Mais tout ce beau diſcours, dont il vient vous flatter,
N'eſt rien qu'un piège adroit pour vous le réciter,
Auſſi-tôt il vous quitte et content de ſa Muſe,
S'en va chercher ailleurs quelque fat qu'il abuſe.
Car ſouvent il en trouve. Ainſi qu'en ſots auteurs. 225
Notre ſiècle eſt fertile en ſots admirateurs.
Et ſans ceux que fournit la ville et la province,
Il en eſt chés le duc, il en eſt chés le prince.
L'ouvrage le plus plat, a, chés les courtiſans,
De tout tems rencontré de zélés partiſans; 230
Et, pour finir enfin par un trait de ſatire,
Un ſot trouve toûjours un plus ſot qui l'admire.

Chant second.

Telle qu'une bergère, au plus beau jour de fête,
De superbes rubis ne charge point sa tête, *)
Et sans mêler à l'or l'éclat des diamans,
Cueille en un champ voisin ses plus beaux ornemens :
Telle, aimable en son air, mais humble dans son stile, 5
Doit éclater sans pompe une élegante idylle.
Son tour simple et naïf n'a rien de fastueux,
Et n'aime point l'orgueil d'un vers présomptueux.
Il faut que sa douceur flatte, chatouille, éveille,
Et jamais de grands mots n'épouvante l'oreille. 10
Mais souvent dans ce stile un rimeur aux abois,
Jette là, de dépit, la flûte et le hautbois;
Et follement pompeux, dans sa verve indiscrette,
Au milieu d'une eglogue entonne la trompette.

---

*) Das Journal des Savans (Fevrier 1723) wirft unserm Dichter einen beträchtlichen Sprachfehler in diesen beiden Versen vor; es fehle ein qui, und es hätte so lauten müssen:

Telle qu' une bergère, au plus beau jour de fête,
Qui de pompeux rubis ne charge point sa tête, &c.

De peur de l'écouter, Pan fuit dans les ro-
                              feaux,   15
Et les nymphes, d'effroi, se cachent sous les
                              eaux.
Au contraire, cet autre, abjet en son langage,
Fait parler ses bergers comme on parle au
                              village.
Ses vers plats et grossiers, dépouillés d'agrément,
Toûjours baisent la terre, et rampent triste-
                              ment.   20
On dirait, que Ronsard *) sur ses *pipeaux ru-
                              stiques,
Vient encor fredonner ses idylles gothiques;
Et changer, sans respect de l'oreille et du son,
Lycidas en Pierrot, et Phyllis en Toinon.

        Entre ces deux excès la route est diffi-
                              cile.   25
Suivés, pour la trouver Théocrite et Virgile.
Que leurs tendres écrits, par les Graces dictés,
Ne quittent point vos mains, jour et nuit
                              feuilletés.
Seuls dans leurs doctes vers ils pourront vous
                              apprendre,
Par quel art sans bassesse un auteur peut des-
                              cendre;   30

*) Er bediente sich des Ausdrucks *pipeaux rusti-
ques*, Landpfeifen, und machte aus Henri Hen-
riot, aus Charles Carlin, aus Catherine de Mé-
dicis Catin; auch brauchte er die unpoetischen Namen Margot, Pierrot, Michau.

Chanter Flore, les champs, Pomone, les vergers ;
Au combat de la flûte animer deux bergers,
Des plaisirs de l'amour vanter la douce amorce ;
Changer Narcisse en fleur, couvrir Daphné d'écorce ;
Et par quel art encor l'eglogue quelquefois
Rend dignes d'un conful la campagne et les bois.
Telle est de ce poeme et la force et la grace.

D'un ton un peu plus haut, mais pourtant fans audace
La plaintive élégie, en longs habits de deuil,
Sait les cheveux épars gémir fur un cercueil.
Elle peint des amans la joie et la tristesse ;
Flatte, menace, irrite, appaife une maîtresse.
Mais pour bien exprimer ces caprices hûreux,
C'est peu d'être poete, il faut être amoureux.

Je hais ces vains auteurs, dont la Muse forcée
M'entretient de ses feux, toûjours froide et glacée ;
Qui s'affligent par art, et fous de fens raffis,
S'erigent, pour rimer, en amoureux transis.
Leurs transports les plus doux ne font que phrafes vaines.
Ils ne favent jamais, que fe charger de chaînes ;
Que bénir leur martyre, adorer leur prifon,
Et faire quereller les sens et la raifon.

Ce n'était pas jadis fur ce ton ridicule,
Qu'Amour dictait les vers que foûpirait Tibulle;*)
Ou que du tendre Ovide animant les doux fons,
Il donnait de fon art les charmantes leçons.
Il faut que le cœur feul parle dans l'élégie.

L'ode avec plus d'éclat, et non moins d'énergie,
Elevant jufqu'au ciel fon vol ambitieux,
Entretient dans fes vers commerce avec les Dieux.
Aux athlètes dans Pife **) elle ouvre la barrière;
Chante un vainqueur poudreux au bout de la carrière;
Mène Achille fanglant aux bords du Simoïs, ***)
Ou fait fléchir l'Efcaut ****) fous le joug de Louis.

*) Tibull und Ovid find zwei lateinifche Dichter, die unter dem Kaifer Auguft lebten. — que bedeutet hier: welche und bezieht fich auf vers.

**) Pifa ftand ehmals an der Stelle, wo nachher Olympia, das durch die Kampffpiele bekannt ift, erbauet ward.

***) Ein Flufs bei Troja. Der an den Ufern und, nach Homers Befchreibung, felbft mit den Wellen diefes Fluffes kämpfende Achill ift ein würdiger Gegenftand der Ode.

****) Die Schelde, d. i. die Niederlande. B. hat felbft eine Ode auf die Eroberung von Namur gemacht, die aber kein Mufter ift.

Tantôt, comme une abeille ardente à son ouvrage, 65
Elle s'en va de fleurs dépouiller le rivage;
Elle peint les festins, les danses, et les ris;
Vante un baiser cueilli sur les lèvres d'Iris,
Qui mollement résiste, et par un doux caprice,
Quelquefois le refuse, afin qu'on le ravisse. 70
Son stile impétueux souvent marche au hazard;
Chés elle un beau désordre est un effet de l'art.
Loin ces rimeurs craintifs, dont l'esprit phlegmatique
Garde dans ses fureurs un ordre didactique;
Qui chantant d'un héros les progrès éclatans, 75
Maigres historiens, suivront l'ordre des tems.
Ils n'osent un moment perdre un sujet de vuë;
Pour prendre Dole, il faut que Lille *) soit renduë;
Et que leur vers exact, ainsi que Mezeray, **)
Ait fait déjà tomber les remparts de Courtray. ***) 80
Apollon de son feu leur fut toûjours avare.

On dit à ce propos, qu'un jour ce Dieu bizarre,
Voulant pousser à bout tous les rimeurs françois,

*) Städte in den Niederlanden, die von Ludwig XIV erobert wurden, jene 1668, diese 1667.
**) Ein bekannter Geschichtschreiber.
***) Auch eine 1667 eroberte Stadt.

Inventa du Sonnet *) les rigoureuses loix;
Voulut, qu'en deux quatrains, de mesure pareille, 85
La rime avec deux sons frappât huit fois l'oreille,
Et qu'ensuite six vers artistement rangés,
Fussent en deux tercets par le sens partagés.
Sur tout de ce poeme il bannit la licence;
Lui-même en mesura le nombre et la cadence; 90

*) Das Sonnet sollen die Troubadours (alte französische Dichter in der Provence vom zwölften Jahrhundert an) erfunden, ihnen soll es der berühmte italienische Dichter Petrarca und diesem wieder Marot und andere französische Poeten nachgeahmt haben. Hier ist eins von Boileau auf den Tod von einer seiner Nichten, die mit ihm ungefähr von gleichem Alter war:

  Nourri dès le berceau près de la jeune Orante,
Et non moins par le cœur que par le sang lié,
 A ses jeux innocens enfant associé,
Je goutais les douceurs d'une amitié charmante:
  Quand un faux Esculape, à cervelle ignorante,
A la fin d'un long mal vainement pallié,
Rompant de ses beaux jours le fil trop délié,
Pour jamais me ravit mon aimable parente.
  O qu'un si rude coup me fit verser de pleurs!
Bien-tôt, la plume en main, signalant mes douleurs,
Je demandai raison d'un acte si perfide.
  Oui, j'en fis dès quinze ans ma plainte à l'univers;
Et l'ardeur de venger ce barbare homicide
Fut le premier démon qui m'inspira des vers.

Die letzten Verse beziehen sich auf ein Sonnet über eben diesen Gegenstand, das B. in seinem funfzehnten Jahr machte.

Défendit qu'un vers faible y pût jamais entrer,
Ni qu'un mot déjà mis ofât s'y remontrer.
Du refte il l'enrichit d'une beauté fuprême;
Un fonnet fans défauts vaut feul un long poeme.

Mais en vain mille auteurs y penfent arriver; 95
Et cet hûreux Phénix eft encore à trouver.
A peine dans Gombaut, Mainard et Malleville,*)
En peut-on admirer deux ou trois entre mille.
Le refte auffi peu lû que ceux de Pellétier,
N'a fait de chés Sercy **) qu'un faut chés l'épicier. 100
Pour enfermer fon fens dans la borne préfcrite,
La méfure eft toûjours trop longue ou trop petite.

L'épigramme plus libre, en fon tour plus borné,
N'eft fouvent qu'un bon mot de deux rimes orné. ***)
Jadis de nos auteurs les pointes ignorées, 105
Furent de l'Italie en nos vers attirées.

---

*) Drei an Sonnets fehr fruchtbare Mitglieder der Academie.
**) Ein Buchhändler diefes Namens.
***) Z. B. folgendes von Boileau felbft, auf ein Trauerfpiel von P. Corneille, das ihm den frühern Stükken diefes berühmten Dichters nachzuftehen fchien:

J'ai vu l'Agefilas:
    Helas!

Le vulgaire ébloui de leur faux agrément,
A ce nouvel appas courut avidement.
La faveur du public, excitant leur audace,
Leur nombre impétueux inonda le Parnasse. 110
Le madrigal *) d'abord en fut enveloppé.
Le Sonnet orgueilleux lui-même en fut frappé.
La tragédie en fit ses plus chères délices.
L'élégie en orna ses douloureux caprices.
Un héros sur la scène eut soin de s'en parer; 115
Et sans pointe un amant n'osa plus soupirer.
On vit tous les bergers, dans leurs plaintes nouvelles,
Fidèles à la pointe encor plus qu'à leurs belles.
Chaque mot eut toûjours deux visages divers.
La prose la reçut aussi-bien que les vers. 120
L'avocat au palais en hérissa son stile,
Et le docteur en chaire en sema l'évangile.

La raison outragée enfin ouvrit les yeux;
La chassa pour jamais des discours sérieux,
Et dans tous ces écrits la déclarant infame, 125
Par grace lui laissa l'entrée en l'épigramme:

*) Pradon, dem die Trauerspiele, nach B. Urtheil, gar nicht glückten, hat folgendes gute Madrigal gemacht:
> Vous n'écrivés que pour écrire,
> C'est pour vous un amusement;
> Moi, qui vous aime tendrement,
> Je n'écris que pour vous le dire.

Es ist eine Antwort auf einen sehr witzigen Brief eines Freundes,

Pourvuque sa finesse, éclatant à propos,
Roulât sur la pensée et non pas sur les mots.
Ainsi de toutes parts les désordres cessèrent.
Toutefois à la cour les Turlupins *) restè-
   rent ;   130
Insipides plaisans, bouffons infortunés,
D'un jeu de mots grossier partisans surannés.
Ce n'est pas quelquefois qu'une Muse un peu fine
Sur un mot en passant ne joue et ne badine,
Et d'un sens détourné n'abuse avec succès : 135
Mais fuyés sur ce point un ridicule excès,
Et n'allés pas toûjours d'une pointe frivole
Aiguiser par la queue une épigramme folle.

Tout poeme est brillant de sa propre beauté.
Le rondeau, né gaulois, a la naïveté.   140
La ballade, asservie à ses vieilles maximes,
Souvent doit tout son lustre au caprice des rimes.

Le madrigal, plus simple et plus noble en
   son tour,
Respire la douceur, la tendresse et l'amour.

---

*) Turlupin hiefs ein Possenreisser bei einer Schauspielergesellschaft zu Paris, der den Pöbel durch elende Zweideutigkeiten belustigte. Man nannte seine Nachahmer Turlupins und ihre kläglichen Wortspiele Turlupinades. Moliere machte diesen schlechten Witz lächerlich in seiner critique de l' école des femmes, wo der Marquis einer von diesen Turlupins ist.

L'ardeur de se montrer et non pas de
médire, 145
Arma la vérité du trait de la satire.
Lucile le premier osa la faire voir;
Aux vices des Romains présenta le miroir;
Vengea l'humble vertu de la richesse altière
Et l'honnête-homme à pié du faquin en li-
tière. 150
Horace à cette aigreur mêla son enjoûment.
On ne fut plus ni fat ni sot impunément.
Et malheur à tout nom, qui propre à la censure
Put entrer dans un vers sans rompre la mesure.

Perse *) en ses vers obscurs mais serrés
et pressans, 155
Affecta d'enfermer moins de mots que de sens.

Juvenal **), élevé dans les cris de l'école,
Poussa jusqu' à l'excès sa mordante hyperbole.
Ses ouvrages, tout pleins d'affreuses vérités,
Etincelent pourtant de sublimes beautés. 160
Soit que sur un écrit arrivé de Caprée,
Il brise de Séjan ***) la statue adorée;

*) Er schrieb um die Mitte des ersten Jahrhunderts
nach C. G.
**) Er lebte vom J. C. 38 --- 119.
***) Ein äusserst schlechter Mensch, lange ein Günstling
des eben so schlechten Kaisers Tiberius, aber endlich von ihm zum Tode verurtheilt. Von der Insel
Caprea aus, wo Tiberius sich damals aufhielt,
schrieb

Soit qu'il fasse au conseil courir les sénateurs,
D'un tyran soupçonneux pâles adorateurs;
Ou que, poussant à bout la luxure latine, 165
Aux portefaix de Rome il vende Messaline: *)
Ses écrits pleins de feu par-tout brillent aux yeux.

De ces maitres savans disciple ingenieux,
Regnier seul parmi nous formé sur leurs modeles,
Dans son vieux stile encor a des graces nouvelles. 170
Hûreux, si ses discours, craints du chaste lecteur,
Ne se sentaient des lieux où frequentait l'auteur;
Et si du son hardi de ses rimes cyniques
Il n'allarmait souvent des oreilles pudiques!

Le Latin dans les mots brave l'honnêteté; 175
Mais le lecteur françois veut être respecté.
Du moindre sens impur la liberté l'outrage,
Si la pudeur des mots n'en adoucit l'image.
Je veux dans la satire un esprit de candeur,
Et fuis un effronté qui prêche la pudeur. 180

schrieb er nach Rom, dass man sich des Sejans bemächtigen solle. Die Freude über den Fall dieses Bösewichts war allgemein. Juvenal beschreibt, wie das Volk die ihm errichtet gewesene metallene Statue heruntergerissen, wie man sie geschmelzt und Krüge, Becken, Pfannen, Schüsseln daraus gemacht habe.

*) Eine Kaiserinn, die die schändlichsten Ausschweifungen trieb.

D'un trait de ce poeme en bons mots si
    fertile,
Le Français né malin forma le Vaudeville, *)
Agréable Indiscret, qui, conduit par le chant,
Passe de bouche en bouche et s'accroît en
    marchant.
La liberté française en ces vers se déploie. 185
Cet enfant de plaisir veut naître dans la joie.
Toutefois n'allés pas, goguenard dangereux,
Faire Dieu le sujet d'un badinage affreux,
A la fin tous ces jeux que l'athéisme éléve,
Conduisent tristement le plaisant à la Grè-
    ve. **) 190

*) Man muſs unter Vaudeville nicht bloſs einen Gaſſenhauer, nicht einmal immer ein Volkslied von ſatiriſchem Inhalt verſtehen; es giebt vielmehr einige Vaudevilles, die ſehr ſanfter Natur ſind, z. B. folgendes, das am Höfe Ludwigs XIV so viel geſungen ward:

> Si j'avais la vivacité
> Qui fit briller Coulange,
> Si j'avais auſſi la beauté,
> Qui fit regner Fontange,
> Ou si j'étais comme Conti
> Des graces le modele,
> Tout cela serait pour Crequi,
> Dût-il m'être infidele.

**) Dis bezieht ſich auf das traurige Schickſal eines jungen Menſchen, Namens Petit, den man, einige Jahre vor Bekanntmachung dieſes Gedichts, henkte und ſeinen Leichnam verbrannte, weil er Lieder hatte drucken laſſen, worin die Religion unehrerbietig behandelt war.

Il faut, même en chansons, du bon sens et de l'art.
Mais pourtant on a vu le vin et le hazard
Inspirer quelquefois une Muse grossière,
Et fournir sans génie un couplet à Linière.
Mais pour un vain bonheur qui vous a fait rimer, 195
Gardés qu'un sot orgueil ne vous vienne enfumer.
Souvent l'auteur altier de quelque chansonnette
Au même instant prend droit de se croire poete.
Il ne dormira plus qu'il n'ait fait un sonnet.
Il met tous les matins six impromtus au net. 200
Encore est-ce un miracle, en ses vagues furies,
Si bien-tôt imprimant ses sottes rêveries,
Il ne se fait graver au devant du recueil,
Couronné de lauriers par la main de Nanteuil. *)

---

*) Ein berühmter Kupferstecher.

Chant troisieme.

Il n'est point de serpent, ni de monstre odieux,
Qui par l'art imité ne puisse plaire aux yeux.
D'un pinceau délicat, l'artifice agréable,
Du plus affreux objet fait un objet aimable.
Ainsi, pour nous charmer, la tragédie en pleurs, 5
D'Oedipe *) tout sanglant fit parler les douleurs;
D'Oreste **) parricide exprima les alarmes;
Et pour nous divertir, nous arracha des larmes.

Vous donc, qui d'un beau feu pour le théatre épris,
Venés en vers pompeux y disputer le prix, 10
Voulés-vous sur la scène étaler des ouvrages,
Où tout Paris en foule apporte ses suffrages,
Et qui toûjours plus beaux, plus ils sont regardés,
Soient au bout de vingt ans encor redemandés?
Que dans tous vos discours la passion émue, 15
Aille chercher le cœur, l'échauffe, et le remue.
Si d'un beau mouvement l'agréable fureur,
Souvent ne nous remplit d'une douce terreur;

---

*) Ein Trauerspiel von Sophocles, einem griechischen Dichter.
**) Auch ein griechisches Trauerspiel, von Euripides.

Ou n'excite en notre ame une pitié charmante,
En vain vous étalés une scène savante. 20
Vos froids raisonnemens ne feront qu'attiédir
Un spectateur toûjours paresseux d'applaudir,
Et qui, des vains efforts de votre rhétorique
Justement fatigué, s'endort, ou vous critique.
Le secret est d'abord de plaire et de toucher. 25
Inventés des ressorts qui puissent m'attacher.

Que dès les premiers vers l'action préparée,
Sans peine du sujet applanisse l'entrée.
Je me ris d'un acteur, qui lent à s'exprimer,
De ce qu'il veut, d'abord ne sait pas m'in-
                                former; 50
Et qui débrouillant mal une pénible intrigue,
D'un divertissement me fait une fatigue.
J'aimerais mieux encor qu'il déclinat son nom,
Et dit, je suis Oreste, ou bien Agamemnon,*)
Que d'aller par un tas de confuses mer-
                                veilles, 35
Sans rien dire à l'esprit, étourdir les oreilles.
Le sujet n'est jamais assés tôt expliqué.
  Que le lieu de la scène y soit fixe et marqué.
Un rimeur, sans péril, de-là les pyrénées, **)

---

*) Wie es bei den Alten zu geschehen pflegte.
**) Jenseits der Pyrenäen, d. i. in Spanien. B. soll hier auf Lopé de Véga, den berühmtesten und fruchtbarsten unter allen theatralischen Dichtern dieses Landes-

Sur la scène en un jour renferme des années. 40
Là souvent le héros d'un spectacle grossier,
Enfant au premier acte, est barbon au dernier.
Mais nous, que la raison à ses règles engage,
Nous voulons qu'avec art l'action se ménage ;
Qu'en un lieu, qu'en un jour, un seul fait accompli 45
Tienne jusqu'à la fin le théatre rempli.

Jamais au spectateur n'offrés rien d'incroyable.
Le vrai peut quelquefois n'être pas vraisemblable.
Une merveille absurde est pour moi sans appas.
L'esprit n'est point émû de ce qu'il ne croit pas. 50
Ce qu'on ne doit point voir, qu'un récit nous l'expose.
Les yeux en le voyant saisiraient mieux la chose ;
Mais il est des objets, que l'art judicieux
Doit offrir à l'oreille, et reculer des yeux.
Que le trouble, toûjours croissant de scène en scène, 55
A son comble arrivé, se débrouille sans peine.

Landes, zielen ; dieser aber verdient den Vorwurf nur halb, weil er anfänglich seine Stücke nach den Regeln verfertigte, nachher aber dem Geschmack seiner Landsleute zu Liebe, dem jene regelmäßigen Stücke nicht gefielen, die Regeln verließ. Dis sagt er selbst in seiner arte nuevo de hazer comedias en este tiempo, d. i. Nouvelle Pratique du Théatre, accommodée à l'usage présent d'Espagne.

L'esprit ne se sent point plus vivement frappé,
Que lors qu'en un sujet d'intrigue enveloppé,
D'un secret tout à coup la vérité connue
Change tout, donne à tout une face imprévue. 60

La tragédie, informe et grossière en naissant,
N'était qu'un simple chœur, où chacun en dansant,
Et du Dieu des raisins entonnant les louanges,
S'efforçait d'attirer de fertiles vendanges.
Là le vin et la joie éveillant les esprits, 65
Du plus habile chantre un bouc était le prix.
Thespis fut le premier, qui barbouillé de lie *)
Promena par les bourgs cette hûreuse folie;
Et d'acteurs mal ornés chargeant un tombereau,
Amusa les passans d'un spectacle nouveau. 70
Eschyle dans le chœur jetta les personnages;
D'un masque plus honnête habilla les visages;
Sur les ais d'un théatre en public exhaussé,
Fit paraître l'acteur d'un brodequin **) chaussé.
Sophocle enfin donnant l'essor à son génie, 75
Accrut encor la pompe, augmenta l'harmonie,

O 2

*) Dis Beschmieren des Gesichts mit Weinhefen diente statt der Larve, die Aeschylus einführte.
**) Dieser Brodequin hiess auf griechisch Kothurnus, ein Wort, das auch in neuern Schriften manchmal vorkommt, wo von Trauerspielen die Rede ist.

Intéressa le chœur dans toute l'action ;
Des vers trop raboteux polit l'expression ;
Lui donna chés les grecs cette hauteur divine,
Où jamais n'atteignit la faiblesse latine. 80

Chés nos dévots ayeux le théatre abhorré,
Fut longtems dans la France un plaisir ignoré.
De pelerins, dit-on, une troupe grossière
En public à Paris y monta la première ;
Et sottement zélée en sa simplicité, 85
Joua les Saints, la Vierge, et Dieu par piété.*)
Le savoir à la fin dissipant l'ignorance,
Fit voir de ce projet la dévote imprudence.
On chassa ces docteurs prêchans sans mission.
On vit renaitre Hector, Andromaque, Ilion.**) 90
Seulement, les acteurs laissant le masque antique,
Le violon tint lieu de chœur et de musique.

Bien-tôt l'amour, fertile en tendres sentimens,
S'empara du théatre ainsi que des romans.

*) Diese geistlichen Possenspiele --- denn einen bessern Namen verdienen sie nicht --- waren noch zu Anfang des sechszehnten Jahrhunderts sehr im Gange, und Franz I begünstigte sie.

**) Sujets aus der fabelhaften griechisch-trojanischen Geschichte, die zum Theil von den alten griechischen Tragœdienschreibern bearbeitet waren, welchen in der ersten Hälfte des siebenzehnten Jahrhunderts unter Ludwig XIII französische Dichter nachzuahmen anfingen.

De cette passion la sensible peinture 95
Est pour aller en cœur la route la plus sûre.
Peignés donc, j'y consens, les héros amoureux,
Mais ne m'en formés pas des bergers doucereux.
Qu'Achille aime autrement que Thyrsis et Philène.
N'allés pas d'un Cyrus nous faire un Artamène; *) 100
Et que l'amour, souvent de remords combattu,
Paraisse une faiblesse et non une vertu.

Des héros de roman fuyés les petitesses;
Toutefois aux grands cœurs donnés quelques faiblesses.
Achille déplairait moins bouillant et moins prompt. 105
J'aime à lui voir verser des pleurs pour un affront.
A ces petits défauts marqués dans sa peinture,
L'esprit avec plaisir reconnait la nature;
Qu'il soit sur ce modèle en vos écrits tracé.
Qu'Agamemnon soit fier, superbe, interessé. 110
Que pour les Dieux Enée ait un respect austère.
Conservés à chacun son propre caractère. **)
Des siécles, des païs étudiés les mœurs.
Les climats font souvent les diverses humeurs.

---

*) So heifst Cyrus in dem Roman dieses Namens von Mlle Scudery, in welchem dieser Fürst seinen Charakter sowol als seinen Namen eingebüfst hat.

**) Nämlich denjenigen, den ihnen Homer und Virgil beigelegt haben, und wovon in den vorhergehenden Versen einige Hauptzüge angegeben sind.

Gardés donc de donner, ainſi que dans
Clélie, *)
L'air, ni l'eſprit français à l'antique Italie;
Et ſous des noms romains faiſant notre portrait,
Peindre Caton galant et Brutus dameret.
Dans un roman frivole aiſément tout s'excuſe;
C'eſt aſſés qu'en courant la fiction amuſe.
Trop de rigueur alors ſerait hors de ſaiſon.
Mais la ſcène demande une exacte raiſon.
L'étroite bienſéance y veut être gardée.

*) In einem Briefe an einen Freund erklärt ſich B.
noch ausführlicher hierüber. „Die Demoiſelle, ſagt
er, die Verfaſſerinn dieſes Werks iſt, hat eine groſse
Ungereimtheit begangen, daſs ſie gerade das ernſt-
hafteſte Jahrhundert der römiſchen Republik gewählt
hat, um die Charaktere unſerer Franzoſen hinein
zu malen. Man behauptet, daſs in dieſem Buche
kein Römer und keine Römerinn ſeien, die nicht
nach einem Bürger oder einer Bürgerinn aus dem
Stadtviertel, wo Mlle S. wohnt, gebildet wären.
So viel weiſs ich, daſs der edelmüthige Hermi-
nius Herr Peliſſon, der angenehme Scaurus
Scarron, der galante Amilcar Sarrazin u. ſ. w.
iſt. Das luſtigſte iſt, daſs unſere Theaterdichter in
verſchiedenen ihrer Stücke dieſe Thorheit nachge-
macht haben. Dis ſieht man in dem Tode des
Cyrus von Quinaut, wo Tomyris auftrit, allenthalben herumſucht und folgende zwei ſchöne Verſe
ſagt:
    Que l'on cherche par-tout mes tablettes perdues,
    Et que ſans les ouvrir elles me ſoient rendues.
Ein ſeltſames Möbel für eine Königinn der Maſſa-
geten! (eines rohen Volks, das weder Schreibta-
feln hatte, noch ſchreiben und leſen konnte.)

D'un nouveau perfonnage inventés-vous l'idée?
Qu'en tout avec foi-même il fe montre d'accord, 125
Et qu'il foit jufqu'au bout tel qu'on l'a vû d'abord.

Souvent fans y penfer un écrivain qui s'aime,
Forme tous fes héros femblables à foi-même.
Tout a l'humeur Gafconne en un auteur Gafcon,
Calprenede*) et Juba parlent du même ton. 130

La nature eft en nous plus diverfe et plus fage.
Chaque paffion parle un différent langage.
La colère eft fuperbe et veut des mots altiers.
L'abattement s'explique en des termes moins fiers.
Que devant Troie en flamme Hécube défolée 135
Ne vienne pas pouffer une plainte empoulée.
Ni fans raifon décrire, en quels affreux païs,
Par fept bouches l'Euxin reçoit le Tanaïs. **)

*) Le Sieur de la Calprenede, ein Edelmann aus Gascogne, fchrieb unter andern einen Roman Cleopatra, deffen Held Juba heifst, und den er viele Gafconaden fagen und thun läfst.

**) In einem lateinifchen Trauerfpiel des Seneca, die Trojanerinnen, fagt Hecuba, ehemalige Königinn von Troja, diefe im Schmerzgefühl unnatürlichen Worte: Wo das Euxinifche Meer den fiebenmündigen Tanais trinkt. Es gibt auch ähnliche Stellen in den Trauerfpielen des Corneille, worauf der Dichter hier und in den folgenden Verfen gleichfalls zielt.

Tous ces pompeux amas d'expressions frivoles
Sont d'un déclamateur, amoureux de paroles. 140
Il faut dans la douleur que vous vous abaissiés.
Pour me tirer des pleurs, il faut que vous pleuriés.
Ces grands mots, dont alors l'acteur emplit sa bouche,
Ne partent point d'un cœur que sa misère touche.

Le théatre, fertile en censeurs pointilleux, 145
Chés nous pour se produire est un champ périlleux.
Un auteur n'y fait pas de faciles conquêtes.
Il trouve à le siffler des bouches toûjours prêtes.
Chacun le peut traiter de fat et d'ignorant.
C'est un droit qu'à la porte on achete en entrant. 150
Il faut qu'en cent façons, pour plaire, il se replie ;
Que tantôt il s'éleve, et tantôt s'humilie ;
Qu'en nobles sentimens il soit par tout fécond ;
Qu'il soit aisé, solide, agréable, profond ;
Que de traits surprenans sans cesse il nous réveille : 155
Qu'il coure dans ses vers de merveille en merveille ;
Et que tout ce qu'il dit, facile à retenir,
De son ouvrage en nous laisse un long souvenir.
Ainsi la tragédie agit, marche, et s'explique.

D'un air plus grand encor la poesie épique, 160
Dans le vaste récit d'une longue action,
Se soûtient par la fable, et vit de fiction.
Là pour nous enchanter tout est mis en usage.
Tout prend un corps, une ame, un esprit, un visage.
Chaque vertu devient une divinité. 165
Minerve est la Prudence et Venus la Beauté.
Ce n'est plus la vapeur qui produit le tonnerre;
C'est Jupiter armé pour effrayer la terre.
Un orage terrible aux yeux des matelots,
C'est Neptune en courroux, qui gourmande les flots. 170
Echo n'est plus un son qui dans l'air retentisse:
C'est une Nymphe en pleurs, qui se plaint de Narcisse.
Ainsi dans cet amas de nobles fictions,
Le poete s'égaye en mille inventions.
Orne, éleve, embellit, agrandit toutes choses, 175
Et trouve sous sa main des fleurs toûjours éclofes:
Qu'Enée et ses vaisseaux, par le vent écartés,
Soient aux bords Africains d'un orage emportés:
Ce n'est qu'une avanture ordinaire et commune,
Qu'un coup peu surprenant des traits de la fortune. 180
Mais que Junon, constante en son aversion, *)
Poursuive sur les flots les restes d'Ilion:

*) V. 181-187, dis ist aus dem ersten Buch der Aeneide von Virgil.

Qu'Eole, en sa faveur les chassant d'Italie,
Ouvre aux vents mutinés les prisons d'Eolie:
Que Neptune en courroux s'élevant sur la mer, 185
D'un mot calme les flots, mette la paix dans l'air,
Délivre les vaisseaux, des syrtes les arrache;
C'est-là ce qui surprend, frappe, saisit, attache.
Sans tous ces ornemens le vers tombe en langueur,
La poesie est morte, ou rampe sans vigueur: 190
Le poete n'est plus qu'un orateur timide,
Qu'un froid historien d'une fable insipide.

C'est donc bien vainement, que nos auteurs déçus *)
Bannissant de leurs vers ces ornemens reçus,
Pensent faire agir Dieu, ses saints et ses prophetes, 195
Comme ces Dieux éclos du cerveau des poetes,

---

*) Dis bezieht sich zunächst auf Desmarets de Saint Sorlin, Verf. des Gedichts Clovis, worin er statt der fabelhaften allegorischen Gottheiten Teufel, Engel, ja Gott selbst als wirkende Ursachen des Wunderbaren aufführt. Er will gar nicht, dass man alte Mythologie brauchen oder nach Art der Alten Flüssen u. d. gl. eigne Götter beilegen soll, und tadelt Boileau'n, dass er einen Gott des Rheins sich dem Uebergange der französischen Armee über den Rhein habe widersetzen lassen. B. hingegen will von keinen weltlichen Gedichten wissen, wo man Gott, Engel, Teufel, Heilige als handelnde Personen einmischt.

Mettent à chaque pas le lecteur en enfer;
N'offrent rien qu' Aſtaroth, Belzébuth, Lucifer.
De la foi d'un chrétien les myſtères terribles
D'ornemens égayés ne ſont point ſuſcepti-
　　　　　　　　　　　bles.　　　200
L'évangile à l'éſprit n'offre de tous cotés,
Que pénitence à faire, et tourmens mérités.
Et de vos fictions le mêlange coupable,
Même à ſes vérités donne l'air de la fable.

Et quel objet enfin à préſenter aux yeux, 205
Que le Diable toûjours hurlant contre les Cieux,
Qui de votre Héros veut rabaiſſer la gloire,
Et ſonvent avec Dieu balance la victoire?

Le Taſſe, dira-t-on, l'a fait avec ſuccès.
Je ne veux point ici lui faire ſon procès : 210
Mais quoi que notre ſiécle à ſa gloire publie;
Il n'eût point de ſon livre illuſtré l'Italie,
Si ſon ſage héros, toûjours en oraiſon
N'eût fait que mettre enfin Satan à la raiſon;
Et ſi Renaud, Argant, Tancrède *) et ſa
　　　　　　　　　maîtreſſe　　215
N'euſſent de ſon ſujet égayé la triſteſſe.

Ce n'eſt pas que j'approuve en un ſujet
　　　　　　　　　chrétien,
Un auteur follement idolâtre et payen.

*) Perſonen, die in Taſſo's befreitem Jeruſalem vor-
kommen, nnd deren Begebenheiten und Handlungen einen Theil des Gedichts ausmachen.

Mais dans une profane et riante peinture,
De n'oſer de la fable employer la figure, 220
De chaſſer les Tritons de l'empire des eaux,
D'ôter à Pan ſa flûte, aux Parques leurs ciſeaux,
D'empecher que Caron dans la fatale barque,
Ainſi que le berger ne paſſe le monarque,
C'eſt d'un ſcrupule vain s'alarmer ſottement, 125
Et vouloir aux lecteurs plaire ſans agrément.
Bien-tôt ils defendront de peindre la prudence;
De donner à Themis ni bandeau, ni balance;
De figurer aux yeux la guerre au front d'airain;
Ou le tems qui s'enfuit une horloge à la main; 230
Et par tout des diſcours, comme une idolatrie,
Dans leur faux zèle, iront chaſſer l'allégorie.
Laiſſons-les s'applaudir de leur pieuſe erreur:
Mais pour nous, banniſſons une vaine terreur,
Et fabuleux chrétiens, n'allons point dans nos ſonges 235
Du Dieu de vérité faire un Dieu de menſonges.

La fable offre à l'eſprit mille agrémens divers.
Là tous les noms hûreux ſemblent nés pour les vers,
Ulyſſe, Agamemnon, Oreſte Idomenée,
Hélene, Ménelas, Paris, Hector, Enée. *)

---

*) Lauter Perſonen aus der fabelhaften Geſchichte der
Griechen, die im Homer, Virgil u. ſ. w. vorkommen.

O le plaisant projet, d'un poete ignorant,
Qui de tant de héros va choisir Childebrand! *)
D'un seul nom quelquefois le son dur ou bizarre,
Rend un poeme entier, ou burlesque ou barbare.

Voulés-vous longtems plaire, et jamais
  ne lasser?   245
Faites choix d'un héros propre à m'intéresser,
En valeur éclatant, en vertus magnifique.
Qu'en lui jusqu'aux défauts, tout se montre
  héroique:
Que ses faits surprenans soient dignes d'être
  ouïs;
Qu'il soit tel que César, Alexandre, ou
  Louïs;   250
Non, tel que Polynice et son perfide frère. **)
On s'ennuye aux exploits d'un conquérant
  vulgaire.

O 7

*) Dis ist der Held eines heroischen Gedichts unter dem Titel: Les Sarrazins chassés de France, von einem Herrn de Sainte Garde, Rath und Hofprediger des Königs. Man lachte über die Wahl seines Helden. Er vertheidigte sich und sagte: der Held ist immer so gut wie Achill; klingt doch sein Name fast eben so.

**) Statius, ein lateinischer Poet aus dem ersten Jahrhundert nach C. G. schrieb ein episches Gedicht, die Thebaïde, in welchem der Haß der beiden Prinzen Polynices und Eteocles, Söhne des Oedipus, mit zu dem wesentlichen der Handlung gehört.

N'offrés point un sujet d'incidens trop chargé.
Le seul courroux d'Achille, avec art ménagé,
Remplit abondamment une Iliade entière. 255
Souvent trop d'abondance appauvrit la matière.

Soyés vif et pressé dans vos narrations.
Soyés riche et pompeux dans vos déscriptions.
C'est là qu'il faut des vers étaler l'élégance.
N'y présentés jamais de basse circonstance. 260
N'imités pas ce fou, qui décrivant les mers
Et peignant au milieu de leurs flots entr'ouverts
L'Hébreu sauvé du joug de ses injustes maîtres,
Met, pour le voir passer, les poissons aux fenêtres; *)
Peint le petit enfant qui *va, saute, revient*, 265
Et joyeux à sa mère offre un caillou qu'il tient. **)
Sur de trop vains objets c'est arrêter la vue.

Donnés à votre ouvrage une juste étendue.
Que le debut soit simple et n'ait rien d'affecté.
N'allés pas dès l'abord, sur Pégase monté, 270
Crier à vos lecteurs d'une voix de tonnerre:
Je chante le vainqueur des vainqueurs de la terre. ***)

---

*) Etwas ähnliches thut in seinem geretteten Moses Saint Amant in folgenden Versen, die in der Beschreibung des Durchgangs durchs rothe Meer vorkommen:

    Et là, près des remparts que l'œil peut transpercer,
    Les poissons ebahis le regardent passer.

**) Ist wörtlich aus dem geretteten Moses.
***) So fängt Scudery's **Alaric** an.

Que produira l'acteur après tous ces grand cris?
La montagne en travail enfante une souris.
O, que j'aime bien mieux cet auteur plein
      d'adresse *)   275
Qui sans faire d'abord de si haute promesse,
Me dit d'un ton aisé, doux, simple, harmonieux;
Je chante les combats et cet homme pieux,
Qui des bords Phrygiens conduit dans l'Ausonie,
Le premier aborda les champs de Lavinie.   280
Sa muse en arrivant ne met pas tout en feu;
Et pour donner beaucoup ne nous promet
      que peu.
Bien-tôt vous la verrés, prodiguant les miracles,
Du destin des Latins prononcer les oracles;
De Styx et d'Acheron peindre les noirs tor-
      rens;   285
Et déjà les Césars dans l'Elisée errans.

 De figures sans nombre égayés votre ouvrage.
Que tout y fasse aux yeux une riante image.
On peut être à la fois et pompeux et plaisant;
Et je hais un sublime ennuyeux et pesant.   290
J'aime mieux Arioste, et ses fables comiques, **)
Que ces auteurs toûjours froids et mélancoliques,

---

*) Virgil.

**) Seine komischen Erfindungen, als: des Pferdes mit Flügeln, Hippogryfe genannt, des unsichtbar machenden Ringes, der Riesen, Zauberer, Ungeheuer u. d. gl. die alle im rasenden Roland vorkommen.

Qui dans leur sombre humeur se croiraient faire affront,
Si les Graces jamais leur déridaient le front.

On dirait, que pour plaire instruit par la nature 295
Homère ait à Vénus dérobé sa ceinture *).
Son livre est d'agrémens un fertile trésor.
Tout ce qu'il a touché se convertit en or.
Tout reçoit dans ses mains une nouvelle grace.
Par tout il divertit, et jamais il ne lasse. 300
Une hûreuse chaleur anime ses discours.
Il ne s'égare point en de trop longs détours.
Sans garder dans ses vers un ordre méthodique,
Son sujet de soi-même et s'arrange et s'explique;
Tout, sans faire d'apprêts, s'y prépare aisément. 305
Chaque vers, chaque mot court à l'évènement.
Aimés donc ses écrits, mais d'un amour sincère;
C'est avoir profité que de savoir s'y plaire.

Un poeme excellent, où tout marche et se suit,
N'est pas de ces travaux qu'un caprice produit. 310

*) Venus ist die personificirte Schönheit, und der Gürtel der Venus bedeutet den Liebreiz, der die Schönheit schmückt. „Gieb mir deinen Liebreiz, sagt Juno beim Homer zu Venus, womit du alles bezauberst, daß ich den Vater der Götter, den Ocean, und Mutter Rhea gewinne und mit einander aussöhne." Und Venus gab ihr ihren Gürtel.

Il veut du tems, des foins; et ce pénible ouvrage
Jamais d'un écolier ne fut l'apprentiffage.
Mais fouvent parmi nous un poete fans art,
Qu'un beau jeu quelquefois échauffa par hazard,
Enflant d'un vain orgueil fon efprit chimérique, 315
Fierement prend en main la trompette héroïque.
Sa mufe déreglée, en fes vers vagabonds,
Ne s'éleve jamais que par fauts et par bonds;
Et fon feu, dépourvu de fens et de lecture,
S'éteint à chaque pas, faute de nourriture. 320
Mais en vain le public, prompt à le méprifer,
De fon mérite faux le veut desabufer.
Lui-même applaudiffant à fon maigre génie,
Se donne par fes mains l'encens qu'on lui dénie.
Virgile au prix de lui n'a point d'invention; 325
Homère n'entend point la noble fiction.
Si contre cet arrêt le fiécle fe rebelle,
A la poftérité d'abord il en appelle.
Mais attendant, qu'ici le bon fens de retour,
Ramène triomphans fes ouvrages au jour, 330
Leurs tas au magafin, cachés à la lumière,
Combattent triftement les vers et la pouffière.
Laiffons les donc entre eux s'efcrimer en repos,
Et fans nous égarer fuivons notre propos.

Des fuccès fortunés du fpectacle tragique, 335
Dans Athéne nâquit la comédie antique.

Là le Grec, né moqueur, par mille jeux plaisans,
Distilla le venin de ses traits médisans.
Aux accès insolens d'une bouffonne joie
La sagesse, l'esprit, l'honneur furent en proie. 340
On vit par le public un poete avoué
S'enrichir au dépens du mérite joué;
Et Socrate par lui, dans *un chœur de nuées*, *)
D'un vil amas de peuple attirer les huées.
Enfin de la licence on arrêta le cours: 345
Le magistrat des loix emprunta les secours,
Et rendant par édit les poetes plus sages,
Défendit de marquer les noms et les visages. **)
Le théatre perdit son antique fureur;
La comédie apprit à rire sans aigreur; 350
Sans fiel et sans venin sut instruire et reprendre,
Et plut innocemment dans les vers de Ménan-
　　　　　　　dre. ***)
Chacun peint avec art dans ce nouveau miroir,
S'y vit avec plaisir ou crut ne s'y point voir.
L'avare des premiers rit du tableau fidele 355
D'un avare souvent tracé sur son modele;
Et mille fois un fat finement exprimé,
Méconnut le portrait sur lui-même formé.

　*) Die Wolken heifst eine Comœdie von Aristo-
　　phanes, worin er den Socrates lächerlich macht.
　**) Leute namentlich und sichtlich (vermittelst einer
　　Larve, die ihrem Gesichte glich) aufs Theater zu
　　bringen.
　***) Er lebte um die Zeit Alexanders des Grofsen. Wir
　　haben nichts als Bruchstücke von ihm.

Que la nature donc soit votre étude unique,
Auteurs qui prétendés aux honneurs du comi-
que. 360
Quiconque voit bien l'homme et d'un esprit
profond
De tant de cœurs cachés a pénétré le fond,
Qui sait bien ce que c'est qu'un prodigue, un
avare,
Un honnête homme, un fat, un jaloux, un
bizarre,
Sur une scène hûreuse il peut les étaler, 365
Et les faire à nos yeux vivre, agir, et parler.
Présentés-en par-tout les images naïves;
Que chacun y soit peint des couleurs les plus
vives.
La nature, féconde en bizarres portraits,
Dans chaque ame est marquée à de différens
traits. 370
Un geste la découvre, un rien la fait paraître;
Mais tout esprit n'a pas des yeux pour la con-
naître.

Le tems qui change tout, change aussi
nos humeurs.
Chaque âge a ses plaisirs, son esprit, et ses mœurs.
Un jeune homme, toûjours bouillant dans
ses caprices, 375
Est prompt à recevoir l'impression des vices;
Est vain dans ses discours, volage en ses désirs,
Rétif à la censure, et fou dans les plaisirs.

L'âge viril plus mûr, inspire un air plus
                              sage,
Se pousse auprès des Grands, s'intrigue, se
                              ménage; 380
Contre les coups du sort songe à se maintenir;
Et loin dans le présent regarde l'avenir.

    La vieillesse chagrine incessamment amasse;
Garde, non pas pour soi, les trésors qu'elle
                              entasse;
Marche en tous ses desseins d'un pas lent et
                              lassé; 385
Toûjours plaint le présent, et vante le passé,
Inhabile aux plaisirs, dont la jeunesse abuse,
Blâme en eux les douceurs, que l'âge lui refuse.

    Ne faites point parler vos acteurs au hazard,
Un vieillard en jeune homme, un jeune homme
                              en vieillard. 390
Etudiés la cour et connaissés la ville;
L'une et l'autre est toûjours en modeles fertile.
C'est par là que Moliere illustrant ses écrits,
Peut-être de son art eût remporté le prix,
Si, moins ami du peuple, en ses doctes pein-
                              tures; 395
Il n'eût point fait souvent grimacer ses figu-
                              res;
Quitté pour le bouffon l'agréable et le fin,
Et sans honte à Terence *) allié Tabarin.

    *) Terenz ist der lateinische Menander.

Dans ce sac ridicule, où Scapin s'enveloppe, *)
Je ne reconnais plus l'auteur du Misanthro-
                                pe. **)   400
   Le comique ennemi des soupirs et de pleurs
N'admet point en ses vers de tragiques douleurs;
Mais son emploi n'est pas d'aller dans une place
De mots sales et bas charmer la populace.
Il faut que ses acteurs badinent noblement; 405
Que son nœud bien formé se dénoue aisément:
Que l'action marchant où la raison la guide,
Ne se perde jamais dans une scène vuide;
Que son stile humble et doux se releve à propos;
Que ses discours, par-tout fertiles en bons
                                mots,   410
Soient pleins de passions finement maniées;
Et les scènes toûjours l'une à l'autre liées.
Aux dépens du bon sens gardés de plaisanter;
Jamais de la nature il ne faut s'écarter.
Contemplés de quel air un père dans Te-
                                rence   415
Vient d'un fils amoureux gourmander l'im-
                                prudence;
De quel air cet amant écoute ses leçons,
Et court chés sa maîtresse oublier ces chansons.

*) In den Fourberies de Scapin, einem Stück
  von Moliere, das mehr ein Possenspiel als eine Comœdie ist, kommt ein Auftrit vor, wo Scapin den
  alten Geronte in einen Sack steckt.

**) Die Comœdie dieses Namens ist eine der schönsten
  im Moliere.

Ce n'est pas un portrait, une image semblable ;
C'est un amant, un fils, un père veritable. 420
J'aime sur le théatre un agréable auteur,
Qui sans se diffamer aux yeux du spectateur,
Plait par la raison seule, et jamais ne la choque.
Mais pour un faux plaisant, à grossière équivoque,
Qui pour me divertir, n'a que la saleté, 425
Qu'il s'en aille, s'il veut, sur deux treteaux monté,
Amusant le pont-neuf de ses fornettes fades,
Aux laquais assemblés jouer ses mascarades.

Chant quatrieme.

Dans Florence jadis vivait un médecin,
Savant hableur, dit-on, et celebre assassin.
Lui seul y fit longtems la publique misère.
Là le fils orphelin lui redemande un père.
Ici le frere pleure un frere empoisonné. 5
L'un meurt vuide de sang, l'autre plein de séné.
Le rhume à son aspect se change en pleurésie ;
Et par lui la migraine est bientôt phrénesie.
Il quitte enfin la ville, en tout lieux detesté.
De tous ses amis morts un seul ami resté, 10
Le mene en sa maison de superbe structure.
C'était un riche abbé, fou de l'architecture.

Le médecin d'abord semble né dans cet art,
Déjà de bâtimens parle comme Mansard. *)
D'un salon qu'on éleve, il condamne la face, 15
Au vestibule obscur il marque une autre place;
Approuve l'escalier tourné d'autre façon. **)
Son ami le conçoit et mande son maçon.
Le maçon vient, écoute, approuve et se corrige,
Enfin pour abréger un si plaisant prodige, 20
Notre assassin renonce à son art inhumain,
Et désormais la regle et l'équerre à la main,
Laissant de Galien la science suspecte,
De méchant médecin devient bon architecte. ***)

   Son exemple est pour nous un précepte excellent. 25
Soyes plûtôt maçon, si c'est votre talent;
Ouvrier estimé dans un art nécessaire,
Qu'écrivain du commun et poete vulgaire.
Il est dans tout autre art des dégrés différens;
On peut avec honneur remplir les seconds rangs. 30

*) Ein berühmter Baumeister in Paris.
**) Wenn sie anders angelegt wäre, soll der Sinn sein, nicht: die anders angelegt war, welches er auch sein könnte. B. hat sich selbst darüber erklärt.
***) Nach meinem Gefühl ist dis Beispiel für seinen Zweck viel zu umständlich ausgemalt und paſst überhaupt nicht recht hieher. Auch hat nicht die Muse, sondern ein bischen Groll gegen Claude Perrault, Arzt und königlichen Bauaufseher, Bruder des Gegners der Alten, und lauter Tadler der Satiren von Boileau, unserm Dichter diese Stelle eingegeben, wie er selbst gesteht. Perrault beschwerte sich darüber bei dem Minister Colbert. „Er sollte sich nicht beklagen, sagte B., ich habe ihn zum Muster gemacht."

Mais dans l'art dangereux de rimer et d'écrire,
Il n'eſt point de degré du médiocre au pire.
Qui dit froid écrivain, dit déteſtable auteur.
Boyer †) eſt à Pinchêne égal pour le lecteur.
On ne lit guere plus Rampale ††) et Ménar-
diere, †††)
Que Magnon *), du Souhait **), Corbin ***),
et la Morliere. ****) 35

†) Ein froſtiger Schriftſteller, obgleich ein Mitglied der académie françaiſe.

††) Er lebte unter Ludwig XIII und ſchrieb erträgliche Idyllen.

†††) Vorleſer des Königs. Er ſchrieb ein Trauerſpiel, Alinde, wo er die Regeln ſtrenge beobachtete, und das doch nicht viel taugte. „Er hat die erſte aller Regeln vergeſſen, ſagte B., die, daſs ein Dichter natürliche Anlage haben muſs."

*) Anfänglich Landgerichts-Advocat zu Lion; nachher lebte er in Paris. Er ſchrieb erſt einige ſchlechte Theaterſtücke. Darauf unternahm er ein Gedicht von ungeheuerm Umfang, das er die Encyclopédie betitelte. Es ſollte nicht weniger als dreimal hundert tauſend Verſe enthalten. „Wird Ihr Gedicht bald fertig?" fragte man ihn einſt. Ja, antwortete er, ich habe nur noch ungefähr hundert tauſend Verſe übrig.

**) Seine Gedichte beſtanden aus Einfällen und Wortſpielen.

***) Des vorigen Freund und als Dichter mit ihm von gleichem Schlage, wie man aus folgendem Oedchen (odelette) an ſeinen Freund ſieht:

Qui t'a, mon Du Souhait,
Dicté tant à ſouhait
Le vers qui te renomme?
Ces vers ne ſont pas tiens.
Un homme je te tiens;
Ces vers ne ſont pas d'homme &c.

****) Von dieſem, der Canonicus zu Amiens war, hat man elende Sonnets mit einem eben ſo elenden Commentar darüber.

Un fou du moins fait rire et peut nous égayer;
Mais un froid écrivain ne fait rien qu'ennuyer.
J'aime mieux Bergerac*) et fa burlesque audace,
Que ces vers où Motin **) se morfond et nous glace. 40

Ne vous enivrés point des éloges flatteurs,
Qu'un amas quelquefois de vains admirateurs
Vous donne en ces réduits ***) promts à crier: Merveille!
Tel écrit récité se soutint à l'oreille,
Qui dans l'impression au grand jour se montrant, 45
Ne soutient pas des yeux le regard pénétrant.
On sait de cent auteurs l'avanture tragique;
Et Gombaut ****) tant loué garde encor la boutique.

*) Er schrieb voyage de la Lune und sonst noch verschiedenes, worin mehr Fantasie als gesundes Urtheil ist.

**) Man findet seine frostigen Gedichte in Sammlungen, wo Malherbe, Racan und andere Dichter seiner Zeit bei einander gedruckt sind. Er war ein Freund von Regnier, und dieser schrieb ihm seine vierte Satire zu. Auch steht eine Ode von ihm vor Regnier's Satiren. B. hat wirklich, wie er selbst versichert, ihn, nicht, wie einige glaubten, unter seinem Namen den Cotin gemeint.

***) In jenen Versammlungen, wo Schriftsteller ihren Freunden ihre Werke vor dem Druck vorzulesen pflegen.

****) Auch dieses Academikers Schriften wurden wenig oder gar nicht gelesen.

Encyclop. franç. Tom. I.   P

Ecoutés tout le monde, assidu consultant;
Un fat quelquefois ouvre un avis important. 50
Quelques vers toutefois qu'Apollon vous inspire,
En tous lieux aussi-tôt ne courés pas les lire.
Gardés-vous d'imiter ce rimeur furieux, *)
Qui de ses vains écrits lecteur harmonieux,
Aborde en récitant, quiconque le salue, 55
Et poursuit de ses vers les passans dans la rue.
Il n'est temple si saint, des anges respecté,
Qui soit contre sa muse un lieu de sûreté.

Je vous l'ai déjà dit, aimés qu'on vous
        censure,
Et souple à la raison corrigés sans murmure. 60
Mais ne vous rendés pas dès qu'un sot vous
        reprend.
Souvent dans son orgueil un subtil ignorant
Par d'injustes dégoûts combat toute une piece,
Blâme des plus beaux vers la noble hardiesse.
On a beau réfuter ses vains raisonnemens, 65
Son esprit se complaît dans ses faux jugemens,
Et sa faible raison, de clarté dépourvue,
Pense que rien n'échappe à sa débile vue.
Ses conseils sont à craindre; et si vous les croyés,
Pensant fuir un écueil, souvent vous vous
        noyés. 70

---

*) Dis war Charles du Périer, der allen Leuten allenthalben mit dem Vorlesen seiner Verse lästig fiel, und wirklich einmal unserm Dichter während der Messe mit einer Ode unterhielt, welcher die Academie den ausgesetzten Preis nicht zuerkannt hatte.

Faites choix d'un censeur solide et salutaire,
Que la raison conduise et le savoir éclaire;
Et dont le crayon sûr d'abord aille chercher
L'endroit que l'on sent faible et qu'on se veut cacher:
Lui seul éclairera vos doutes ridicules,   75
De votre esprit tremblant levera les scrupules.
C'est lui qui vous dira, par quel transport hûreux
Quelquefois dans sa course un esprit vigoureux,
Trop resserré par l'art, sort des régles préscrites,
Et de l'art même apprend à franchir leurs limites.   80
Mais ce parfait censeur se trouve rarement.
Tel excelle à rimer qui juge sottement.
Tel s'est fait par ses vers distinguer dans la ville,
Qui jamais de Lucain n'a distingué Virgile.

Auteurs, prêtés l'oreille à mes instructions.   85
Voulés-vous faire aimer vos riches fictions?
Qu'en savantes leçons votre muse fertile,
Par-tout joigne au plaisant le solide et l'utile.
Un lecteur sage fuit un vain amusement,
Et veut mettre à profit son divertissement.   90

Que votre ame et vos mœurs peintes dans vos ouvrages, *)
N'offrent jamais de vous que de nobles images.

---

*) Diese und die folgenden Lehren gehen eigentlich den Menschen, nicht den Dichter an; aber sie waren doch hier nicht überflüssig; denn wenn der Mensch sie nicht beobachtet, wird der Dichter darunter leiden.

Je ne puis estimer ces dangereux auteurs,
Qui de l'honneur en vers infames déserteurs,
Trahissant la vertu sur un papier coupable,   95
Aux yeux de leurs lecteurs rendent le vice aimable.

 Je ne suis pas pourtant de ces tristes esprits,
Qui bannissant l'amour de tous chastes écrits,
D'un si riche ornement veulent priver la scène,
Traitent d'empoisonneurs et Rodrigue et Chimene.   100
L'amour le moins honnête, exprimé chastement,
N'excite point en nous de honteux mouvement.
Didon a beau gémir et m'étaler ses charmes,
Je condamne sa faute en partageant ses larmes.

 Un auteur vertueux dans ses vers innocens   105
Ne corrompt point le cœur en chatouillant les sens;
Son feu n'allume point de criminelle flamme.
Aimés donc la vertu, nourrissés-en votre ame.
En vain l'esprit est plein d'une noble vigueur;
Le vers se sent toûjours des bassesses du cœur.   110

 Fuyés sur-tout, fuyés ces basses jalousies,
Des vulgaires esprits malignes phrénésies.
Un sublime écrivain n'en peut être infecté;
C'est un vice qui suit la médiocrité.
Du mérite éclatant cette sombre rivale,   115
Contre lui chés les Grands incessamment cabale,
Et sur les pieds en vain tâchant de se hausser,
Pour s'égaler à lui, cherche à le rabaisser,

Ne descendons jamais dans ces lâches intrigues.
N'allons point à l'honneur par de honteuses
                                    brigues.   120
  Que les vers ne soient pas votre éternel emploi.
Cultivés vos amis, soyés homme de foi.
C'est peu d'être agréable et charmant dans un
                                    livre,
Il faut savoir encor et converser et vivre.

  Travaillés pour la gloire, et qu'un sordide
                                    gain   125
Ne soit jamais l'objet d'un illustre écrivain.
Je sais qu'un noble esprit peut sans honte et
                                    sans crime
Tirer de son travail un tribut légitime ;
Mais je ne puis souffrir ces auteurs renommés,
Qui dégoûtés de gloire et d'argent affamés, 130
Mettent leur Apollon aux gages d'un libraire,
Et font d'un art divin un métier mercénaire.

  Avant que la raison, s'expliquant par la voix,
Eût instruit les humains, eût enseigné des loix,
Tous les hommes suivaient la grossière na-
                                    ture ;   135
Dispersés dans les bois couraient à la pâture ;
La force tenait lieu de droit et d'équité ;
Le meurtre s'exerçait avec impunité.
Mais du discours enfin l'harmonieuse addresse
De ces sauvages mœurs adoucit la rudesse ; 140
Rassembla les humains dans les forêts épars ;
Enferma les cités de murs et de remparts ;

De l'aspect du public effraya l'insolence,
Et sous l'appui des loix mit la faible innocence.
Cet ordre fut, dit-on, le fruit des premiers vers. 145
De-là sont nés les bruits reçus dans l'univers,
Qu'aux accens, dont Orphée emplit les monts de Thrace,
Les tigres amollis dépouillaient leur audace;
Qu'aux accords d'Amphion les pierres se mouvaient,
Et sur les murs Thébains en ordre s'élevaient *). 150
L'harmonie, en naissant, produisit ces miracles.
Depuis le ciel **) en vers fit parler les oracles.
Du sein d'un prêtre, ému d'une divine horreur,
Apollon par des vers exhala sa fureur,
Bientôt resuscitant les héros des vieux âges ***),
Homere aux grands exploits anima les courages.
Hésiode à son tour par d'utiles leçons
Des champs trop paresseux vint hâter les moissons. ****)

*) Eine poetische von B. nicht zuerst erfundene Beschreibung von den Wirkungen der ältesten Dichter Orpheus und Amphion auf ihre rohen Zeitgenossen.

**) Ironisch und nach dem Volksglauben der alten Welt zu verstehen; obgleich die Ironie hier nicht gut angebracht ist, weil sie mit dem vorhergehenden und nachfolgenden Ernsthaften einen Misklang macht. Indessen kann B. dis doch nicht im Ernst gemeint haben, wie ihn einer seiner Gegner, Des Marets, gern beschuldigen möchte.

***) In seiner Iliade und Odyssee.

****) Er lebte um die Zeit Homers, 900 bis 1000 Jahr vor C. G. und schrieb unter andern ein Lehrgedicht vom Landbau, Werke und Tage genannt, worauf hier gezielt wird.

En mille écrits fameux la sagesse tracée,
Fut à l'aide des vers aux mortels annoncée, 160
Et par-tout des esprits ses préceptes vainqueurs,
Introduits par l'oreille entrèrent dans les cœurs.
Pour tant d'hûreux bienfaits les muses révérées,
Furent d'un juste encens dans la Grece honorées;
Et leur art attirant le culte des mortels, 165
A sa gloire en cent lieux vit dresser des autels.
Mais enfin l'indigence amenant la bassesse,
Le Parnasse oublia sa première noblesse.
Un vil amour du gain infectant les esprits,
De mensonges grossiers souilla tous les écrits; 170
Et par-tout enfantant mille ouvrages frivoles,
Trafiqua du discours et vendit les paroles.

Ne vous flétrissés point par un vice si bas.
Si l'or seul a pour vous d'invincibles appas,
Fuyés ces lieux charmans qu'arrose le Per-
messe; *) 175
Ce n'est point sur ces bords qu'habite la richesse.
Aux plus savans auteurs, comme aux plus grands
guerriers,
Apollon ne promet qu'un nom et des lauriers.

Mais quoi? dans la disette une muse affamée
Ne peut pas, dira-t-on, subsister de fumée. 180

P 4

*) Ein Fluſs in Bœotien, der am Berge Helicon ent-
springt und so wie dieser Berg und der von unserm
Dichter so oft erwähnte Berg Parnassus (in Phocis,
einer kleinen griechischen Provinz) dem Apollo
und den Musen geheiligt war.

Un auteur qui, pressé d'un besoin importun,
Le soir entend crier ses entrailles à jeun,
Goûte peu d'Hélicon les douces promenades.
Horace a bu son saoul, quand il voit les Ména-
                                        des, *)
Et libre du souci qui trouble Colletet, **)   185
N'attend pas pour diner le succès d'un sonnet.

Il est vrai; mais enfin cette affreuse disgrace
Rarement parmi nous afflige le Parnasse.
Et que craindre en ce siècle, où toûjours les
                                    beaux arts
D'un astre favorable éprouvent les regards; 190
Où d'un prince éclairé la sage prévoyance
Fait par-tout au mérite ignorer l'indigence?

Muses, dictés sa gloire à tous vos nourrissons;
Son nom vaut mieux pour eux que toutes vos
                                    leçons.
Que Corneille, pour lui rallumant son audace, 195
Soit encor le Corneille et du Cid et d'Horace ***)
Que Racine enfantant des miracles nouveaux,
De ses héros sur lui forme tous les tableaux.
Que de son nom, chanté par la bouche des belles,

---

*) Die Priesterinnen des Weingottes Bacchus. Dis bezieht sich auf einige Stellen in Horazens Oden, wo er in poetischer Begeisterung den Bacchus, seine Priesterinnen und die ihm zu Ehren gefeierten Feste sieht.

**) Ein armer Dichter damaliger Zeit, der oft nicht wusste, woher er zu essen nehmen sollte.

***) Zwei Trauerspiele von Corneille.

Benserade *) en tous lieux amuse les ruel-
les. 200
Que Segrais **) dans l'églogue en charme
les forêts;
Que pour lui l'épigramme aiguise tous ses traits.
Mais quel hûreux auteur dans une autre Enéide
Aux bords du Rhin tremblant conduira cet Alcide?
Quelle savante lyre au bruit de ses exploits, 205
Fera marcher encor les rochers et les bois;
Chantera le Batave éperdu dans l'orage,
Soi-même se noyant pour sortir du naufrage; ***)
Dira les bataillons sous Maſtricht ****) enterrés,
Dans ces affreux aſſauts du soleil éclairés? 210

Mais tandis que je parle, une gloire nouvelle
Vers ce vainqueur rapide aux Alpes vous appelle.

*) Er hatte das Talent, aber nur das, zärtliche Lie-
derchen zu machen, die der berühmte Lambert in
Muſik setzte. Am Hofe hatte er grofsen Ruf wegen der Verse, die er für die Hofleute machte, die
in den königlichen Ballets tanzten, wo er sinn-
reich genug den Character der Rolle mit dem der
Person vermischte. Er scheiterte an Ovids Verwandlungen, die er in Rondeaux brachte.

**) Für sein bestes Schäfergedicht wird eins gehalten,
das Athis heifst.

***) Die Holländer wufsten sich endlich gegen den sieg-
reichen Ludwig nicht anders zu schützen, als dafs
sie ihr Land unter Waſſer setzten.

****) Die Franzosen liefen am hellen Tage Sturm gegen
diese Stadt und eroberten sie 1673 nach einer Belagerung von dreizehn Tagen.

Déjà Dole et Salins sous le joug ont ployé.
Besançon *) fume encor sur son roc **) fou-
        droyé.
Où sont ces grands guerriers, dont les fatales
        ligues ***)   215
Devaient à ce torrent opposer tant de digues?
Est-ce encor en fuyant qu'ils pensent l'arrêter;
Fiers du honteux honneur d' avoir su l' évi-
        ter? ****)
Que de remparts détruits! que de villes forcées!
Que de moissons de gloire en courant amas-
        sées!   220

*) Drei Städte in der Franche-Comté, einer Provinz, die in ihrer Nachbarschaft die Wasgauischen oder Vogesischen Gebirge hat, die B. vielleicht hier unter den Alpen versteht. Oder meint er damit Helvetien (die Schweiz), das gegen Osten an die F. C. stöst, und will mit dem vers les Alpes weiter nichts sagen, als: in die Nachbarschaft der Alpen? Vermuthlich das letztere.

**) Büsching sagt nichts von der Lage dieser Stadt auf oder an einem Felsen; aber Cæsar erwähnt des hohen Berges an einer Seite der Stadt, den man damals mit einer Mauer umgeben und wie eine Burg mit der Stadt verbunden hatte.

***) Die gegen Frankreich verbundenen Mächte waren der Kaiser, die Könige von Spanien und Dännemark, nebst Holland und Deutschland, von letzterm nur Baiern und Hannover ausgenommen.

****) Montecuculi, dieser berühmte kaiserliche Feldherr, vermied eine Schlacht und rechnete sich seinen vortheilhaften Rückzug zur Ehre.

Auteurs, pour les chanter, redoublés vos transports ;
Le sujet ne veut pas de vulgaires efforts.

Pour moi, qui, jusqu'ici nourri dans la satire,
N'ose encore manier la trompette et la lyre,
Vous me verrés pourtant dans ce champ glorieux   225
Vous animer du moins de la voix et des yeux ;
Vous offrir ces leçons, que ma Muse au Parnasse
Rapporta, jeune encor, du commerce d'Horace ;
Seconder votre ardeur, échauffer vos esprits,
Et vous montrer de loin la couronne et le prix.   230
Mais aussi pardonnés, si plein de ce beau zele,
De tous vos pas fameux observateur fidele,
Quelquefois du bon or je sépare le faux,
Et des auteurs grossiers j'attaque les défauts ;
Censeur un peu fâcheux, mais souvent nécessaire,   235
Plus enclin à blâmer que savant à bien faire.

Epitre au Roi.

GRAND ROI, c'est vainement qu'abjurant la Satire
Pour Toi seul désormais j'avais fait vœu d'écrire.
Dès que je prends la plume, Apollon éperdu,
Semble me dire: Arrête, insensé, que fais-tu?
Sais-tu dans quels périls aujourd'hui tu t'engages? 5
Cette mer où tu cours est célebre en naufrages.
Ce n'est pas qu'aisément, comme un autre, à ton char,
Je ne pusse attacher Alexandre et Césαr; *)
Qu'aisément je ne pusse en quelque ode insipide,
T'exalter aux dépens et de Mars et d'Alcide **); 10
Te livrer le Bosphore ***), et d'un vers incivil
Proposer au Sultan, de te ceder le Nil.

*) A. und C. an deinen Siegeswagen fesseln, d. i. dich als den Ueberwinder der grösten Helden rühmen.
**) Hercules.
***) Zwei Meerengen im mittelländischen Meer führen diesen Namen. Die eine ist der thracische Bosporus oder die Meerenge bei Constantinopel, die andere ist der cimmerische Bosporus oder die Meerenge bei Caffa. Der Dichter hat hier ohne Zweifel die erstere gemeint und sagen wollen: Ich könnte pralerisch dich in den Besitz der Residenz des Grosstürken und somit des ganzen türkischen Reichs setzen.

Mais pour te bien louer, une raison sévère
Me dit qu'il faut sortir d'une route vulgaire;
Qu'après avoir joué tant d'auteurs différens, 15
Phébus même aurait peur s'il entrait sur les
       rangs; *)
Que par des vers tout neufs, avoués du Parnasse,
Il faut de mes dégoûts justifier l'audace;
Et si ma muse enfin n'est égale à mon roi,
Que je prête aux Cotins des armes contre moi. 20
Est-ce la cet auteur, l'effroi de la Pucelle,
Qui devait des bons vers nous tracer le modele;
Ce censeur, diront-ils, qui nous réformait tous?
Quoi? ce critique affreux n'en fait pas plus
       que nous.
N'avons-nous pas cent fois, en faveur de la
       France,
Comme lui dans nos vers, pris *Memphis* et
       Byzance;
Sur les bords de l'*Euphrate* abattu le *Turban*,
Et coupé, pour rimer, *les Cèdres du Liban*? **)
De quel front aujourd'hui vient-il sur nos
       brisées,
Se revêtir encor de nos phrases usées? 30

---

*) Der Gott der Dichter selbst würde unter den Umständen, worin ich bin, es schwer finden, dich würdig zu loben; würde sich nicht ohne Furcht an dis grosse Geschäft wagen.

**) Lauter Ausdrücke, die die armseligen Sänger Ludwigs dem Malherbe abborgten und auf eine lächerliche Weise ihren Gedichten einflickten.

Que répondrais-je alors? Honteux et rebuté,
J'aurais beau me complaire en ma propre beauté,
Et de mes tristes vers admirateur unique,
Plaindre en les relisant l'ignorance publique.
Quelque orgueil en secret dont s'aveugle un auteur, 35
Il est facheux, Grand Roi, de se voir sans lecteur,
Et d'aller du récit de Ta gloire immortelle
Habiller chés Francœur *) le sucre et la canelle.
Ainsi craignant toûjours un funeste accident,
J'imite de Conrart **) le silence prudent: 40
Je laisse aux plus hardis l'honneur de la carrière,
Et regarde le champ, assis sur la barrière.

Malgré moi toutefois un mouvement sécret
Vient flatter mon esprit qui se tait à regret.
Quoi, dis-je tout chagrin dans ma verve infertile, 45
Des vertus de mon roi spectateur inutile,
Faudra-t-il sur sa gloire attendre à m'exercer,
Que ma tremblante voix commence à se glacer?

---

*) Ein berühmter Gewürzkrämer, der das königliche Haus versorgte und dem Könige dem Namen nach bekannt war.

**) Der nie eine Zeile geschrieben hat. Er war Secretär beim Könige. Die Versammlungen der Gelehrten in seinem Hause gaben Anlass zu Stiftung der Academie françaife, deren Mitglied er ward. Er verstand kein Latein, wusste aber übrigens alles, was ein Gelehrter nur wissen kann; und sein Urtheil über Werke des Witzes ward vorzüglich gehrt.

Dans un si beau projet si ma muse rebelle
N'ose le suivre aux champs de Lille et de Bru-
xelle, 50
Sans le chercher aux bords de l'Escaut et du
Rhin,
La paix l'offre à mes yeux plus calme et plus
serein.
Oui, Grand Roi, laissons-là les sièges, les
batailles.
Qu'un autre aille en rimant renverser des mu-
railles;
Et souvent sur Tes pas marchant sans Ton
aveu, 55
S'aille couvrir de sang, de poussière et de feu.
A quoi bon d'une muse au carnage animée
Echauffer Ta valeur déjà trop allumée? *)
Jouissons à loisir du fruit de Tes bienfaits,
Et ne nous lassons point des douceurs de la
paix. 60

„Pourquoi ces éléphans, ces armes, ce
bagage,
Et ces vaisseaux tout prêts à quitter le rivage?"
Disait au roi Pyrrhus un sage confident,
Conseiller très sensé d'un roi très-imprudent.
Je vais, lui dit ce prince, à Rome où l'on
m'appelle. 65
„Quoi faire?" L'assiéger. „L'entreprise est
fort belle.

---

*) Die Freimüthigkeit, mit welcher der Dichter von
hier an seinem kriegerischen und von Sieg und Ehre
trunkenen Könige den Frieden anpreiset, macht
seinem Herzen mehr Ehre als die schönsten Verse
seinem Kopf.

Est digne seulement d'Alexandre et de vous;
Mais Rome prise enfin, Seigneur, où courons-nous?"
Du reste des Latins la conquête est facile.
„Sans doute on les peut vaincre: est-ce tout?"
La Sicile
De-là nous tend les bras, et bientôt sans effort
Syracuse reçoit nos vaisseaux dans son port.
„Bornés-vous là vos pas?" Dès que nous l'aurons prise,
Il ne faut qu'un bon vent, et Carthage est conquise.
Les chemins sont ouverts: qui peut nous arrêter? 75
„Je vous entends, Seigneur, nous allons tout dompter.
Nous allons traverser les Sables de Lybie,
Asservir en passant l'Egypte, l'Arabie,
Courir de-là le Gange en de nouveaux païs,
Faire trembler le Scythe au bord du Tanaïs, 80
Et ranger sous nos loix tout ce vaste hémisphère.
Mais de retour enfin que prétendés-vous faire?"
Alors, cher Cinéas, victorieux, contens,
Nous pourrons rire à l'aise et prendre du bon tems.
„Hé, Seigneur, dès ce jour, sans sortir de l'Epire *) 85
Du matin jusqu'au soir qui vous défend de rire?"
Le conseil était sage, et facile à goûter:
Pyrrhus vivait hûreux, s'il eût pu l'écouter:

*) Das Reich des Pyrrhus. Itzt macht es einen Theil von Albanien im türkischen Reich aus.

Mais à l'ambition d'opposer la prudence,
C'est aux prélats de cour prêcher la rési-
dence. *) 90

Ce n'est pas que mon cœur de travail
ennemi,
Approuve un fainéant sur le trône endormi;
Mais quelques vains lauriers que promette la
guerre,
On peut être héros sans ravager la terre,
Il est plus d'une gloire. En vain aux con-
quérans 95
L'honneur parmi les rois donne les premiers
rangs.
Entre les grands héros ce sont les plus vulgaires.
Chaque siècle est fécond en hûreux téméraires:
Chaque siècle produit des favoris de Mars.
La Seine a des Bourbons **), le Tibre a des
Césars. 100
On a vu mille fois des fanges Méotides ***)

*) Heißt den Prælaten, die am Hofe leben, vorsagen, daß sie nach Hause, zu ihrer Heerde, zu ihren Geschäften gehen müßten. So ungern sie dis thun, wenn sie des Hoflebens einmal gewohnt sind (sie haben bisweilen durch Befehle dazu gezwungen werden müssen) so wenig hört der Ehrgeiz auf die Stimme der Vernunft und Klugheit.

**) Helden aus der Familie Bourbon, dem Stammhause der itzigen Könige von Frankreich.

***) Aus den Mäotischen Sümpfen oder Morästen, d. i. aus den uncultivirten Ländern, die um den Mäotischen See (itzt das Asowsche Meer oder das Meer von Zabache) liegen.

Sortir des conquérans Goths, Vandales, Gépides *).
Mais un roi, vraiment roi, qui sage en ses projets,
Sache en un calme hûreux maintenir ses sujets,
Qui du bonheur public ait cimenté sa gloire,
Il faut pour le trouver courir toute l'histoire.
La terre compte peu de ces rois bienfaisans;
Le ciel à les former se prépare longtems.
Tel fut cet empereur, sous qui Rome adorée **)
Vit rénaître les jours de Saturne et de Rhée ***); 110
Qui rendit de son joug l'univers amoureux;
Qu'on n'alla jamais voir sans revenir hûreux;
Qui soupirait le soir, si sa main fortunée
N'avait par ses bienfaits signalé la journée.
Le cours ne fut pas long d'un empire si doux. ****) 115

Mais où cherché-je ailleurs ce qu'on trouve chés nous?
GRAND ROI, sans recourir aux histoires antiques,
Ne T'avons-nous pas vu dans les plaines Belgiques,

---

*) Namen einiger von den Völkern, die im fünften Jahrhundert nach C. G. das römische Reich zerstörten.

**) Angebetet d. i. geliebt und verehrt von den ihm unterworfenen Völkern.

***) Die goldene Zeit. Rhea ist Saturns Frau.

****) Titus regierte nur zwei Jahre.

EPITRES.

Quand l'ennemi vaincu défertant ſes remparts,
Au devant de Ton joug courait de toutes parts, 120
Toi-même Te borner au fort de Ta victoire,
Et chercher dans la paix une plus juſte gloire?
Ce ſont-là les exploits que Tu dois avouer:
Et c'eſt par-là, GRAND ROI, que je Te veux louer.
Aſſés d'autres ſans moi d'un ſtile moins timide, 125
Suivront au champ de Mars Ton courage rapide:
Iront de Ta valeur effrayer l'univers,
Et camper devant Dole au milieu des hivers.
Pour moi, loin des combats, ſur un ton moins terrible,
Je dirai les exploits de Ton regne paiſible. 130
Je peindrai les plaiſirs en foule renaiſſans *);
Les oppreſſeurs du peuple à leur tour gémiſſans, **)
On verra, par quels ſoins Ta ſage prévoyance
Au fort de la famine entretint l'abondance ***).

---

*) Die geſchmackvollen Feſte, das Ritterſpiel (Carrouſel) von 1662, die Schautänze (Ballets), das Ringrennen, und die Feſte zu Verſailles im Mai 1664 unter dem Namen der Luſtbarkeiten der bezauberten Inſel.

**) 1661 ward eine Juſtiz-Kanzlei errichtet, um über die Unredlichkeiten der Finanzpächter bei Einhebung und Verwaltung der öffentlichen Gelder zu erkennen.

***) Als 1662 das Reich und beſonders die Stadt Paris von einer groſſen Hungersnoth, der Folge eines Miswachſes von zwei Jahren bedroht ward, ließ

der

OEUVRES DE BOILEAU.

On verra les abus par Ta main réformés †); 135
La licence et l'orgueil en tous lieux réprimés; ††)
Du débris des traitans Ton épargne grossie;
Des subsides affreux la rigueur adoucie; *)
Le soldat dans la paix sage et laborieux; **)
Nos artisans grossiers rendus industrieux; ***) 140

  der König eine grosse Menge Korn aus Preussen und Polen kommen, liess im königlichen Pallast Backöfen anlegen und Brod zu einem geringen Preise unter das Volk vertheilen, so dass man die allgemeine Noth hier fast nicht fühlte.

†) Dis zielt auf das Verbot des Zweikampfs, die Verordnung wider den unmässigen Aufwand, die Errichtung der Polizei, die Wiederherstellung der öffentlichen Sicherheit in Paris durch eine Verordnung über das Gewehrtragen und wider die Landstreicher, durch die Verdoppelung der Bürger- und Soldatenwache, durch die Einführung der Laternen u. s. w.

††) Durch die Errichtung ausserordentlicher Landgerichte, z. B. zu Clermont in Auvergne.

*) Der König verminderte die Steuer um sechs Millionen, setzte die Auflagen auf Kaufmannswaren herunter, und hob die meisten Flusszölle im Reiche auf.

**) Ueber die Kriegszucht ward scharf gehalten. Der König musterte die Truppen fleissig und machte es den Officiren zur Pflicht, die Soldaten in Ordnung zu halten.

***) Durch Anlegung verschiedener Manufacturen, besonders einer Art von Tapeten, die unter dem Namen tapisserie des Gobelins berühmt sind; ferner von Spitzen und Spiegelgläsern. Der Preis der Spitzen von Genua und Venedig war so übertrieben

Et nos voisins frustrés de ces tributs serviles,
Que payait à leur art le luxe de nos villes.
Tantôt je tracerai tes pompeux bâtimens *),
Du loisir d'un héros nobles amusemens.
J'entends déjà fremir les deux mers étonnées **) 145
De voir leurs flots unis aux pieds des Pyrénées.
Déjà de tous côtés la chicane aux abois
S'enfuit au seul aspect de Tes nouvelles loix ***)
O que Ta main par-là va sauver de pupilles!
Que de savans plaideurs désormais inutiles! 150
Qui ne sent point l'effet de Tes soins généreux?
L'univers sous Ton regne a-t-il des malhûreux?
Est-il quelque vertu dans les glaces de l'Ourse,
Ni dans ces lieux brûlés où le jour prend sa source,
Dont la triste indigence ose encore approcher, 155
Et qu'en foule Tes dons d'abord n'aillent chercher? ****)
C'est par Toi qu'on va voir les muses enrichies,
De leur longue disette à jamais affranchies.

    ben hoch, dafs bisweilen ein Zubehör (garniture)
davon sieben tausend Livres kostete. Darauf spielen die beiden folgenden Verse an.
*) Ludwig XIV baute eine Seite des Louvre sehr
prächtig und geschmackvoll aus,
**) Das mittelländische und atlantische Meer, die
durch den Canal von Languedoc mit einander verbunden wurden.
***) Betreffend die Justizreform und die Abkürzung der
Processe.
****) Der König gab in ganz Europa Pensionen an Gelehrte.

GRAND ROI, pourſuis toûjours, aſſure leur repos.
Sans elles un héros n'eſt pas longtems héros. 160
Bien-tôt quoi qu'il ait fait, la mort d'une om-
                        bre noire
Enveloppe avec lui ſon nom et ſon hiſtoire.
En vain, pour s'exemter de l'oubli du cercueil,
Achille mit vingt fois tout Ilion en deuil.
En vain, malgré les vents, aux bords de l'Hes-
                        périe *)   165
Enée enfin porta ſes dieux et ſa patrie:
Sans le ſecours des vers leurs noms tant publiés,
Seraient depuis mille ans avec eux oubliés.
Non; à quelques hauts faits que Ton deſtin
                        T'appelle,
Sans le ſecours ſoigneux d'une Muſe fidele, 170
Pour T'immortaliſer, Tu fais de vains efforts:
Apollon Te la doit: ouvre lui Tes tréſors;
En poetes fameux rends nos climats fertiles;
Un Auguſte aiſément peut faire des Virgiles.
Que d'illuſtres témoins de ta vaſte bonté   175
Vont pour Toi dépoſer à la poſtérité!

Pour moi qui ſur Ton nom déjà brûlant
                        d'écrire,
Sens au bout de ma plume expirer la Satire,
Je n'oſe de mes vers vanter ici le prix.
Toutefois ſi quelqu'un de mes faibles écrits 180
Des ans injurieux peut éviter l'outrage,
Peut-être pour ta gloire aura-t-il ſon uſage.

---

*) Italien, wo Aeneas, der Held von Virgils Aeneide,
nach Troja's Zerſtörung ſich hinwandte.

Et comme tes exploits étonnant les lecteurs,
Seront à peine crus sur la foi des auteurs,
Si quelque esprit malin les veut traiter de fa-
　　　　　　　　　　　bles,　　　185
On dira quelque jour pour les rendre croyables:
Boileau qui dans ses vers pleins de sincerité,
Jadis à tout son siècle a dit la vérité;
Qui mit à tout blâmer son étude et sa gloire,
A pourtant de ce roi parlé comme l'hi-
　　　　　　　　stoire *).　　　100

Epitre
à M. DE GUILLERAGUES,
Secretaire du Cabinet. **)

Esprit né pour la cour et maître en l'art de
　　　　　　　　　　plaire,
Guilleragues, qui sais et parler et te taire,

*) Der Schluſs dieses Briefes gefiel dem Könige so
sehr, daſs er B. auf der Stelle ein Gnadengehalt
von 2000 Livres und die Freiheit gab, alle seine
Schriften drucken zu lassen.

**) Anfänglich Oberpræsident bei der Steuerkammer
zu Bordeaux, nachher Secretaire des Prinzen von
Conti, Statthalters von Languedoc, der ihn nach
Paris brachte. Hier ward er Kammer- und Cabi-
nets- Secretaire des Königs und nachher Gesandter
am türkischen Hofe. Er war der feinste, ange-
nehmste und beliebteste Mann am ganzen Hofe.

Apprends-moi, si je dois ou me taire ou parler.
Faut-il dans la satire encore me signaler,
Et dans ce champ fécond en plaisantes ma-
            lices,   5
Faire encor aux auteurs redouter mes caprices?
Jadis non sans tumulte on m'y vit éclater,
Quand mon esprit plus jeune et promt à s'irriter
Aspirait moins au nom de discret et de sage;
Que mes cheveux plus noirs ombrageaient
            mon visage.   10
Maintenant que le tems a mûri mes désirs,
Que mon âge, amoureux de plus sages plaisirs,
Bien-tôt s'en va frapper à son neuvieme lustre,
J'aime mieux mon repos qu'un embarras illustre.
Que d'une égale ardeur mille auteurs animés, 15
Aiguisent contre moi leurs traits envenimés;
Que tout jusqu'à Pinchêne *) et m'insulte et
            m'accable,
Anjourd'hui vieux lion je suis doux et traitable;
Je n'arme point contre eux mes ongles émoussés.
Ainsi que mes beaux jours mes chagrins sont
            passés.   20
Je ne sens plus l'aigreur de ma bile première,
Et laisse aux froids rimeurs une libre carrière.

    Ainsi donc philosophe à la raison soumis,
Mes défauts desormais sont mes seuls ennemis.
C'est l'erreur que je fuis, c'est la vertu que
            j'aime.   25
Je songe à me connaître et me cherche en
            moi-même.

*) Einer von den vielen schlechten Dichtern der da-
maligen Zeit.

EPITRES.

C'est là l'unique étude où je veux m'attacher.
Que l'astrolabe en main un autre aille chercher
Si le soleil est fixe ou tourne sur son axe;
Si Saturne à nos yeux peut faire un paral-
laxe; *)   30
Que Rohaut vainement sèche pour concevoir,**)

*) Der Planet Saturnus ist so weit von der Erde entfernt, dass man nur mit vieler Mühe den Unterschied zwischen seinem wahren und scheinbaren Stande am Himmel bemerken kann. Der wahre Stand eines Sterns ist der am Himmel, wo wir ihn von dem Mittelpunkte der Erde aus sehen würden, der scheinbare der, wo wir ihn von der Oberfläche der Erde erblicken. Je näher ein Stern der Erde und dem Horizont ist, desto grösser ist seine Parallaxe. Daher haben die Fixsterne für uns keine Parallaxe. --- Ein Ausleger bemerkt, dass B. in diesen Versen ein paar Fehler gemacht habe; das Astrolabium tauge nicht, um ausfündig zu machen ob die Sonne fest sei, oder sich um ihre Axe drehe: und fest sein und sich um seine Axe drehen, könne in Hinsicht der Sonne sich nicht einander entgegen gesetzt werden, denn die Sonne sei fest (ein Fixstern) und drehe sich zugleich um ihre Axe; Madame de la Sablière habe mit Recht diese Fehler getadelt, und der Dichter hätte besser gethan ihre Kritik zu benutzen, als sie dafür in einer von seinen Satiren (die sich in gegenwärtigem Auszuge nicht findet) unter dem Namen einer lächerlichen Gelehrten zu verspotten. Er hat Recht.

**) Rohaut behauptete mit Descartes (Cartesius), dass es kein Leeres gebe und geben könne, weil das Leere ein Raum und der Raum etwas körperliches sei. Bernier hingegen behauptete mit Gassendi (welcher hierin dem Epicur folgte), dass alles aus untheilbaren Atomen (ganz kleinen Körperchen, die mit den Sinnen nicht wahrgenommen werden können) bestehe, dass diese Atomen in beständiger Bewegung seien, und dass Bewegung nothwendig leeren Raum voraussetze.

Comment, tout étant plein, tout a pu se mouvoir;
Ou que Bernier compose et le sec et l'humide
Des corps ronds et crochus errans parmi le vuide:
Pour moi sur cette mer qu'ici-bas nous cou-
                                    rons,   35
Je songe à me pourvoir d'esquif et d'avirons;
A regler mes désirs à prévenir l'orage,
Et sauver, s'il se peut, ma raison du naufrage.

 C'est au repos d'esprit que nous aspirons tous.
Mais ce repos hûreux se doit chercher en nous. 40
Un fou rempli d'erreurs, que le trouble ac-
                                    compagne,
Et malade à la ville ainsi qu'à la campagne,
En vain monte à cheval pour tromper son ennui,
Le chagrin monte en croupe et galoppe avec lui.
Que crois-tu qu'Alexandre en ravageant la
                                    terre,   45
Cherche parmi l'horreur, le tumulte et la guerre?
Possedé d'un ennui qu'il ne saurait domter,
Il craint d'être à soi-même et songe à s'éviter;
C'est là ce qui l'emporte aux lieux où nait
                                    l'aurore,
Où le Perse est brûlé de l'astre qu'il adore. 50

 De nos propres malheurs auteurs infortunés,
Nous sommes loin de nous à toute heure en-
                                    trainés.
A quoi bon ravir l'or au sein du nouveau monde?
Le bonheur tant cherché sur la terre et sur
                                    l'onde,
Est ici comme aux lieux où mûrit le coco, 55
Et se trouve à Paris de même qu'à Cusco. *)
On ne le tire point des veines du Potose. **)
Qui vit content de rien, possede toute chose.

 *) Hauptstadt von Peru im südlichen Amerika.
**) Die silberreichen Berge in Peru.

Mais sans cesse ignorans de nos propres besoins,
Nous demandons au ciel ce qu'il nous faut le moins, 60

O que si cet hiver un rhume salutaire,
Guérissant de tous maux mon avare beau-père,
Pouvait bien confessé l'étendre en un cercueil,
Et remplir sa maison d'un agréable deuil !
Que mon ame en ce jour de joie et d'opulence 65
D'un superbe convoi plaindrait peu la dépense !
Disait, le mois passé, doux, honnête et soûmis
L'héritier affamé de ce riche commis,
Qui pour lui préparer cette douce journée,
Tourmenta quarante ans sa vie infortunée. 70
La mort vient de saisir le vieillard catherreux :
Voilà son gendre riche. En est-il plus hûreux ?
Tout fier du faux éclat de sa vaine richesse,
Déjà nouveau seigneur il vante sa noblesse.
Quoique fils de meûnier encor blanc du moulin, 75
Il est prêt à fournir ses titres en vélin.
En mille vains projets à toute heure il s'égare.
Le voilà fou, superbe, impertinent, bizarre,
Rêveur, sombre, inquiet, à soi-même ennuyeux.
Il vivrait plus content, si, comme ses ayeux, 80
Dans un habit conforme à sa vrai origine,
Sur le mulet encor il chargeait la farine.

Mais ce discours n'est pas pour le peuple ignorant,
Que le faste éblouit d'un bonheur apparent.
L'argent ! l'argent ! dit-on ; sans lui tout est stérile. 85
La vertu sans l'argent n'est qu'un meuble inutile.
L'argent en honnête homme érige un scélérat.
L'argent seul au Palais peut faire un magistrat.

Qu'importe qu'en tous lieux on me traite d'infame
Dit ce fourbe fans foi, fans honneur et fans ame; 90
Dans mon coffre, tout plein de rares qualités,
J'ai cent mille vertus en louis bien comptés.
Eſt-il quelque talent que l'argent ne me donne?
C'eſt ainſi qu'en ſon cœur ce financier raiſonne.
Mais pour moi, que l'éclat ne ſaurait decevoir, 95
Qui mets au rang des biens l'eſprit et le ſavoir,
J'eſtime autant Patru*), même dans l'indigence,
Qu'un commis engraiſſé des malheurs de la France.

Non que je ſois du goût de ce ſage inſenſé,
Qui d'un argent commode eſclave embarraſſé, 100
Jetta tout dans la mer, pour crier: Je ſuis libre.
De la droite raiſon je ſens mieux l'équilibre.
Mais je tiens qu'ici bas ſans faire tant d'apprêts,
La vertu ſe contente et vit à peu de frais.
Pourquoi donc s'égarer en des projets ſi vagues? 105

Ce que j'avance ici, crois-moi, cher Guilleragues,
Ton ami dès l'enfance ainſi l'a pratiqué.
Mon père ſoixante ans au travail appliqué,
En mourant me laiſſa, pour rouler et pour vivre,
Un revenu leger et ſon exemple à ſuivre. 110
Mais bientôt amoureux d'un plus noble métier,
Fils, frere, oncle, couſin, beau-frere de Greffier,*)
Pouvant charger mon bras d'une utile liaſſe,
J'allai loin du Palais errer ſur le Parnaſſe.
La famille en pâlit et vit en frémiſſant
Dans la poudre du greffe un poete naiſſant.

*) S. Boileau's Leben.
**) Sein Vater war Oberparlements-Regiſtrator; die übrigen hier erwähnten Verwandten hatten ähnliche Bedienungen. Sein älteſter Bruder bekam des Vaters Stelle.

On vit avec horreur une muse effrénée
Dormir chés un greffier la grasse matinée.
Dès-lors à la richesse il fallut renoncer.
Ne pouvant l'acquérir, j'appris à m'en passer ; 120
Et sur tout redoutant la basse servitude,
La libre vérité fut toute mon étude.
Dans ce métier, funeste à qui veut s'enrichir,
Qui l'eût cru que pour moi le sort dût se fléchir ?
Mais du plus grand des rois la bonté sans limite, 125
Toûjours prête à courir au devant du mérite,
Crut voir dans ma franchise un mérite inconnu,
Et d'abord de ses dons enfla mon revenu.
La brigue, ni l'envie, à mon bonheur contraires,
Ni les cris douloureux de mes vains adversaires, 130
Ne pûrent dans leur course arrêter ses bienfaits.
C'en est trop ; mon bonheur a passé mes souhaits.
Qu'à son gré désormais la fortune me joue,
On me verra dormir au branle de sa roue.
Si quelque soin encor agite mon repos, 135
C'est l'ardeur de louer un si fameux héros.
Ce soin ambitieux me tirant par l'oreille,
La nuit, lorsque je dors, en sursaut me reveille ;
Me dit, que ces bienfaits, dont j'ose me vanter,
Par des vers immortels ont dû se mériter. 140
C'est là le seul chagrin qui trouble encor mon ame.
Mais si dans le beau feu du zele qui m'enflamme,
Par un ouvrage enfin des critiques vainqueur,
Je puis sur ce sujet satisfaire mon cœur :
Guilleragues, plains-toi de mon humeur légère,
Si jamais entrainé d'une ardeur étrangère,
Ou d'un vil intérêt reconnaissant la loi,
Je cherche mon bonheur autre part que chés moi.

Epitre
à M. le Marquis DE SEIGNELAY, †)
Secretaire d'état.

Dangereux ennemi de tout mauvais flatteur,
Seignelay, c'est en vain qu'un ridicule auteur,
Prêt à porter ton nom de l'Ebre *) jusqu'au Gange,
Croit te prendre aux filets d'une sotte louange.
Auſſi-tôt ton esprit, prompt à se revolter,   5
S'échappe et rompt le piege, où l'on veut l'arrêter.
Il n'en est pas ainſi de ces esprits frivoles,
Que tout flatteur endort au son de ses paroles;
Qui dans un vain sonnet placés au rang des Dieux,
Se plaiſent à fouler l'Olympe radieux;   10
Et fiers du haut étage où la Serre **) les loge,
Avalent sans dégoût le plus grossier éloge.
Tu ne te repais point d'encens à ſi bas prix.
Non que tu ſois pourtant de ces rudes esprits,
Qui regimbent toûjours, quelque main qui les flatte.   15
Tu souffres la louange adroite et délicate,
Dont la trop forte odeur n'ébranle point les sens.
Mais un auteur novice à répandre l'encens,
Souvent à ſon héros, dans un bizarre ouvrage,
Donne de l'encenſoir au travers du viſage;   20

---

†) Er war der älteſte Sohn des berühmten Finanzminiſters Colbert.
*) Ein Fluſs in Spanien ---- Ganges in Oſtindien.
**) Der, nach damaliger Weiſe, Schilderungen (éloges) berühmter Leute in Verſen oder in Proſa machte, die mitunter herzlich abgeſchmackt waren.

Va loüer Monterey *) d'Oudenarde forcé,
Ou vante aux Electeurs Turenne **) repoussé,
Tout éloge imposteur blesse une ame sincère.
Si, pour faire sa cour à ton illustre père,
Seignelay, quelque auteur, d'un faux zele em-
                                   porté,   25
Au lieu de peindre en lui la noble activité,
La solide vertu, la vaste intelligence,
Le zele pour son roi, l'ardeur, la vigilance,
La constante équité, l'amour pour les beaux arts,
Lui donnait les vertus d'Aléxandre ou de Mars, 30
Et, pouvant justement l'égaler à Mécene, ***)
Le comparait au fils de Pelée †) ou d'Alcmene: ††)
Tes yeux d'un tel discours faiblement éblouis,
Bientôt dans ce tableau reconnaitraient Louis;
Et, glaçant d'un regard la muse et le poete, 35
Imposeraient silence à sa verve indiscrete.
Un cœur noble est content de ce qu'il **trouve**
                                   en lui,
Et ne s'applaudit point des qualités d'autrui.
Que me sert en effet, qu'un admirateur fade
Vante mon embonpoint, si je me sens malade;

*) Ein spanischer General, der (1674) den Franzosen
   Oudenarde wegnehmen wollte, aber vom Prinzen von
   Condé genöthigt ward, die Belagerung aufzuheben.
**) Turenne, ein berühmter französischer Feldherr, siegte
   1675 über die Kaiserlichen bei Türkheim oder Türing-
   heim im Ober-Elsas. — Diese zwei Beispiele sollen
   erläutern, was es heisse, jemanden das Rauchfass an
   den Kopf oder ins Gesicht werfen, d. i. unverschämt
   loben.
***) Der Liebling des Kaisers August, und Freund und
   Wohlthäter von Horaz, Virgil und andern schönen
   Geistern seiner Zeit.
†) Der Sohn des Peleus ist Achilles.
††) Alcmene ist die Mutter des Hercules.

Si dans cet inſtant même un feu féditieux
Fait bouillonner mon ſang et pétiller mes yeux?
Rien n'eſt beau que le vrai; le vrai ſeul eſt aimable.
Il doit regner par-tout et même dans la fable;
De toute fiction l'adroite fauſſeté   45
Ne tend qu'à faire aux yeux briller la vérité.

Sais-tu, pourquoi mes vers ſont lus dans les provinces,
Sont recherchés du peuple et reçus chés les princes?
Ce n'eſt pas que leurs ſons, agréables, nombreux,
Soient toûjours à l'oreille également hûreux; 90
Qu'en plus d'un lieu le ſens n'y gêne la meſure,
Et qu'un mot quelquefois n'y brave la céſure:
Mais c'eſt qu'en eux le vrai, du menſonge vainqueur,
Par-tout ſe montre aux yeux et va ſaiſir le cœur;
Que le bien et le mal y ſont priſés au juſte; 55
Que jamais un faquin n'y tient un rang auguſte,
Et que mon cœur toûjours conduiſant mon eſprit,
Ne dit rien au lecteur, qu'à ſoi-même il n'ait dit.
Ma penſée au grand jour par-tout s'offre et s'expoſe;
Et mon vers, bien ou mal, dit toûjours quelque choſe.   60
C'eſt par là quelquefois que ma rime ſurprend,
C'eſt là ce que n'ont point Jonas ni Childebrand*),
Ni tous ces vains amas de frivoles ſornettes,
Montre, Miroir, d'Amours, Amitiés, Amourettes, **)

*) S. art poétique III, 242.
**) Läppiſche Titel eben ſo läppiſcher Schriften.

Dont le titre souvent est l'unique soûtien, 65
Et qui parlant beaucoup ne disent jamais rien.

 Mais peut-être enivré des vapeurs de ma muse,
Moi-même en ma faveur, Seignelay, je m'abuse.
Cessons de nous flatter. Il n'est esprit si droit,
Qui ne soit imposteur et faux par quelque endroit. 70
Sans cesse on prend le masque, et quittant la nature,
On craint de se montrer sous sa propre figure.
Par là le plus sincère assés souvent déplaît.
Rarement un esprit ose être ce qu'il est.
Vois-tu cet importun que tout le monde évite, 75
Cet homme à toûjours fuir, qui jamais ne vous quitte ?
Il n'est pas sans esprit ; mais né triste et pesant,
Il veut être folâtre, évaporé, plaisant ;
Il s'est fait de sa joie une loi nécessaire,
Et ne déplaît enfin, que pour vouloir trop plaire. 80
La simplicité plaît sans étude et sans art.
Tout charme en un enfant, dont la langue sans fard,
A peine du filet encor débarrassée,
Sait d'un air innocent bégayer sa pensée.
Le faux est toûjours fade, ennuyeux, languissant ; 86
Mais la nature est vraie, et d'abord on la sent.
C'est elle seule en tout qu'on admire et qu'on aime.
Un esprit né chagrin plaît par son chagrin même.
Chacun pris dans son air est agréable en soi.
Ce n'est que l'air d'autrui qui peut déplaire en moi. 90

Ce marquis était né doux, commode, agréable;
On vantait en tous lieux son ignorance aimable.
Mais depuis quelques mois devenu grand docteur,
Il a pris un faux air, une sotte hauteur.
Il ne veut plus parler que de rime et de prose. 95
Des auteurs décriés il prend en main la cause.
Il rit du mauvais goût de tant d'hommes divers,
Et va voir l'opéra seulement pour les vers. *)
Voulant se redresser, soi-même on s'estropie,
Et d'un original on fait une copie. 100
L'ignorante vaut mieux qu'un savoir affecté.
Rien n'est beau, je reviens, que par la vérité;
C'est par elle qu'on plaît et qu'on peut long-
tems plaire.
L'esprit lasse aisément, si le cœur n'est sincère.
En vain par sa grimace un bouffon odieux 105
A table nous fait rire et divertit nos yeux.
Ses bons mots ont besoin de farine et de plâtre.
Prenés-le tête-à-tête, ôtés-lui son théatre,
Ce n'est plus qu'un cœur bas, un coquin ténébreux;
Son visage essuyé n'a plus rien que d'affreux. 110
J'aime un esprit aisé, qui se montre, qui s'ouvre,
Et qui plaît d'autant plus que plus il se découvre.
Mais la seule vertu peut souffrir la clarté,
Le vice toûjours sombre aime l'obscurité.
Pour paraitre au grand jour, il faut qu'il se
déguise. 115
C'est lui qui de nos mœurs a banni la franchise.

Jadis l'homme vivait au travail occupé,
Et ne trompant jamais, n'était jamais trompé.
On ne connaissait point la ruse, l'imposture.
Le Normand même alors ignorait le parjure. †) 120

————
*) Die oft das schlechteste, wenigstens nicht die Hauptsache bei der Oper sind.
†) S. S. 34 die Note **.

Aucun rhéteur encor, arrangeant le discours,
N'avait d'un art menteur enseigné les détours.
Mais si-tôt qu'aux humains, faciles à séduire,
L'abondance eut donné le loisir de se nuire,
La mollesse amena la fausse vanité ; 125
Chacun chercha, pour plaire, un visage emprunté.
Pour éblouir les yeux, la fortune arrogante
Affecta d'étaler une pompe insolente.
L'or éclata par-tout sur les riches habits.
On polit l'émeraude, on tailla le rubis ; 130
Et la laine et la soie en cent faces nouvelles
Apprirent à quitter leurs couleurs naturelles.
La trop courte beauté monta sur des patins.
La coquette tendit ses lacs tous les matins ;
Et mettant la céruse et le plâtre en usage, 135
Composa de ses mains les fleurs de son visage.
L'ardeur de s'enrichir chassa la bonne foi.
Le courtisan n'eut plus de sentimens à soi.
Tout ne fut plus que fard, qu'erreur, que tromperie.
On vit par-tout regner la basse flatterie. 140
Le parnasse sur-tout, fécond en imposteurs,
Diffama le papier par ses propos menteurs.
De là vint cet amas d'ouvrages mercenaires,
Stances, odes, sonnets, épitres liminaires,
Où toûjours le héros passe pour son pareil, 145
Et, fût-il louche ou borgne, est réputé soleil.

Ne crois pas toutefois sur ce discours bizarre,
Que d'un frivole encens malignement avare,
J'en veuille sans raison frustrer tout l'univers.
La louange agréable est l'ame des beaux vers. 150
Mais je tiens, comme toi, qu'il faut qu'elle soit vraie,
Et que son tour adroit n'ait rien qui nous effraye.

Alors, comme j'ai dit, tu la fais écouter,
Et fans crainte à tes yeux on pourrait t'exalter.
Mais fans t'aller chercher des vertus dans les
　　　　　　　　　　　　　　　　　nues,　　155
Il faudrait peindre en toi des vérités connues;
Décrire ton esprit ami de la raifon;
Ton ardeur pour ton roi puifée en ta maifon;
A fervir fes deffeins ta vigilance hûreufe!
Ta probité fincère, utile, officieufe.　　　160
Tel, qui hait à fe voir peint en de faux portraits,
Sans chagrin voit tracer fes véritables traits.
Condé même, Condé, ce héros formidable,
Et non moins qu'aux Flamands aux flatteurs
　　　　　　　　　　　　　　　redoutable,
Ne s'offenferait pas, fi quelque adroit pinceau 165
Traçait de fes exploits le fidele tableau;
Et dans Senef*) en feu contemplant fa peinture,
Ne défavoûrait pas Malherbe ni Voiture.
Mais malheur au poete infipide, odieux,
Qui viendrait le glacer d'un éloge ennuyeux! 170
Il aurait beau crier: *Premier prince du monde!* **)
Courage fans pareil, lumiere fans feconde!
Ses vers jettés d'abord, fans tourner le feuillet,
Iraient dans l'antichambre amufer Pacolet. ***)

　　*) Seneffe oder Sennes, ein grofses Dorf im wallon-
　　　　fchen Brabant, wo der Prinz von Condé über die
　　　　vereinigten Spanier, Holländer und Deutfchen einen
　　　　blutigen Sieg erfocht. Das Dorf ward in Brand
　　　　gefteckt.
　　**) So fing fich ein Gedicht unter dem Titel: Karl
　　　　der Grofse, an, das dem Prinzen v. C. zugeeig-
　　　　net war. Der Verf. hiefs Louis le Laboureur und
　　　　war Landrentmeifter, auch Landvogt im Herzog-
　　　　thum Montmorency.
　　***) Hoflakai des Prinzen, dem er die Bücher gab,
　　　　die ihm lange Weile machten.

www.ingramcontent.com/pod-product-compliance
Lightning Source LLC
Chambersburg PA
CBHW032016220426
43664CB00006B/269